教科書ガイド

JN001039

三省堂 版
ニュークラウン
── 完全準拠 ──
中学英語
3年

教科書の内容が
よくわかる

文部科学省検定済教科書 中学校外国語科用 [15 三省堂] 英語 903

NEW CROWN

English Series

3

NEW CROWN

SANSEIDO

三省堂

この本の構成と使い方

　この本は，三省堂版教科書 NEW CROWN ENGLISH SERIES を使って英語の勉強をしているみなさんが，授業の予習や復習をするときに役立つように作りました。みなさんのたよりになる家庭教師というわけです。

　この本は，レッスンごと，また，レッスン中のセクションごとに学習が進められるように構成しています。おもな項目は，次のとおりです。

POINT　各レッスンの **GET** のセクションで押さえなければいけない文法や文型を，わかりやすく解説しています。

● 声を出して読んでみよう

　教科書の本文にあたります。カナ発音を参考にしながら，繰り返し音読してみましょう。本文横の囲みの中に，本文の内容を理解するうえで役立つ解説が書かれていますから，予習や復習の参考にしましょう。

● 語句を確かめよう

　そのセクションに出てくる単語や表現などの意味をとりあげました。覚えたら，☑印をチェックしましょう。なお，教科書 Words 欄の点線の下にある単語は，チェックボックスを黒色（☑）にしています。
品詞は，次の略語で示しました。

| 冠→冠詞 | 名→名詞 | 代→代名詞 | 動→動詞 | 助→助動詞 |
| 形→形容詞 | 副→副詞 | 前→前置詞 | 接→接続詞 | 間→間投詞 |

▼ ここが ポイント!

■ **GET** のセクションで，とくに押さえておきたい文法項目が含まれている文を解説しています。

● 本文の意味をつかもう

　教科書本文の日本語訳です。文番号は，　声を出して読んでみよう　と同じです。

Drill　音声スクリプトを掲載しています。

USE ✎ Write　　**USE** 🎤 Speak　　**USE** 📖 Read　など

　各セクションの学習のまとめとして，教科書の問題などの解答例などを示しています。（一部，本文や解答の掲載を省略した箇所があります。）

文法のまとめ

　各レッスンの文法のまとめを掲載しています。**Drill** を解いて文法の定着を図りましょう。（解答は巻末）

定期テスト対策

　いくつかのレッスンごとに，定期テスト対策の問題を掲載しています。中間・期末テスト対策に活用してください。（解答は巻末）

※下記 QR コードまたは URL より，音声サイトをご利用いただけます。音声が収録されている箇所や問題については ♪，動画が収録されている箇所については ▶ がついています。なお，リスニング問題については，音声による学習の妨げにならないよう，**Drill** と Take Action! の Audio Scripts や Bonus Stage（巻末）を除きスクリプトや正解を掲載しておりません。

　音声サイト　https://tbqr.sanseido-publ.co.jp/03nc3/guide/

カナ発音の音

　英語の音には母音と子音があります。母音とは，日本語の「ア・イ・ウ・エ・オ」のように，口の中で舌や歯などが自然な位置にあり，声をともなった音のことです。子音とは，のどから出てくる息や声が，口内のどこかでじゃまされて出てくる音のことです。たとえば，野球の「バット」やヘルメットの「ト」は，日本語では「ト (to)」のように子音と母音で発音しますが，英語では「ト (t)」のように子音だけで発音します。太字はほかよりも強く発音する部分です。カナ発音といっしょに，できるだけ実際の英語を聞き，何度も発音して，正しい音を身につけましょう。

1. 母音

iː	イー	meat / míːt ミート /
i	イ	big / bíg ビグ /
e	エ	bed / béd ベド /
æ	ア	map / mǽp マプ /
ɑː	アー	father / fáːðər ファーザ /
ɑ	ア｜オ	hot / hát ハト /
ʌ	ア	cut / kʌ́t カト /
ɔː	オー	fall / fɔ́ːl フォール /
ɔː	オー｜オ	soft / sɔ́ːft ソーフト /
uː	ウー	school / skúːl スクール /
u	ウ	book / búk ブク /
əːr	アー	hurt / hə́ːrt ハート /

ər	ア	over / óuvər オウヴァ /
ə	ア	about / əbáut アバウト /
ei	エイ	take / téik テイク /
ai	アイ	high / hái ハイ /
ɔi	オイ	voice / vɔ́is ヴォイス /
ou	オウ	note / nóut ノウト /
au	アウ	how / háu ハウ /
iər	イア	ear / íər イア /
eər	エア	fair / féər フェア /
uər	ウア	poor / púər プア /
aiər	アイア	fire / fáiər ファイア /
auər	アウア	tower / táuər タウア /

2. 子音

p	プ	pen / pén ペン /
b	ブ	busy / bízi ビズィ /
t	ト	ten / tén テン /
d	ド	day / déi デイ /
k	ク	kitchen / kítʃən キチン /
g	グ	game / géim ゲイム /
ts	ツ	cats / kǽts キャツ /
dz	ヅ	goods / gúdz グヅ /
f	フ	food / fúːd フード /
v	ヴ	have / hǽv ハヴ /
θ	ス	thin / θín スィン /
ð	ズ	this / ðís ズィス /
s	ス	sea / síː スィー /

z	ズ	zoo / zúː ズー /
ʃ	シュ	push / púʃ プシュ /
ʒ	ジュ	television / téləvìʒən テレヴィジョン /
h	フ	hat / hǽt ハト /
tʃ	チ	chair / tʃéər チェア /
dʒ	ヂ	just / dʒʌ́st ヂャスト /
m	ム，ン	meet / míːt ミート /
n	ヌ，ン	noon / núːn ヌーン /
ŋ	ング	sing / síŋ スィング /
l	ル	leg / lég レグ /
r	ル	red / réd レド /
j	イ	yesterday / jéstərdi イェスタディ /
w	ウ	west / wést ウェスト /

もくじ CONTENTS

Starter

Power of Music

音楽部の部室にあったアメリカの音楽雑誌に，2つの曲の特集記事が載っています。

● 声を出して読んでみよう ♪

❶ BEST MUSIC OF ALL TIME

スタンド　バイ　ミー
❷ *"Stand by Me"*

❸ Singer: Ben E. King
❹ Genre: Rhythm and blues, soul
❺ Released: April, 1961

> to listenは形容詞用法の不定詞で，to listen以下が前のthe best songを修飾している。

① ❻ This is the best song to listen to when you are feeling lonely. ❼ The powerful lyrics remind you of your true friends.
（パウアフル）（リマインド）
└…に〜を思い起こさせる┘

② ❽ The song was a great hit when it came out in 1961. ❾ The movie *Stand by Me* used it as the theme song. ❿ After that, the song became more famous. ⓫ Americans heard it more than seven million times on the radio.
（大成功）（発表された）（同格）（…として）（スィーム）（アメリカンズ）
…より多い

> 〈have＋過去分詞〉の形。経験用法の現在完了形。

③ ⓬ Many artists have sung this song. ⓭ The original version is by Ben E. King. ⓮ The song is in English, but he also sang it in Japanese in 2011.
（オリヂナル）（アーティスト）（…による）（日本語で）

> 〈make＋A＋B〉「AをBにする」の形。

⓯ He saw the news about the Great East Japan Earthquake. ⓰ The news made him sad. ⓱ He recorded this version to encourage people in a difficult time.
（アースクウェイク）（リコーデド）（インカーリヂ）

> 「…するために」と目的を表す副詞用法の不定詞。

● 声を出して読んでみよう ♪

⑱ BEST MUSIC OF ALL TIME

⑲ *"True Colors"*
(トルー) (カラズ)

⑳ Singer: Cyndi Lauper
㉑ Genre: Pop
㉒ Released: September, 1986

Starter

④ ㉓ This is the best song to listen to when you need courage. ㉔ You will believe in yourself.
(カーリヂ)
…を信頼する

> コンマ (,) の前の Cyndi Lauper を説明している。

⑤ ㉕ The song comes from the second album of Cyndi Lauper, an American singer. ㉖ It was the number one song in the United States for two weeks. ㉗ The album sold seven million copies worldwide.
(スィンディー) (ローパー) (アルバム) (ワールドワイド)

> sell はものが主語のとき，後ろに数量を伴って「(数量) が売れる」という意味になる。

⑥ ㉘ "True Colors" became a theme song for the 2003 Rugby World Cup in Australia and New Zealand. ㉙ Lauper launched her "True Colors Tour" in 2007. ㉚ The theme of the tour was to eliminate hate. ㉛ Many other singers and bands joined the tour to support her.
(ラグビ) (ワールド) (カプ) (ローンチト) (トルー) (カラズ) (ツア) (イリミネイト) (ヘイト) (サポート)

> 「…すること」という意味の名詞用法の不定詞。

> 目的を表す副詞用法の不定詞。

⑦ ㉜ You should read the lyrics while you listen.
(ホ) (ワイル)

㉝ Then you will truly understand the power of this song.
(トルーリ) (そうすると)

Starter

♪ 語句を確かめよう（p.6〜7）

- □ powerful [páuərfəl / パウアフル]
  形 力の強い
- 重要 □ remind [rimáind / リマインド]
  動 思い出させる
- □ theme [θíːm / スィーム] 名 テーマ
- □ American(s) [əmérəkən(z) /
  アメリカン（ズ）] 名 アメリカ人
- 重要 □ original [ərídʒənəl / オリヂナル] 形 最初の
- □ version [vɔ́ːrʒən / ヴァージョン] 名 版
- □ earthquake [ɔ́ːrθkwèik /
  アースクウェイク] 名 地震
- 重要 □ record(ed) [rikɔ́ːrd(əd) / リコード〔デド〕]
  動 録音する
- □ encourage [inkɔ́ːridʒ / インカーリヂ]
  動 勇気づける
- □ Stand by Me
  [stǽnd bai míː / スタンド バイ ミー]
  名 スタンド・バイ・ミー（歌）
- □ Ben E. King [bén íː kíŋ / ベン イー
  キング] 名 ベン・E・キング（名前）
- □ Great East Japan Earthquake
  [gréit íːst dʒəpǽn ɔ́ːrθkwèik /
  グレイト イースト ヂャパン アースクウェイク]
  名 東日本大震災
- □ courage [kɔ́ːridʒ / カーリヂ] 名 勇気

- □ believe in ... …を信頼する
- □ album [ǽlbəm / アルバム] 名 アルバム
- □ worldwide [wɔ̀ːrldwáid / ワールドワイド]
  副 世界中で
- □ launch(ed) [lɔ́ːntʃ(t) / ローンチ（ト）]
  動 開始する
- □ eliminate [ilímənèit / イリミネイト]
  動 取り除く
- 重要 □ hate [héit / ヘイト] 名 憎しみ
- □ support [səpɔ́ːrt / サポート] 動 支持する
- 重要 □ while [hwáil / (ホ)ワイル] 接 (…する)間に
- □ truly [trúːli / トルーリ] 副 ほんとうに
- □ Cyndi Lauper
  [síndi lɔ́ːpər / スィンディ ローパー]
  名 シンディ・ローパー（名前）
- □ True Colors [trúː kʌ́lərz / トルー カラズ]
  名 トゥルー・カラーズ（歌）
- □ Rugby World Cup
  [rʌ́gbi wɔ́ːrld kʌ́p / ラグビ ワールド カプ]
  名 ラグビーワールドカップ
- □ True Colors Tour [trúː kʌ́lərz túər / ト
  ルー カラズ ツア]
  名 トゥルー・カラーズ・ツアー

本文の意味をつかもう

❶永遠の名曲
❷スタンド・バイ・ミー
❸歌手：ベン・E・キング
❹ジャンル：リズム・アンド・ブルース，ソウル
❺発売：1961年4月
1 ❻寂しい気分のときに聞くには，これが一番いい曲です。❼力強い歌詞が本当の友人を思い出させてくれます。
2 ❽この曲は1961年に発表されたとき，大ヒットとなりました。❾『スタンド・バイ・ミー』という映画がこの曲をテーマソングとして使いました。❿その後，この曲はさらに有名になりました。⓫アメリカ人はこの曲をラジオで700万回以上聞きました。
3 ⓬多くのアーティストがこの曲を歌いました。⓭オリジナル版はベン・E・キングによるものです。⓮この歌は英語ですが，彼は2011年に日本語でも歌いました。⓯彼は東日本大震災のニュースを見たのです。⓰このニュースは彼を悲しくさせました。⓱彼は困難のうちにある人々を勇気づけようとこの日本語版を録音したのです。

本文の意味をつかもう

⑱永遠の名曲

⑲トゥルー・カラーズ

⑳歌手：シンディー・ローパー

㉑ジャンル：ポップス

㉒発売：1986年9月

[4] ㉓勇気が必要なときに聞くには，これが一番いい曲です。㉔自分自身のことを信じることができるでしょう。

[5] ㉕この曲はアメリカ人歌手，シンディ・ローパーの2枚目のアルバムに入っています。㉖アメリカでは2週間連続で第1位の曲でした。㉗このアルバムは世界中で700万枚売れました。

[6] ㉘『トゥルー・カラーズ』は，オーストラリアとニュージーランドで開催された2003年のラグビーワールドカップでテーマソングとなりました。㉙ローパーは2007年に「トゥルー・カラーズ・ツアー」を開始しました。㉚ツアーのテーマは，憎しみを取り除くというものでした。㉛ほかの多くの歌手やバンドがツアーに参加し，彼女を支持しました。

[7] ㉜この曲を聞きながら歌詞を読んでみるべきです。㉝そうすると，この曲の力を本当に理解することができるでしょう。

1. 読んだことをメモにまとめよう。

(1) 『Stand by Me』について，わかったことをメモにまとめよう。

NOTES: "Stand by Me"

解答例

The song came out in 1961. It was a great hit. （この曲は1961年に発表されました。大ヒットとなりました。）

There is also a movie called "Stand by Me." （『スタンド・バイ・ミー』という映画もあります。）

The original song was by Ben E. King. He also sang it in Japanese. （オリジナル版はベン・E・キングによるものです。彼は日本語でもこの曲を歌いました。）

(2) 『True Colors』について，わかったことをメモにまとめよう。

NOTES: "True Colors"

解答例

This is Cyndi Lauper's song. （これはシンディ・ローパーの曲です。）

It was the number one hit in the United States for two weeks.
（アメリカでは2週間連続で第1位の曲でした。）

It became a theme song for the Rugby World Cup in 2003.
（ラグビーの2003年ワールドカップでテーマソングとなりました。）

Cyndi Lauper launched her "True Colors Tour" in 2007.
（シンディ・ローパーは2007年に「トゥルー・カラーズ・ツアー」を開始しました。）

2. どちらの曲を聴いてみたいと思いますか。話し合おう。

解答例 I would like to listen to "Stand by Me" because I really like the movie. （映画がとても好きなので，『スタンド・バイ・ミー』を聴きたいです。）

I would like to listen to "True Colors," because I have not heard about this song before. （この曲について聞いたことがないので，『トゥルー・カラーズ』を聴きたいです。）

GET Part 1 Stand by Me

──● 現在完了進行形「(ずっと)…し続けています」の表し方をマスターしよう。

● 声を出して読んでみよう ♪

●音楽部の練習を見に来たブラウン先生が，陸と話しています。

> 完了用法の現在完了形の否定文。このyetは「まだ」の意味。

Ms. Brown : ❶ What is your band going to play at the school festival?
文化祭

> ❶でたずねられている「文化祭で何を演奏するつもりか」を指す。

Riku : ❷ Well, we haven't decided yet . ❸ We have been discussing it since last week.
ディスカスィング

> 「(もう)…しましたか」とたずねる現在完了形(完了用法)の文。このcomeは過去分詞。

Ms. Brown : ❹ I see. わかりました。 ❺ Have you come up with any ideas?
アイデア

Riku : ❻ Yes. ❼ We've narrowed down the list ナロウド to two songs : "Stand by Me" and "True Colors".

> :(コロン)は，前に述べたことを詳しく説明する働きがある。two songs を具体的に言うと "Stand by Me" および "True Colors" だということ。

POINT ♪

● 「(ずっと)…し続けています」(現在完了進行形の肯定文)

❶ **It has been raining since this morning.**
イト ハズ ビーン レイニング スィンス ズィス モーニング
(今朝からずっと雨が降り続いています。)

❷ **I have been playing soccer for two hours.**
アイ ハヴ ビーン プレイング サカ フォー トゥー アウアズ
(私は2時間ずっとサッカーをし続けています。)

- 過去のある時点に始めた動作が，今も進行中であることを表すときは，現在完了進行形を使います。
- 現在完了進行形は〈**have[has] been＋動詞の -ing形**〉の形です。
- どれくらい動作が続いているのかを表すには，since ... (…から) や for ... (…の間) を使います。
- 現在完了進行形の文では，ふつう現在進行形にしない動詞 (know など) は使いません。

▼ ここが **ポイント！**

❸ **We have been discussing it since last week.**

- 〈**have been＋動詞の -ing形**〉 現在完了進行形の文で，過去に始めた動作が今も続いていることを表しています。
- since last week「先週から」は，「話し合う」という動作がいつ始まったかを表しています。

本文の意味をつかもう

ブラウン先生：	❶あなたのバンドは文化祭で何を演奏する予定ですか。
陸：	❷えーと，まだ決めていません。❸私たちは先週からそれについて話し合っています。
ブラウン先生：	❹わかりました。❺何かアイデアを思いつきましたか。
陸：	❻はい。❼リストを2曲までしぼりました。『スタンド・バイ・ミー』と『トゥルー・カラーズ』です。

Q&A

What songs might Riku's band play? (陸のバンドは何の歌を演奏するかもしれませんか。)

解答例 They might play "Stand by Me" or "True Colors."

(彼らは『スタンド・バイ・ミー』または『トゥルー・カラーズ』を演奏するかもしれません。)

🎧 Listen ♪

ケイトとマークが電話で話しています。①〜④の今の状況に合うものをA〜Bから選ぼう。

① Mark （マーク）	② Weather （天気）	③ Kate （ケイト）	④ Jing （ジン）
( )	( )	( )	( )

Ⓐ    Ⓐ    Ⓐ    Ⓐ

Ⓑ    Ⓑ    Ⓑ    Ⓑ

🎤 Speak & ✏️ Write

(1) ずっと続けている習い事や部活動について説明しよう。

例 – I'm on the baseball team. I've been playing baseball for five years.

I'm a pitcher.（私は野球部に入っています。私は5年間ずっと野球をしています。私は投手です。）

– I like music very much. I've been playing the piano for ten years.

I want to be a pianist.（私は音楽がとても好きです。私は 10 年間ずっとピアノをひいています。私はピアニストになりたいです。）

解答例 I like animals very much.

（私は動物が大好きです。）

I've been studying about animals for many years.

（私は何年もずっと動物について勉強しています。）

I want to be a vet.

（私は獣医になりたいです。）

(2) (1)で話したことを書こう。

解答例 I like animals very much. I've been studying about animals for many years.

I want to be a vet.（私は動物が大好きです。何年もずっと動物について勉強しています。私は獣医になりたいです。）

> **Word Bank**
>
> for less than a year
> 1年未満の間
> since I was a baby
> 赤ちゃんのときから

● **語句を確かめよう**（p.10）🎵

☐ discuss(ing) [diskʌs(iŋ) / ディスカス(ィング)]　　☐ narrow(ed) [nǽrou(d) / ナロウ(ド)]
　動 話し合う，討議〔論議〕する　　　　　　　　　　　動 狭くする；狭くなる
☐ come up with ...　…を思いつく　　　　　　　☐ narrow down ... to ~　…を~までにしぼる

● **語句を確かめよう**（p.12〜13）🎵

☐ pitcher [pítʃər / ピチャ]　　　　　　　　　　☐ trumpet [trʌ́mpət / トランペット]
　名 投手，ピッチャー　　　　　　　　　　　　　　名 トランペット

Drill POINT の文を練習しよう。1 Listen / 2 Repeat / 3 Say

❶ Ⓐ
rain
（雨が降る）

❷ Ⓒ
practice karate
（空手の練習をする）

Ⓓ
play the trumpet
（トランペット
を吹く）

Ⓔ
write fiction
（小説を書く）

Ⓑ
snow
（雪が降る）

Ⓕ
make dresses
（ドレスを作る）

Ⓖ
study the history
of tea
（お茶の歴史
を勉強する）

Ⓗ
learn the tea
ceremony
（茶道を学ぶ）

〈Repeatする英文〉

Ⓐ It has been raining since this morning. （今朝からずっと雨が降っています。）

Ⓑ It has been snowing since this morning. （今朝からずっと雪が降っています。）

Ⓒ I have been practicing karate for two hours.
（私は2時間ずっと空手の練習をしています。）

Ⓓ I have been playing the trumpet for two hours.
（私は2時間ずっとトランペットを吹いています。）

Ⓔ I have been writing fiction for two hours.
（私は2時間ずっと小説を書いています。）

Ⓕ I have been making dresses for two hours.
（私は2時間ずっとドレスを作っています。）

Ⓖ I have been studying the history of tea for two hours.
（私は2時間ずっとお茶の歴史を勉強しています。）

Ⓗ I have been learning the tea ceremony for two hours.
（私は2時間ずっと茶道を学んでいます。）

・扉ページ（教科書 p.5）

① What instruments do you see in this picture?
（この写真の中に何の楽器が見えますか。）

② What kind of music do you listen to?
（あなたはどんな種類の音楽を聞きますか。）

解答例 ① I see saxophones. （私にはサックス（サキソホン）が見えます。）

② I listen to classical music. （私はクラシック音楽を聴きます。）

Lesson 1
GET Part 2 Stand by Me

── ● 現在完了進行形を理解し，使おう。

● 声を出して読んでみよう ♪

●数日後，ブラウン先生が，文化祭での公演に向けて練習している陸に話しかけました。

"Stand by Me"という曲を選んだことをほめている。

Ms. Brown : ❶ "Stand by Me" is a good song about love and friendship. ❷ Excellent choice.
すばらしい　選択

「それでは」と何かを始める前に相手の注意を引くときなどに使う。

Riku : ❸ Thank you. ❹ OK, everyone. ❺ One more time. ❻ From the beginning.
もう一度　ビギニング

後ろの形容詞roughを修飾している。

Ms. Brown : ❼ Wait. ❽ Your voice is a little rough.
ラフ

❾ How long have you been practicing?
どれくらい長く

Riku : ❿ Since ten o'clock this morning.
…から(今まで)

ここでのa littleは前の動詞restを修飾している。

Ms. Brown : ⓫ That long? ⓬ You should rest a little.
レスト

POINT ♪

● 「(ずっと)…し続けていますか」(現在完了進行形の疑問文と応答文)

❶ *I have been playing soccer for a long time.*
アイ ハヴ ビーン プレイング サカ フォー ア ロング タイム
（私は長い間サッカーをし続けています。）

❷ **Have you been playing soccer for a long time?**
ユー
（あなたは長い間サッカーをし続けていますか。）
Yes, I have. / No, I have not.
イェス ノウ ナト
（はい，し続けています。／いいえ，し続けていません。）

• 現在完了進行形の疑問文は，〈**Have[Has]＋主語＋been＋動詞の-ing形 …?**〉の形になります。
• 応答文ではhave[has] notのかわりに短縮形のhaven't[hasn't] を使うこともできます。

●「どれくらい長く（ずっと）…し続けていますか」

ハウ　ロング　ハヴ　ユー　ビーン　プレイング　サカ
How long have you been playing soccer?
（あなたはどれくらい長くサッカーをし続けていますか。）
フォー　トゥー　アウアズ　スィンス　ズィス　モーニング
For two hours. / Since this morning.
（2時間し続けています。／けさからし続けています。）

- 動作がどれくらい続いているかをたずねるときは，〈**How long have[has]＋主語＋been＋動詞の-ing形 …?**〉の形になります。
- 応答文では，for ...（…の間）やsince ...（…から）を使って，動作が続いている時間を答えます。
- 応答文は，主語や動詞などを省略しないで，文の形で答えてもかまいません。

▼ ここが **ポイント！**

⑨ How long have you been practicing?

- 「どれくらい長く（ずっと）…し続けていますか」とたずねる文です。
- **How long**のあとに現在完了進行形の疑問文の形〈**have＋主語＋been＋動詞の-ing形 …?**〉が続いています。

⑩ Since ten o'clock this morning.

- ⑨の動作が続いている時間をたずねる文に対して，since ...（…から）を使って答える文です。

● 本文の意味をつかもう

ブラウン先生：　❶「スタンド・バイ・ミー」は愛と友情についてのよい曲です。❷すばらしい選択ですね。
陸：　　　　　　❸ありがとうございます。❹それでは，みんな。❺もう一度。❻最初から。
ブラウン先生：　❼待って。❽あなたの声は少し荒々しいわ。❾どのくらい練習しているのですか。
陸：　　　　　　❿けさの10時からです。
ブラウン先生：　⓫そんなに長く？⓬少し休んだ方がいいですよ。

Q & A

Why is Riku's voice a little rough?

（なぜ陸の声は少し荒れているのですか。）

〔解答例〕Because he has been practicing for a long time.

　　　　（なぜなら，彼は長い時間練習し続けているからです。）

🎧 Listen 🎵

ディヌーとジンが習い事について話しています。二人が、いつ習い事をしたか、また何歳から続けているか、例にならって矢印を書こう。

① Dinu（ディヌー）

(現在)

年齢	5	6	7	8	9	10	11	12	13	14	
例 tennis（テニス）										→	
cricket（クリケット）											

② Jing（ジン）

(現在)

年齢	5	6	7	8	9	10	11	12	13	14	
dance（ダンス）											
kung fu（カンフー）											

〔kung fu　カンフー〕

💬 Talk & ✏️ Write

(1) ずっと大切に使い続けているものを紹介しよう。

　　例 A : These are my favorite <u>shoes</u>.（これらは私の大好きなくつです。）

　　　　B : How long have you been using <u>them</u>?
　　　　（あなたはそれらをどのくらい長く使っているのですか。）

　　　　A : <u>For about a year.</u>（約1年間です。）

解答例 A : This is my favorite <u>dictionary</u>.（これは私の大好きな辞書です。）
　　　　B : How long have you been using <u>it</u>?（あなたはそれをどのくらい長く使っているのですか。）
　　　　A : <u>For about three years.</u>（約3年間です。）

(2) (1)で質問したことと、相手の答えを書こう。

　　例 How long have you been using your shoes?
　　　　（あなたはどのくらい長くくつを使っているのですか。）
　　　　– For about a year.（約1年間です。）

解答例 How long have you been using your dictionary?
　　　　（あなたはどのくらい長く辞書を使っているのですか。）
　　　　— For about three years.（約3年間です。）

Word Bank

watch　（腕）時計
mirror　鏡
marker (pen)　マーカー（ペン）
pencil case　筆箱

● 語句を確かめよう（p.14）🎵

☐ friendship [fréndʃip / フレンドシプ] 名 友情
重要 ☐ OK [òukéi / オウケイ]
　　　名 間 よろしい、オーケー
重要 ☐ beginning [bigíniŋ / ビギニング]
　　　名 初め、最初；始まり

☐ *a little*　少し（の）
☐ rough [ráf / ラフ] 形 荒々しい
☐ rest [rést / レスト] 動 休む、休息する

● 語句を確かめよう （p.16〜17）

☐ mirror [mírər / ミラ] 名 鏡　　　　　　　☐ *wait for* …を待つ
☐ stamp(s) [stǽmp(s) / スタンプ(ス)] 名 切手

Drill　POINT の文を練習しよう。1 Listen / 2 Repeat / 3 Say

Ⓐ collect stamps
（切手を集める）

Ⓑ grow vegetables
（野菜を育てる）

Ⓒ stay in London
（ロンドンに滞在する）

Ⓓ teach Spanish
（スペイン語を教える）

Ⓔ do volunteer work
（ボランティア活動をする）

Ⓕ paint pictures
（絵をかく）

Ⓖ use this dictionary
（この辞書を使う）

Ⓗ wait for your friend
（友達を待つ）

〈Repeatする英文〉

Ⓐ Have you been collecting stamps for a long time?
（あなたは長い間切手を集め続けていますか。）

Ⓑ Have you been growing vegetables for a long time?
（あなたは長い間野菜を育て続けていますか。）

Ⓒ Have you been staying in London for a long time?
（あなたは長い間ロンドンに滞在し続けていますか。）

Ⓓ Have you been teaching Spanish for a long time?
（あなたは長い間スペイン語を教え続けていますか。）

Ⓔ Have you been doing volunteer work for a long time?
（あなたは長い間ボランティア活動をし続けていますか。）

Ⓕ Have you been painting pictures for a long time?
（あなたは長い間絵をかき続けていますか。）

Ⓖ Have you been using this dictionary for a long time?
（あなたは長い間この辞書を使い続けていますか。）

Ⓗ Have you been waiting for your friend for a long time?
（あなたは長い間友だちを待ち続けていますか。）

Ⓐ How long have you been collecting stamps?
（あなたはどれくらい長く切手を集め続けていますか。）

Ⓑ How long have you been growing vegetables?
（あなたはどれくらい長く野菜を育て続けていますか。）

Ⓒ How long have you been staying in London?
（あなたはどれくらい長くロンドンに滞在し続けていますか。）

Ⓓ How long have you been teaching Spanish?
（あなたはどれくらい長くスペイン語を教え続けていますか。）

Ⓔ How long have you been doing volunteer work?
（あなたはどれくらい長くボランティア活動をし続けていますか。）

Ⓕ How long have you been painting pictures?
（あなたはどれくらい長く絵をかき続けていますか。）

Ⓖ How long have you been using this dictionary?
（あなたはどれくらい長くこの辞書を使い続けていますか。）

Ⓗ How long have you been waiting for your friend?
（あなたはどれくらい長く友だちを待ち続けていますか。）

USE 📖 Read
意見文

SETTING 昨年わかば中学校を卒業した音楽部の先輩山本杏さんが，好きな音楽についての記事をブログに投稿しました。

● **声を出して読んでみよう** ♪

❶ **"Stand by Me"**

> the songと "Stand by Me" は同格の関係。「"Stand by Me" という歌」ということ。

❷ @ann8059

❸ April 2, 8:24 a.m.

❹ #Ben E. King #Stand by Me

> 現在完了進行形の文。since ... や for ... ではなく，recentlyを使って「最近ずっと…し続けている」と述べている。

① ❺ I really like the song "Stand by Me". ❻ Recently, I have been listening to it again. ❼ The lyrics are very powerful. ❽ The song starts in darkness(ダークネス). ❾ However, the lyrics move on(ムーヴ／先へ進む) from that. ❿ They say that if your friend is next to(…のとなりに) you, you do not need to be afraid. ⓫ Together, you can bravely(ブレイヴリ) face darkness, dangers, and troubles(ディンヂャズ／困難，心配(事)). ⓬ Together, you will be strong.

② ⓭ This song is very special to me. ⓮ Last year, I broke my arm(アーム) when I fell off(…から落ちる) my bicycle. ⓯ I had an operation(アパレイション). ⓰ I couldn't play the drums for more than a month. ⓱ Unfortunately(アンフォーチュネトリ), this happened(起こった) a week before the school festival. ⓲ I couldn't perform on the stage(ステイヂ) with my music club band. ⓳ I couldn't believe my bad luck(不運). ⓴ My life seemed so terrible(スィームド／ひどい).

> ⓮, ⓯にある「自転車から落ちて腕を折り，手術を受けた」ことを指す。

> 〈(期間)＋before ...〉で「…の〜(期間)前に」という意味になる。

● **語句を確かめよう** (p.18) ♪

- ☑ darkness [dá:rknəs／ダークネス] 名 暗やみ
- 重要 ☑ move [mú:v／ムーヴ] 動 動く
- ☑ bravely [bréivli／ブレイヴリ] 副 勇敢に
- ☑ danger(s) [déindʒər(z)／ディンヂャ(ズ)] 名 危険
- 重要 ☑ arm [á:rm／アーム] 名 腕
- ☑ operation [àpəréiʃən／アパレイション] 名 手術
- ☑ couldn't　could not の短縮形
- 重要 ☑ unfortunately [ʌnfɔ́:rtʃənətli／アンフォーチュネトリ] 副 不幸にも
- 重要 ☑ stage [stéidʒ／ステイヂ] 名 舞台
- 重要 ☑ seem(ed) [sí:m(d)／スィーム(ド)] 動 …のように見える

● 声を出して読んでみよう ♪

前のmy friendsを修飾している。

前のa friendshipを修飾している。oursはour friendshipのこと。

名詞用法のto不定詞。

Sometimes ....
Other times 〜.は, someとotherが呼応し,「時には…。時には〜。」という意味になる。

byの前後に同じ名詞を置くと「…ごとに」という意味になる。

③ ㉑One day, my friends from the band came to my house. ㉒We listened to the song "Stand by Me" together. ㉓This brought light back into my life.
— 呼び戻した —
㉔We realized that the song's theme was about
理解した, わかった
a friendship like ours. ㉕We decided to play the song in our graduation concert.
　　　　　　　　　　ゾウ　　　　　　　　卒業　　　　　演奏会
④ ㉖Though the song is simple, we practiced it
　　　　　　　　　　　　　簡単な　　　アーギュメンツ
very hard. ㉗Sometimes we had arguments about
イシューズ
small issues. ㉘Other times we got tired and wanted to give up. ㉙However, the song reminded us of our deep friendship. ㉚Our friendship and performance became stronger day by day.
⑤ ㉛When you are down or in trouble, listen to
　　　　　　　　　　トラスト　元気がない
this song. ㉜Trust me. ㉝You can remember your
クロウス　　　　　　　　　　　　　思い出す
close friends, and you will feel better.

● 語句を確かめよう (p.19) ♪

- ☑ *decide to ...*　…することを決心する
- 重要 ☑ though [ðóu / ゾウ] 接 だが
- 重要 ☑ argument(s) [ɑ́ːrɡjəmənt(s) / アーギュメント〔ツ〕] 名 議論
- 重要 ☑ issue(s) [íʃuː(z) / イシュー(ズ)] 名 問題点
- ☑ *get tired*　疲れる
- ☑ *give up*　諦める
- ☑ *day by day*　日ごとに
- 重要 ☑ trust [trʌ́st / トラスト] 動 信用する
- 重要 ☑ close [klóus / クロウス] 形 親しい

● 本文の意味をつかもう

❶ 『スタンド・バイ・ミー』
❷ @ann8059
❸ 4月2日，午前8：24
❹ #Ben E. King #Stand by Me

1 ❺私は『スタンド・バイ・ミー』という曲が本当に好きです。❻最近，それをまた聴いています。❼歌詞がとても力強いのです。❽曲は暗やみから始まります。❾ですが，歌詞はそこから先へ進みます。❿歌詞では，あなたの友人が隣にいるなら恐れる必要はない，と言っています。⓫一緒なら，暗やみにも，危険にも，困難にも勇敢に立ち向かえます。⓬一緒なら強くなれるのです。

2 ⓭この曲は私にとって，とても特別です。⓮昨年，私は自転車から落ちて腕を骨折しました。⓯手術をしました。⓰1か月以上ドラムを叩くことができませんでした。⓱不幸にも，これは文化祭の1週間前に起こりました。⓲私は音楽部のバンドと舞台で演奏することができなかったのです。⓳私は自分の不運を信じることができませんでした。⓴人生がとてもひどいもののように見えました。

3 ㉑ある日，バンドの友人たちが私の家に来ました。㉒私たちは一緒に『スタンド・バイ・ミー』の歌を聴きました。㉓これは私の人生に光を取り戻しました。㉔曲のテーマが，私たちのような友情についてだとわかったのです。㉕私たちは卒業公演でその曲を演奏することを決めました。

4 ㉖曲は簡単ですが，私たちはとても熱心に練習しました。㉗時には，小さな問題で議論しました。㉘またある時には，疲れてあきらめたいと思いました。㉙ですが，その曲が私たちの深い友情を思い出させてくれました。㉚私たちの友情と演奏は，日に日に強くなっていきました。

5 ㉛気分が落ち込んでいたり，困難なときには，この曲を聴いてみてください。㉜私を信じてください。㉝親しい友人を思い出すことができ，元気になることでしょう。

STAGE 1 **Get Ready** 記事を読む前に確認しよう。

(1) 音楽を聴いて勇気づけられたり，励まされたりしたことはありますか。

(2) それはどんな曲ですか。また，どんなときでしたか。 解答例 (1)(2)　略

STAGE 2 **Read** 記事の要点をとらえよう。

Guide 1

先輩が好きな曲は何ですか。また，どのようなときにその曲を聴くとよいと書いていますか。

解答 『スタンド・バイ・ミー』／気分が落ちこんだり困難にあったとき。

Guide 2　次の質問に答えよう。

(1) How does the writer describe the lyrics?　（書き手はどのように歌詞を記述していますか。）
   (a) simple (b) powerful (c) special　　(a) わかりやすい　(b) 力強い　(c) 特別な

(2) What happened to the writer after the accident?
   （事故のあと，書き手には何が起こりましたか。）

(3) What happened to the band members when they were practicing for the graduation concert?
   （卒業公演にむけて練習をしていたとき，バンドメンバーには何が起こりましたか。）

〔writer　書き手〕

解答 (1) (b) powerful (❼) (力強い)

(2) She couldn't play the drums for more than a month. (❻) [She couldn't perform at the school festival. (❽)]

（彼女は1か月以上ドラムを演奏できませんでした。［彼女は学校祭で演奏できませんでした。］）

(3) Sometimes they had arguments about small issues. Other times they got tired and wanted to give up. (㉗㉘) [Their friendship and performance became stronger day by day.] (㉚)

（時には，彼らは小さな問題で議論しました。またある時には，疲れて諦めたいと思いました。［彼女たちの友情と演奏は，日に日に強くなっていきました。］）

Goal 記事の要点を完成させよう。

解答例

"Stand by Me"

The lyrics are <u>powerful</u>. Listen to this song when you are <u>down</u> or in <u>trouble</u>.
できごと① : One time, the writer broke her arm and couldn't <u>play the drums for more than a month</u>. Her life seemed so terrible, but the song <u>brought light back into her life</u>.
できごと② : Other times, the writer's band decided to <u>play the song in their graduation concert</u>. The song <u>reminded them of their deep friendship</u>.

歌詞が力強いです。気分が落ち込んでいたり，困難なときには，この曲を聴いてみてください。
できごと① : ある時，書き手は腕を骨折して1か月以上ドラムを叩くことができませんでした。人生がとてもひどいもののように見えましたが，この曲が彼女の人生に光を取り戻しました。
できごと② : またある時は，書き手のバンドが卒業公演でその曲を演奏することを決めました。この曲が彼女たちの深い友情を思い出させました。

Tips for Reading

書き手が「一番伝えたいこと」と「その理由」に注意して読もう。

☑ Check

●This (㉓) は何を指していますか。
●筆者が最も伝えたいことが書かれている部分に<u>下線</u>を引こう。

解答 ●This (㉓) : We listened to the song "Stand by Me" together. (㉒)
（私たちは一緒に『スタンド・バイ・ミー』の歌を聴きました。）
●When you are down or in trouble, listen to this song. (㉛)
（気分が落ち込んでいたり，困難なときには，この曲を聴いてみてください。）

USE Speak スピーチ

世界の中学生に聞いてほしい曲を紹介しよう

世界中の中学生に人気のインターネット番組「The World's Best Songs」にビデオ出演することになりました。動画を撮影してお気に入りの曲を紹介しよう。

Check 設定を確認しよう。

（どこで）　インターネット番組「The World's Best Songs」で

（何を）

（どうする）

1. Watch 花のスピーチ動画を見よう。 ▶

(1)　発表するときに，花がどんな工夫をしているか考えよう。

(2)　発表のあとにどんな質問が出たか確認しよう。

解答例 略

2. Read & Think 花のスピーチ原稿と，花が書き加えたメモを見て，どんな工夫をしているか考えよう。

Opening（始めのことば） ●あいさつ ●曲名	Hi. / I recommend "Hana Wa Saku". / ゆっくり ————→ こんにちは。私は「花は咲く」をおすすめします。
Body（内容） ●曲の紹介 ●おすすめの 　ポイント	The title means / "Flowers will bloom." / 1語1語しっかり発音 ————→ Artists wrote the song / after the Great East Japan Earthquake / in 2011. / Many people have been listening to it / since then. / I think that the song / is a powerful message / from the victims / to the living and survivors. / 発音注意 The song gives hope / for the future. / タイトルは「花は咲く」という意味です。 アーティストたちは 2011 年の東日本大震災のあとにこの曲を書きました。 それ以来，多くの人々がこの曲を聴きました。 私は，この曲は犠牲者から生きている人たちと生存者への力強いメッセージだと思います。 この曲は未来への希望を与えてくれます。
Closing（終わりのことば） ●ひとこと	Please add the song / to your playlist. / ぜひ，この曲をあなたのプレイリストに追加してください。

いろいろな記号を使い分けて，読みやすい発表メモにしよう。
・意味のかたまりごとに，英文を / で区切ってみよう。
・長い語句はリズムよく言えるように，————— で印をしよう。
・強く読む単語や文字にマーカーを引こう。

1

解答例
・1語1語丁寧に発音することで強調する。
・句のかたまりや文の終わりを意識する。
・文と文の区切りを意識する。
・間違えて読まない。発音に注意すべき単語を示しておく。
・外国の方が初めてタイトルを聞いても，わかるように，ゆっくり読む。
・外国の方に聞き取りづらい日本語のタイトルは，ゆっくり読む。

3. Write & Speak 原稿を書いて発表しよう。

Step ❶ ❓ 内容を考える

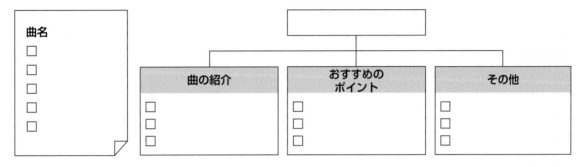

解答例

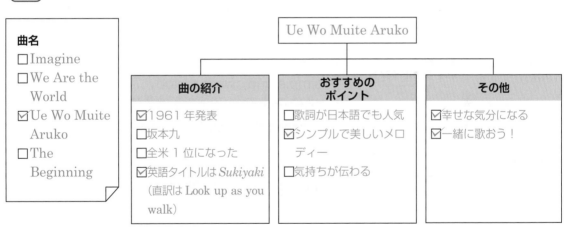

曲名	Ue Wo Muite Aruko		
	曲の紹介	おすすめの ポイント	その他
☐ Imagine	☑ 1961 年発表	☐ 歌詞が日本語でも人気	☑ 幸せな気分になる
☐ We Are the World	☐ 坂本九	☑ シンプルで美しいメロ ディー	☑ 一緒に歌おう！
☑ Ue Wo Muite Aruko	☐ 全米 1 位になった	☐ 気持ちが伝わる	
☐ The Beginning	☑ 英語タイトルは *Sukiyaki* （直訳は Look up as you walk）		

Opening	曲名	
Body	曲の紹介 おすすめポイント	
Closing	ひとこと	

解答例

Opening (始まりのことば)	曲名	Ue Wo Muite Aruko
Body (内容)	曲の紹介 おすすめポイント	– "Look up as you walk"（上を向いて歩こう） – "Sukiyaki" in 1961（1961 年では「スキヤキ」） – No.1 in the U.S., Worldwide（アメリカと世界で 1 番） – simple and sweet melody 　（わかりやすく美しいメロディー） – express the emotion（感情を表現）
Closing (終わりのことば)	ひとこと	truly make us happy（本当に私たちを幸せにする） sing together（一緒に歌いましょう）

Step ❸ 🖊 文章を書く

⑴ あなたが世界の中学生に聞いてほしい曲について，スピーチ原稿を書こう。

⑵ 花のスピーチ原稿(p.22)に書かれたメモを参考に，あなたの原稿に発表用のメモを書こう。

解答例　Hi. I recommend "Ue Wo Muite Aruko".

　　The title means "Look up as you walk." This song came out in 1961. The melody is sweet and simple. This song is also popular all over the world. The title in English is *Sukiyaki*.

　　The song truly makes people happy. Please sing the song together!

　　こんにちは。私は『上を向いて歩こう』をおすすめします。
　　タイトルは『上を向いて歩こう』という意味です。この曲は1961年に発表されました。メロディーは美しくわかりやすいです。この曲は世界中でも人気があります。英語のタイトルは「*Sukiyaki*(スキヤキ)」です。
　　この曲は本当に私たちを幸せにします。ぜひ，一緒にこの曲を歌いましょう。

Step ❹ 🎤 発表する

⑴ 発表の練習をしよう。読みづらいところがあれば，メモを修正したり書き加えたりしよう。

⑵ 発表のあとにどんな質問が出るか考え，その答えを用意しよう。

⑶ クラスやグループで発表しよう。発表が終わったら，質問したり，感想を言ったりしよう。

解答例　⑴⑵⑶ 略

Idea Box

【曲の雰囲気など】
comfortable 心地のよい　　exciting わくわくする
powerful lyrics 力強い歌詞　　soft voice やさしい(歌)声
strong words 強いことば　　sweet melody 美しいメロディー
uplifting 高揚させる　　in high [low] tones 高い(低い)声で
【ジャンルなど】
classical クラシック　　pop ポップス　　rap ラップ　　rock ロック
jazz ジャズ　　rhyme 韻　　tune メロディー
【その他】
encourage people 人々を励ます
make people smile 人々を笑顔にする
touch people's hearts 人々の心に触れる

● **語句を確かめよう** (p.22)

☑ title [táitl / **タイトル**] 名 タイトル，題名
☑ bloom [blú:m / **ブルーム**] 動 花が咲く
☑ victim(s) [víktəm(z) / **ヴィクティム(ズ)**]
　　名 (戦争などで死んだ)犠牲者
☑ living [lívíŋ / **リヴィング**] 形 生きている

☑ survivor(s)
　　[sərváivər(z) / **サヴァイヴァ(ズ)**]
　　名 生存者
☑ playlist [pléilìst / **プレイリスト**]
　　名 プレイリスト

Take Action!

Listen 1

避難訓練のアナウンス

聞き手が必要な情報を聞き取る

夏海の通う学校で避難訓練が行われています。これから，火災が起きた
ときの避難方法について放送が流れます。

Expressions

fire drill　防火訓練
instruction　指示
west side of the building
　建物の西側
exit to ...　…へ退出する
parking lot　駐車場
push others　ほかの人を押す

STAGE 1　Get Ready

1. 避難訓練のときにどんな放送が流れると思いますか。
2. 右の Expressions を参考に，避難訓練の放送で使われる表現を確認しよう。

STAGE 2　Listen

1st Listening　放送を聞いて，出火元に★を，D教室からの避難先に○をつけよう。

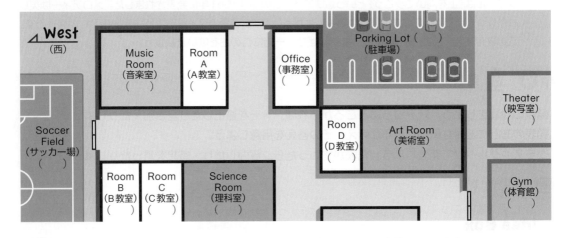

2nd Listening　聞き取れなかった部分に注意しながら，もう一度聞いてみよう。

3rd Listening　巻末のAudio Scripts (p. 220) を見ながら音声を確認しよう。

STAGE 3　Think & Act

火災が起こった時に，音楽室にいるとしたら，どんな経路で避難したらよいですか。

BONUS STAGE

別の放送を聞いてみよう。スクリプトは巻末 (p. 223) にあります。

● **語句を確かめよう** (p.26)

☐ drill [drɪ́l / ドリル] 名 訓練

☐ instruction [ɪnstrʌ́kʃən / インストラクション]
　名 命令，さしず

重要 ☐ west [wést / ウェスト] 名 形 西(の)

重要 ☐ building [bɪ́ldɪŋ / ビルディング]
　名 建物，建築物

重要 ☐ push [pʊ́ʃ / プシュ] 動 押す

☐ parking [pɑ́ːrkɪŋ / パーキング] 名 駐車

☐ parking lot
　[pɑ́ːrkɪŋ lɑ̀t / パーキング ラト] 名 駐車場

Take Action!

 **Talk 1**

おすすめの場所は？

質問する
情報を付け加える

Skit 家族で北海道に行くことになったケイトが，陸と話しています。

Kate

❶ My family will visit Hokkaido this year.

❷ Hokkaido is amazing.
　　　　　　　　驚くべき，みごとな

❸ I've been there many times.

パティキュラ

❹ Do you recommend any places in particular?

Riku

相手からおすすめを聞き出したいときに使う表現。

❺ Hakodate. ❻ You can enjoy its beautiful view.
景色，ながめ

「函館」のどんなところが良かったのかを詳しく伝えている。

ケイト：❶今年，家族で北海道に行くことになったの。
陸　　：❷北海道はすばらしいよ。❸そこに何度も行ったことがあるよ。
ケイト：❹どこか特におすすめの場所はある？
陸　　：❺函館。❻そのきれいな景色を楽しめるよ。

Expressions

質問する

Do you recommend any places in particular?
　　どこか特におすすめの場所はありますか。

What did you do there?
　　あなたはそこで何をしましたか。

Which season do you recommend?
　　あなたはどの季節をおすすめしますか。

情報を付け加える

You can enjoy its beautiful view.
　　あなたはそのきれいな景色を楽しめます。

I recommend going in the summer.
　　私は夏に行くことをおすすめします。

It's in the south of Hokkaido.
　　それは北海道の南にあります。

Work in Pairs

1. 上のスキットをペアで演じてみよう。
2. A・Bの役割を決め，行きたい場所について話そう。
　　A：あなたが行ってみたい場所にBが行ったことがあるかどうかたずねよう。Bが答えたら，さらに質問しよう。
　　B：Aの質問に情報を付け加えながら答え，会話を進めよう。

解答例

A: I want to visit Kyushu this summer. Have you ever been there before?
（私はこの夏九州を訪れたいです。以前そこに行ったことはありますか。）

B: Sure. Kyushu is amazing. I've been there many times.
（もちろん。九州はすばらしいよ。私はそこに何度も行ったことがあります。）

A: Where do you recommend to visit in Kyushu? （九州ではどこを訪れることをおすすめしますか。）

B: I recommend you to visit Oita. You can enjoy many kinds of hot springs there.
（大分を訪れることをおすすめします。そこでは，たくさんの種類の温泉を楽しめます。）

● **語句を確かめよう** （p.27）

☑ particular [pərtíkjələr / パティキュラ]
　　名 項目，細部

☑ *in particular*　　特に

☑ season [síːzən / スィーズン] 名 季節

文法のまとめ ❶

──● 現在完了進行形を確認しよう。

現在完了進行形

◆「(ずっと)…し続けています」と，過去のある時点に始めた動作が，今も進行中であることを表すときは，現在完了進行形〈have[has] been ＋動詞の-ing形〉を使います。

| 主語 | have[has] | been＋動詞の-ing形 |

肯定文	It	**has**	**been raining** <u>since</u> this morning.
			…から
			(けさから雨がふり続いています。)
	I	**have**	**been playing** soccer <u>for</u> two hours.
			…の間
			(私は2時間サッカーをし続けています。)

疑問文 応答文	**Have** 文の最初に Have	you	**been playing** soccer for a long time?
			(あなたは長い間サッカーをし続けていますか。)
		— Yes, I **have**. / No, I **have not**.	
		have を使って答える	
		(はい，し続けています。／いいえ，し続けていません。)	

疑問文 応答文	How long have 「どれくらい長く」期間をたずねる	you	been playing soccer?
			(あなたはどのくらい長くサッカーをし続けていますか。)
		— **For** two hours. / **Since** this morning.	
		(2時間です。／けさからです。)	

◆現在完了進行形の文では，play，walkなどの動作を表す動詞を使います。be動詞，have(所有する)，know，wantなど，ふつう現在進行形にしない動詞は現在完了進行形にもしません。

現在進行形と現在完了進行形

現在進行形は現在「ピアノを弾く」という動作をしている最中であることを表します。

She is playing the piano now.
(彼女は今ピアノを弾いています。)

今朝　　　　　現在

▶ ▶ ▶ ▶

She has been playing the piano since this morning.
(彼女はけさからピアノを弾き続けています。)

現在完了進行形は，過去のある時点に始めた「ピアノを弾く」という動作が，現在も進行中であることを表します。

現在完了形（完了用法）と現在完了進行形

現在完了形（完了用法）は，過去に始めた「本を読む」という動作が完了したことを表します。

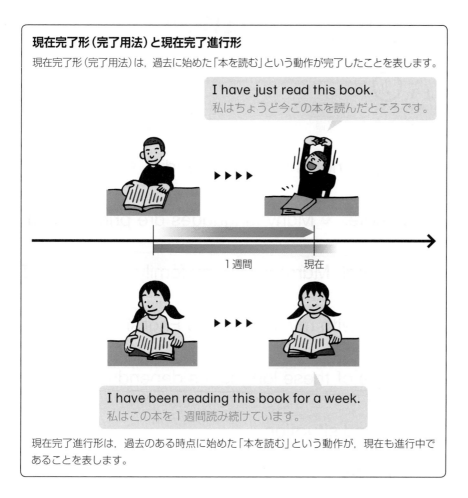

> I have just read this book.
> 私はちょうど今この本を読んだところです。

1週間　　　現在

> I have been reading this book for a week.
> 私はこの本を1週間読み続けています。

現在完了進行形は，過去のある時点に始めた「本を読む」という動作が，現在も進行中であることを表します。

Drill 1　日本語の意味に合うように，（　　）に適する語を入れましょう。

1. We（　　）（　　）walking since nine o'clock.（私たちは9時から歩き続けています。）
2. （　　）your brother（　　）practicing judo for a long time?
   （あなたのお兄さんは長い間，柔道のけいこを続けているのですか。）

Drill 2　次の英文を日本語にしましょう。

1. It has been snowing for three days.
2. How long have you been waiting for her?

Drill 3　日本語の意味に合うように，次の文に必要な語句を付け加えて書きかえましょう。

1. I'm looking for my watch.（私は今朝からずっと腕時計をさがしています。）
2. They are talking about the movie.（彼らは2時間その映画について話し続けています。）

GET Part **1** Languages in India

──● 受け身形「…され（てい）ます」の表し方をマスターしよう。

● **声を出して読んでみよう** ♪

●ディヌーがインドで撮った写真を見せながら話しています。

❶ Rupee notes are used in India. ❷ This is a ten

> ノウツ （notesのルビ）
> 紙幣

rupee note. ❸ Many languages are printed on it.

> ルービー
> ラングウィヂズ（languagesのルビ）　　プリンテド（printedのルビ）
> 言語

> ❷の a ten rupee note を指す。

❹ I speak Marathi with my family at home. ❺ I

> マラーティ（Marathiのルビ）
> 家庭，うち

> このandは，Hindi with my friends と English at school を結んでいる。

use Hindi with my friends and English at school.

❻ My use of these languages depends on the

> ディペンヅ（dependsのルビ）

person and situation.

> パーソン（personのルビ）　　スィチュエイション（situationのルビ）
> 人　　　　　　　　　立場，状態

> 「使用，用途」という意味の名詞で発音は[júːs / ユース]。動詞useの発音は[júːz / ユーズ]なので違いに注意。

> ❹のMarathi，❺のHindiとEnglishを指す。

> depend on ...「…次第である，…によって決まる」。ここでは「話す人と状況によって使う言語が決まる」ということ。

POINT ♪

● 「…され（てい）ます」（受け身形）

> ザ　　キチン　　イズ　クリーンド　　エヴリ　　デイ
> **The kitchen is cleaned every day.** （その台所は毎日そうじされています。）

- 「…され（てい）ます」と人やものから何らかの動作を受けていることを表すには，受け身形〈**be動詞＋動詞の過去分詞**〉を使います。
- 受け身の文の主語には，動作を受ける人やものがきます。
- be動詞の形（am，are，is，was，were）は，主語と時制によって決まります。

▼ ここが **ポイント!**

❶ Rupee notes are used in India.

- ・〈**be動詞＋動詞の過去分詞**〉 受け身形です。
- ・主語が複数で現在のことなので，be動詞はareを使っています。

❸ Many languages are printed on it.

- ・受け身形の文です。
- ・主語many languagesが「印刷<u>されて</u>いる」という意味です。

● 本文の意味をつかもう

❶インドではルピー紙幣が使われています。❷これは10ルピー札です。❸それには，多くの言語が印刷されています。

❹私は，家では家族とマラーティー語を話します。❺友だちとはヒンディー語，学校では英語を使います。❻これらの言語の使い方は，人や状況によります。

Q&A

How many languages are on the rupee note?

（ルピー札にはいくつの言語がありますか。）

(解答例) Many languages are on it. （多くの言語があります。）

🎧 Listen

インドに住むディヌーの友だちのラトナ (Ratna) から，ボイスメッセージが届きました。3つの言語が，どんなときに使われているかメモしよう。

言語	Tamil（タミール語）	English（英語）	Hindi（ヒンディー語）
どんなときに			

💬Talk & ✏Write

(1) 例を参考にして，ペアでクイズを出し合おう。

kettle（やかん）　fork（フォーク）　soap（せっけん）　towel（タオル）　blanket（毛布）　pillow（まくら）

例 *A:* It's <u>used in the kitchen</u>.（それは台所で使われます。）
　　　 It's <u>used when you want hot water</u>.（それはお湯がほしいときに使われます。）
　 B: I think it's <u>a kettle</u>.（やかんだと思います。）
　 A: You're right.（正解です。）

解答例 *A:* It's used on the bed.（それはベッドで使われます。）
　　　　 It's used under your head when you sleep.
　　　　（それは寝るとき頭の下において使われます。）
　　 B: I think it's a pillow.（まくらだと思います。）
　　 A: You're right.（正解です。）

> **Word Bank**
>
> living room
> 　リビング
> dining room
> 　ダイニング
> bedroom　寝室
> bathroom
> 　浴室, トイレ

(2) (1)で話したことをまとめて書いてみよう。
　　例 A kettle is used in the kitchen.（やかんは台所で使われます。）
　　　 It is used when you want hot water.（それはお湯がほしいときに使われます。）

解答例 A pillow is used on the bed.（枕はベッドで使われます。）
　　　 It is used under your head when you sleep.
　　　（それは寝るとき頭の下において使われます。）

● **語句を確かめよう（p.30）**

☑ **print(ed)** [prínt(əd) / プリント〔テド〕]
　動 印刷する

☑ **Marathi** [mərɑ́ːti / マラーティ]
　名 マラーティー語（主にインドの中西部で話されている言語；インドの公用語の１つ）

重要 ☑ **depend(s)** [dipénd(z) / ディペンド〔ヅ〕]
　動〔depend on ...〕…次第である

☑ ***depend on ...*** …次第である

☑ **rupee** [ruːpíː / ルーピー]
　名 ルピー《通貨単位》

語句を確かめよう（p.32〜33）♪

- ☐ kettle [kétl / ケトル]名 やかん
- ☐ fork [fɔ́ːrk / フォーク]
  名（食卓用の）フォーク
- ☐ soap [sóup / ソウプ]名 せっけん
- ☐ blanket [blǽŋkət / ブランケト]名 毛布
- ☐ pillow [pílou / ピロウ]名 まくら

- ☐ dining [dáiniŋ / ダイニング]名 食事
- 重要 ☐ bedroom [bédrùːm / ベドルーム]
  名 寝室
- ☐ deliver [dilívər / ディリヴァ]動 配達する
- ☐ flag [flǽg / フラグ]名 旗
- 重要 ☐ meeting(s) [míːtiŋ(z) / ミーティング(ズ)]
  名 集会，集まり，会

Drill POINT の文を練習しよう。1 Listen / 2 Repeat / 3 Say ♪

Ⓐ
newspaper / deliver
（新聞／配達する）

Ⓑ
song / sing
（歌／歌う）

Ⓒ
flag / raise
（旗／あげる）

Ⓓ
gate / lock
（門／施錠する）

Ⓔ
buses / wash
（バス／洗う）

Ⓕ
computers / use
（コンピューター／使う）

Ⓖ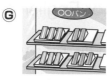
sandwiches / sell
（サンドイッチ／販売する）

Ⓗ
meetings / hold
（集会／開く）

〈Repeatする英文〉
Ⓐ A newspaper is delivered every day.（新聞は毎日配達されます。）
Ⓑ The song is sung every day.（その歌は毎日歌われます。）
Ⓒ The flag is raised every day.（その旗は毎日あげられます。）
Ⓓ The gate is locked every day.（その門は毎日施錠されます。）
Ⓔ The buses are washed every day.（そのバスは毎日洗車されます。）
Ⓕ The computers are used every day.（そのコンピューターは毎日使われます。）
Ⓖ The sandwiches are sold every day.（そのサンドイッチは毎日販売されます。）
Ⓗ The meetings are held every day.（その集会は毎日開かれます。）

・扉ページ（教科書p.19）
① What do you know about India?（インドについてどんなことを知っていますか。）
② Can you find English words in this picture?（この写真の中で英単語をみつけられますか。）

解答例 ① I know Indian curry.（インドカレーを知っています。）
I know that the IT industry is famous in India.（IT産業がインドでは有名だと知っています。）
② I can see ENTRY, ONLY CARS, AUTO / TAXI ONLY.（ENTRY, ONLY CARS, AUTO/ TAXI ONLYが見えます。）

Lesson 2

GET Part 2 Languages in India

—● 受け身形「…によって〜されます」という表現を理解し，使おう。

● 声を出して読んでみよう

● 花たちはディヌーが紹介してくれたインド映画を見ることになりました。

> **look forward to** の後ろに動詞がくるときは動名詞（-ing形）にする。

Hana : ❶ I'm looking forward to watching this.
…を楽しみに待つ

❷ I've never seen an Indian movie.
ネヴァ　　　　　　　　インディアン

> 経験用法の現在完了形の否定文。neverは「決して…ない」，「まだ一度も…ない」と強い否定を表す。

Dinu : ❸ I'm sure you'll enjoy it.　❹ The film was
アイム　シュア　　　　　　　　　　　　　　フィルム

directed by a famous Indian actor.
ディレクテド　　　　フェイマス

Hana : ❺ I see.　❻ Is the movie in Marathi, Hindi,

or English?

> 後ろに接続詞thatが省略されている。I'm sure (that) …で「私は…を確信している，きっと…だ」。

Dinu : ❼ Hindi.　❽ With subtitles in English.
サブタイトルズ
…がある，…の付いた　字幕

❾ Indian films are often released in
リリースト

several languages.
いくつかの

> 「…を使って，…で」と手段を表す。

POINT

●「…によって〜され（てい）ます」（by ... を使った受け身の文）

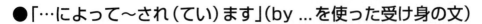

This picture was painted by Picasso.（この絵はピカソによってかかれました。）
ズィス　ピクチャ　ワズ　ペインテド　バイ　ピカーソウ

- 受け身形の文で，その動作をする人やものを表すときはby ... を使います。
- その動作をするのが，一般的な人々である場合や，だれか特定できない場合，言う必要がない場合は，by ... は省略されます。

▼ ここが ポイント!

❹ The film was directed by a famous Indian actor.

- 過去の内容を表す**受け身形**なので，be動詞が過去形wasになっています。
- 受け身形で表す動作をした人を，〈**by ...**〉によって示しています。

❾ Indian films are often released in several languages.

- 動詞がare releasedで，受け身形の文です。
- 動作をする人を言う必要がないので，by ...は省略されています。
- 受け身形の文では，often，sometimesなどの動詞を修飾する副詞は，ふつうbe動詞と過去分詞の間に置きます。

● 本文の意味をつかもう

花　　　：❶これを見るのが楽しみ。❷インド映画は見たことがないの。
ディヌー：❸きっと楽しめると思うよ。❹この映画は有名なインド人俳優によって監督されたんだ。
花　　　：❺そうなんだ。❻この映画はマラーティー語，ヒンディー語，それとも英語？
ディヌー：❼ヒンディー語。❽英語の字幕付きだよ。❾インド映画は，よくいくつかの言語で公開されるんだ。

Q&A　What language is the film in?（その映画は何語ですか。）

[解答例] The film is in Hindi with subtitles in English.
（映画はヒンディー語で英語の字幕が付いています。）

🎧 Listen ♪

ディヌーが好きな歌と絵本を紹介しています。歌と絵本について，ディヌーの説明にあてはまる人物を，A〜Fから一人ずつ選ぼう。

① 好きな歌
　作詞・作曲（　　）
　歌（　　）

② 好きな絵本
　絵（　　）
　訳（　　）

Ⓐ Indian actor（インド人の俳優）
Ⓑ Dinu（ディヌー）
Ⓒ Riku（陸）
Ⓓ Indian singer（インド人の歌手）
Ⓔ Dinu's cousin（ディヌーのいとこ）
Ⓕ Dinu's sister（ディヌーの姉）

🎤 Speak & ✏️ Write

(1) 好きな本や歌について説明しよう。

　　例 - I like *The Tale of Peter Rabbit*. (私は『ピーターラビットのおはなし』が好きです。)
　　　　It's written by Beatrix Potter. (それはビアトリクス・ポッターによって書かれました。)
　　　　The pictures are cute. (絵がかわいいです。)
　　　- I like "Hello, Goodbye". (私は『ハロー, グッバイ』が好きです。)
　　　　It's sung by the Beatles. (それはビートルズによって歌われています。)
　　　　It's a catchy song. (それは覚えやすい歌です。)

[解答例] I like *Harry Potter*. (私は『ハリー・ポッター』が好きです。)
　　　　It's written by J. K. Rowling.
　　　　(それは, J・K・ローリングによって書かれています。)
　　　　The characters are charming. (登場人物が魅力的です。)

┌─ **Word Bank** ─────────────┐
│ a sweet melody　美しいメロディ │
│ cheerful　元気のいい │
│ uplifting　気持ちを高揚させる │
└──────────────────────────┘

(2) (1)で話したことを書こう。

[解答例] I like *Harry Potter*. It's written by J. K. Rowling. The characters are charming. (私は『ハリー・ポッター』が好きです。それは, J・K・ローリングによって書かれています。登場人物が魅力的です。)

● **語句を確かめよう**（p.34）

　　☐ Indian [índiən / インディアン]
　　　　名 形 インド〔人〕(の)
　重要 ☐ film [fílm / フィルム] 名 〔主に英〕映画
　　☐ direct(ed) [dərékt(əd) / ディレクト〔テド〕]
　　　　動 (映画などを)監督〔演出〕する

　　☐ release(d) [rilíːs(t) / リリース(ト)]
　　　　動 (CDなどを)発売する；
　　　　(映画を)封切りする, 公開する
　　☐ Picasso [piká:sou / ピカーソウ]
　　　　名 ピカソ(姓)

● **語句を確かめよう**（p.35〜37）

　　☐ tale [téil / テイル] 名 物語, お話
　　☐ catchy [kǽtʃi / キャチ]
　　　　形 人の心を引き寄せる；覚えやすい
　　☐ uplifting [ʌ̀plíftiŋ / アプリフティング]
　　　　形 気持ちを高揚させる
　　☐ Hello, Goodbye [helóu gùdbái / ヘロウ
　　　　グ(ド)バイ]
　　　　名 ハロー・グッドバイ(歌)
　　☐ create [kriéit / クリエイト]
　　　　動 作り出す, 創造する

　　☐ compose [kəmpóuz / コンポウズ]
　　　　動 作曲する；組み立てる
　　☐ Gaudi [gaudí: / ガウディー]
　　　　名 ガウディ(姓)
　　☐ Mozart [móutsaːrt / モウツァート]
　　　　名 モウツァート(姓)
　　☐ Darwin [dáːrwin / ダーウィン]
　　　　名 ダーウィン(姓)
　　☐ Gogh [góu / ゴウ] 名 ゴッホ(姓)

Drill POINT の文を練習しよう。1 Listen / 2 Repeat / 3 Say

Ⓐ
map / create
（地図／作る）

Ⓑ
building / design
（建物／設計する）

Ⓒ
music / compose
（音楽／作曲する）

Ⓓ
frog / find
（カエル／発見する）

Ⓔ
castle / build
（城／建てる）

Ⓕ
movie / direct
（映画／監督する）

Ⓖ
picture / paint
（絵／かく）

Ⓗ
book / write
（本／書く）

〈Repeatする英文〉

Ⓐ The map was created by Tadataka. （その地図は忠敬によって作られました。）
Ⓑ The building was designed by Gaudi. （その建物はガウディーによって設計されました。）
Ⓒ The music was composed by Mozart. （その音楽はモーツァルトによって作曲されました。）
Ⓓ The frog was found by Darwin. （そのカエルはダーウィンによって発見されました。）
Ⓔ The castle was built by Nobunaga. （その城は信長によって建てられました。）
Ⓕ The movies were directed by Akira. （その映画は明によって監督されました。）
Ⓖ The pictures were painted by Gogh. （その絵はゴッホによってかかれました。）
Ⓗ The books were written by Soseki. （その本は漱石によって書かれました。）

USE Read 説明文

教科書 24〜25ページ

SETTING インドのガイドブックに，インドで使われている言語について書かれたコラムが掲載されています。

● 声を出して読んでみよう ♪

❶ FACTS about India

❷ A Country of Diversity

locate は「…を（ある場所に）置く」という意味なので，受け身形にすると「…に置かれている」→「…に位置する，…にある」となる。

1 ❸ India is located in South Asia. ❹ More than one billion people live in India. ❺ They speak many languages. ❻ In India, there is a saying, ❼ "Every four miles the speech changes." ❽ There are 22 official languages, and more than 250 other languages are spoken in India.

コンマ(,) の後ろは，前にあるsayingの具体的な内容。「『…』ということわざ」となる。

受け身形。spoken はspeakの過去分詞。

2 ❾ One of the major official languages of India is Hindi. ❿ More than 500 million people can speak it, and you know a few words, too. ⓫ For example, 'pajamas' and 'shampoo' come from Hindi. ⓬ The Japanese word *daruma* comes from Hindi, too.

———同格———

● 語句を確かめよう (p.38) ♪

☐ locate(d) [lóukeit(əd) / ロウケイト〔テド〕]
　動 …に位置する
☐ South Asia [sáuθ éiʒə / サウス エイジャ]
　名 南アジア
☐ billion [bíljən / ビリョン] 名 10億
☐ mile(s) [máil(z)/ マイル（ズ）] 名 マイル
☐ official [əfíʃəl / オフィシャル] 形 公式の

重要 ☐ major [méidʒər / メイヂャ]
　形 主要な
☐ shampoo [ʃæmpú: / シャンプー]
　名 シャンプー
☐ saying [séiiŋ / セイング]
　名 ことわざ

38 thirty-eight

● 声を出して読んでみよう 🎵

受け身形のbe動詞と過去分詞の間に副詞mostlyが置かれている。

③ ⑬Urdu is another official language. ⑭It is mostly spoken in northern India. ⑮Its writing system comes from Arabic, so it goes from right to left. ⑯The language is known for its beauty and grace. ⑰A lot of great literature and poetry are written in Urdu.

このforは「…のために」と原因・理由を表す。be known for ...は「…で知られている」という意味の受け身の表現。

受け身形。writtenはwriteの過去分詞。

④ ⑱English is also commonly used. ⑲English was not spoken in India until the British came. ⑳India was ruled by them from the 1600s to the mid-1900s. ㉑Many people needed to learn English. ㉒Later, the British left, but their language remained. ㉓Now English is used across the country in schools and businesses. ㉔Some people use it to talk with friends from other places.

受け身形の否定文は，be動詞のあとにnotを置く。

過去の受け身形。ruledはrule（支配する）の過去分詞。

leave（去る）の過去形。

⑤ ㉕These are only three of the languages of India. ㉖You will come across many others. ㉗Enjoy their diversity and beauty when you visit.

目的を表す副詞用法の不定詞。

● 語句を確かめよう (p.39) 🎵

- ☑ Urdu [úərdu: / ウアドゥー] 名 ウルドゥー語
- ☑ mostly [móustli / モウストリ] 副 主に
- 重要 ☑ system [sístəm / スィステム] 名 体系
- ☑ Arabic [ǽrəbik / アラビク] 名 アラビア語
- ☑ beauty [bjú:ti / ビューティ] 名 美しさ
- ☑ grace [gréis / グレイス] 名 上品さ
- ☑ literature [lítərətʃər / リタラチャ] 名 文学
- ☑ poetry [póuətri / ポウエトリ] 名 詩
- ☑ commonly [kámənli / カモンリ] 副 一般に

- 重要 ☑ remain(ed) [riméin(d) / リメイン(ド)] 動 残る
- 重要 ☑ across [əkrɔ́:s / アクロース] 前 …のいたる所に
- 重要 ☑ business(es) [bíznəs(əz) / ビズネス〔ィズ〕] 名 会社
- ☑ come across ... …を見つける
- ☑ diversity [dəvə́:rsəti / ディヴァースィティ] 名 多様性
- ☑ mid-1900s [míd naintí:n hándredz / ミド ナインティーン ハンドレツ] 名 1900年代半ば

本文の意味をつかもう

❶ インドについての事実

❷ 「多様性の国」

1 ❸ インドは南アジアに位置しています。❹ 10億人を超える人がインドに住んでいます。❺ 彼らは多くの言語を話します。❻ インドには（次のような）ことわざがあります。❼ 「4マイルごとに話すことばが変わる」。❽ インドには22の公用語があり，そのほかに250を超える言語が話されています。

2 ❾ インドの主要な公用語のひとつは，ヒンディー語です。❿ 5億人を超える人々がヒンディー語を話すことができますが，あなたも2つ3つは（ヒンディー語の）ことばを知っています。⓫ 例えば，「パジャマ」や「シャンプー」はヒンディー語から来ています。⓬ 日本語の「だるま」もヒンディー語から来ています。

3 ⓭ ウルドゥー語はもう1つの公用語です。⓮ それは主に北インドで話されています。⓯ その書記体系はアラビア語から来ているので，右から左に書きます。⓰ この言語はその美しさと上品さで知られています。⓱ 多くの偉大な文学や詩がウルドゥー語で書かれています。

4 ⓲ 英語もまた一般的に使われています。⓳ インドでは，英国人が来るまで，英語は話されていませんでした。⓴ インドは彼らによって1600年代から1900年代の半ばまで統治されていました。㉑ （そのため，）多くの人々が英語を学ぶ必要がありました。㉒ のちに，英国人は去りましたが，彼らの言語は残りました。㉓ 今や英語は学校や会社など国のいたるところで使われています。㉔ ほかの地域から来た友だちと話すために英語を使う人もいます。

5 ㉕ これらはインドの言語の中のたった3つの言語です。㉖ あなたはこのほかにも数多くの言語を見つけるでしょう。㉗ あなたが訪れるときは，それらの多様性と美しさを楽しんでください。

STAGE 1 **Get Ready** コラムを読む前に確認しよう。

(1) インドについて知っていることを話し合おう。

(2) "Every four miles the speech changes." はどんなことを例えたことわざだと思いますか。

解答例 (1) 人口が多い。カレーを食べる。IT産業が発達している。英語を話す。マハトマ・ガンジー。

(2) 「4マイルごとに，話すことばが変わる」の4マイルは約6.5キロメートルであり，隣町へ行くくらいの距離である。これは，そのような近隣であっても違うことばを話す，つまり「多くのことばが話されている」ということを例えたことわざである。

STAGE 2 **Read** コラムの概要をとらえよう。

Guide 1

本文中で述べられている3つの言語は何ですか。 解答 ヒンディー語, ウルドゥー語, 英語

Guide 2 次の質問に答えよう。

(1) How many people use Hindi? （何人の人がヒンディー語を使いますか。）

(2) What are some examples of Hindi words? （ヒンディー語のことばのいくつかの例は何ですか。）

(3) Where is Urdu spoken? （ウルドゥー語はどこで話されていますか。）

(4) What is Urdu known for? （ウルドゥー語は何で知られていますか。）

(5) Where in India is English used? （インドのどこで英語は使われていますか。）

(6) When do some people in India use English? （一部のインドの人々はいつ英語を使いますか。）

解答例 (1) More than 500 million people use it. (❿) （5億人より多くの人が使います。）

(2) They are 'pajamas,' 'shampoo' and 'daruma.' (⓫, ⓬)
（「パジャマ」「シャンプー」「だるま」です。）

(3) It is (mostly) spoken in northern India. (⓮) （（主に）北インドで話されています。）

(4) It is known for its beauty and grace. (⓰) （その美しさと上品さで知られています。）

(5) It is used across the country in schools and businesses. (㉓)
（学校や会社など国のいたるところで使われています。）

(6) They use it to talk with friends from other places. (㉔)
　（ほかの地域から来たの友だちと話すために使います。）

Goal　コラムの概要を表にまとめよう。

解答例

言語	特徴
Hindi ヒンディー語	・ <u>More</u>　<u>than</u>　500 million people speak it. ・ 'Pajamas', 'shampoo' and 'daruma' come from Hindi. ・ ５億人を超える人々がヒンディー語を話す。 ・「パジャマ」、「シャンプー」、「だるま」はヒンディー語から来ている。
Urdu ウルドゥー語	・ It is mostly <u>spoken</u> in <u>northern</u> India. ・ Its <u>writing</u>　<u>system</u> comes from Arabic. ・ It is <u>known</u> for its beauty and <u>grace</u>. ・ 主に北インドで話されている。 ・ その書記体系はアラビア語から来ている。 ・ その美しさと上品さで知られている。
<u>English</u> 英語	・ It is used <u>across</u> the country in <u>schools</u> and businesses. ・ People use it to <u>talk</u> with friends from <u>other</u>　<u>places</u>. ・ それは学校や会社など国のいたるところで使われている。 ・ 人々は，ほかの地域から来た友だちと話すために英語を使う。

STAGE 3　Think & Talk

あなたのまわりでは，誰が，どんな場面で，どんな言語を使っているか，グループで話し合おう。

解答例 My mother speaks Chinese with her friends from China.
　（私の母は，中国から来た彼女の友だちと中国語で話します。）

Tips for Reading

・表や図などを使って情報を整理しながら読もう。
・主語が長くて複雑なときは、主語と動詞はどの部分か注意しながら読もう。

✓ Check

●次の語句は何を指していますか。　The language (⑯)，　their language (㉒)

解答 The language (⑯)：Urdu（ウルドゥー語）(⑬)
　their language (㉒)：English（英語）(⑱⑲㉑)

●第２段落のすべての英文の主語を□で囲もう。
解答 One of the major official languages of India, More than 500 million people, you, 'pajamas' and 'shampoo', The Japanese word *daruma*

おすすめの日本語を紹介しよう

「クールな日本語を教えて」とSNSに投稿した海外の人気アーティストが日本に来ることになりました。
おすすめの日本語を紹介するメッセージを書こう。

▶ **Check** 設定を確認しよう。

(何のために) 海外の人気アーティストにクールなことばを紹介するために
_____

(何について)
_____

(何をする)
_____

1. Follow the Steps 陸がメッセージを書いています。どんなことを考えながら書いているか確認しよう。

Step ① 内容を考える

陸のひとりごと

What's a good word?
英語の中でも使いやすいことばにしよう。That's so 'mottainai'. …これは使えそう。

What can I say about it?
意味と使う場面だけじゃなくて、場面をイメージできる具体例も入れよう。

Words (ことば)
- □ ありがとう
- □ かわいい
- □ もったいない
- □ 一期一会
- □ 以心伝心
- □ いただきます

もったいない

Meanings (意味)	When to Use It (使う場面)	Examples (具体例)
□ 物事が粗末に扱われて惜しいと思うこと	□ まだ使えるものを捨てたり手放したとき □ 時間を無駄にするようなことをしたとき	□ ノートを数ページだけ使って新しいノートを買う □ テスト勉強中に部屋の掃除をする

● **語句を確かめよう** (p.43)

☑ **wasteful** [wéistfəl / ウェイストフル]
形 むだに使う

☑ **blank** [blǽŋk / ブランク]
形 何も書かれていない

Step ❷ 考えを整理する

陸のひとりごと

What can I write?
使う場面は 2 つ書くけど，具体例は 1 つだけ選んで書くことにしよう。
How can I write?
「もったいない」は辞書を見ると be a waste, be wasteful って書いてある。

Opening (始めのことば)	ことば	'mottainai'（「もったいない」）
Body（内容）	意味, 使う場面	– use it when ...（…のときに使う） 　1) something is wasted（何かがむだに使われる） 　2) an action is wasteful（ある行為がむだだ） – Example（例）: 　You have a notebook with many blank pages in it. 　（あなたは，白紙がたくさん残っているノートを持っている） 　You buy a new one anyway.（それでも，新しいノートを買う）
Closing (終わりのことば)	ひとこと	Try using it!（それを使ってみてください！）

Q Step❶の日本語のメモのうち， Step❷で陸が取り上げたものにチェック☑しよう。

解答 Words …もったいない　Meanings …物事が粗末に扱われて惜しいと思うこと
When to Use It …まだ使えるものを捨てたり手放したとき
Examples …ノートを数ページだけ使って新しいノートを買う

Step ❸ 文章を書く

陸のひとりごと

Now, let's write!
英語の中でどうやって使ったらいいかわかるように，セリフを入れてみることにしよう。

Message

57　　I recommend the word *mottainai*.

People use it when something is wasted, or when an action is wasteful. For example, you have a notebook with many blank pages in it. You buy a new one anyway. Your friend says, "Buying that was so *mottainai*."

　　Try using it!

ID: rikky1120　　05-30 19:00

メッセージ
57　　私は「もったいない」ということばをおすすめします。
人々はそれを，何かがむだに使われたときや，ある行為がむだであるときに使います。それでも，あなたは何も書かれていないページがたくさんあるノートを持っています。それでも，新しいノートを買います。友だちは，「それを買うなんて，あまりにもったいなかったね」と言うでしょう。
　　このことばを使ってみてください！　ID: rikky1120　　05-30 19:00

Q Step❸の英文のうち，Opening, Body, Closing はどの部分ですか。／で区切ろう。

解答 Opening … I recommend the word *mottainai*.
Body … People use it when something is wasted, or when an action is wasteful. For example, you have a notebook with many blank pages in it. You buy a new one anyway. Your friend says, "Buying that was so *mottainai*."
Closing … Try using it!

2. Work in Class　クラスやグループで協力して書こう。

Step ❶ 　内容を考える

解答例

Words (ことば)
□ こんにちは
□ よろしくお願いします
□ いただきます
□ 誠心誠意

```
                        いただきます
        ┌──────────────────┼──────────────────┐
   Meanings          When to Use It        Examples
   (意味)              (使う場面)             (具体例)
□「これから食事をい   □ 朝，昼，晩の食事    □ 家族そろって夕食
  ただきます」とい     の前                  を食べ始める前に
  う意味                                     感謝をこめて
```

Step ❷ 　考えを整理する

Opening	ことば	
Body	(　　　)	
Closing	ひとこと	

解答例

Opening (始めのことば)	ことば	'itadakimasu'（「いただきます」）
Body (内容)	(意味, 使う場面)	-use it when … （…する時に使う） before you start eating breakfast, lunch and dinner （朝食，昼食，そして夕食を食べ始める前） -Example:（例：） at a dinner table, before you start eating some people even join hands to show their feelings （夕食の席で食べ始める前） （自分の気持ちを表すために手を合わせる人もいます）
Closing (終わりのことば)	ひとこと	Try using it!（それを使ってみてください。）

44 forty-four

Step 3 ✎ 文章を書く

解答例　I recommend the word *itadakimasu*.

People use it before eating breakfast, lunch and dinner. For example, you sit down at the dinner table, and before eating, you might say "*itadakimasu*." Some people even join hands to show their feelings to those who cooked it and to the ingredients themselves.

Try using it!

わたしは「いただきます」ということばをおすすめします。

人々はこの言葉を，朝食，昼食，夕食を食べる前に使います。たとえば，あなたは，夕食の席についています。そして，食事をする前に「いただきます」と言うでしょう。料理をしてくれた人や材料そのものに対する気持ちを表すために手を合わせる人もいます。

このことばを使ってみてください！

3. Write by Yourself　あなたが選んだクールな日本語についてメッセージを書こう。

解答例　I recommend the word *arigato*.

We use it when we want to say thank you. Two words are combined into this word: "ari" (exist) and "gato" (difficult). So, when we use it, we can tell you that you have done something really special.

I think *arigato* is a beautiful word. I'm sure you will like it.

私は「ありがとう」ということばをおすすめします。

私たちはそれを，相手に感謝を述べたいときに使います。「あり」（存在する）と「がとう」（難しい）の2つの単語がこのことばに結合されています。ですから，私たちがそれを使うとき，あなたが本当に特別なことをしてくれたということを，私たちはあなたに伝えることができます。

私は「ありがとう」は美しいことばだと思います。あなたはそれをきっと気に入ることでしょう。

Idea Box
【ことばを表す表現】
cool かっこいい　　common よくある　　cute かわいい
powerful 力強い　　originally もとは　　useful 便利な
one of the useful phrases 役に立つフレーズの1つ
【ことばの使い方など】
It is often used by .... …によってよく使われています。
Many people use it when .... 多くの人が…のときに使います。
It literally means .... 文字通りに…を意味します。
It is popular among young people. 若い人の間で人気があります。
Please use it when .... …のときに使ってください。
I am sure that you will like it. あなたはきっと気に入るでしょう。

Take Action!  旅行の行き先の相談
Listen 2
話し手が伝えたいことを聞き取る

夏海のホームステイ先のグリーンさんの家族が，夏休みの家族旅行の行き先について，話しています。

Expressions

go somewhere new
　どこか新しい場所に行く
walk through ...
　…を歩いて通り抜ける
crowded　混んでいる
whale-watching
　クジラの観察

STAGE 1　Get Ready

1. 家族旅行の行き先としてどんな場所がよいか考えてみよう。
2. 右のExpressionsを参考に，話し合いで使われる表現を確認しよう。

STAGE 2　Listen

1st Listening
話し合いを聞いて，3つの行き先のアイデアについてメモにまとめよう。

Places to go （行き先）	Vancouver （バンクーバー）	Alice Lake （アリスレイク）	Victoria （ビクトリア）
Opinions （意見）			

2nd Listening　聞き取れなかった部分に注意しながら，もう一度聞いてみよう。

3rd Listening　巻末のAudio Scripts（p. 220）を見ながら音声を確認しよう。

STAGE 3　Think & Act

あなたは3つの行き先のうち，どこに行きたいですか。それはなぜですか。

BONUS STAGE

別の話し合いを聞いてみよう。スクリプトは巻末（p. 223）にあります。

● **語句を確かめよう（p.46）**

重要 ☑ somewhere [sʌ́mhwèər / サム（ホ）ウェア]
　　副 どこかで，どこかへ，どこかに

重要 ☑ through [θrúː / スルー] 前 通り抜けて

☑ whale-watching [hwéil wàtʃiŋ / （ホ）ウェイル　ワチング] 名 クジラの観察

Take Action! Talk 2 — どうしてそう思うの？

理由や説明を求める　根拠を示して説明する

Skit 広島への修学旅行の班別自由行動の行き先について，花とディヌーが話しています。

Hana

❶ Where should we go?

❷ How about Miyajima?
…はどうですか。

❸ Uh-huh. ❹ Why?

❺ Well, this guidebook says Miyajima is one of the most beautiful places in Japan. ❻ In addition, we can see deer.
ディア

❼ That's a great suggestion.
サグヂェスチョン

> … says ～. や It shows ….の表現を使うことで，根拠を示して説明することができる。

Dinu

> What are your reasons? や Please tell me more. とたずねてもよい。

> 情報を追加するときに使える表現。

花　　　：❶私たちはどこに行くべきかな。
ディヌー：❷宮島はどう？
花　　　：❸うーん。❹どうして？
ディヌー：❺ええと，宮島が日本で一番美しい場所の一つだってこのガイドブックに書いてあるんだ。❻それに，シカを見ることができるよ。
花　　　：❼それはすばらしい提案ね。

Expressions

理由や説明を求める
Why? どうして？
What are your reasons?
　あなたの理由は何ですか。
Please tell me more.
　私にもっと説明してください。

根拠を示して説明する
… says ～.
　… には～と書いてあります。
According to …, … によれば,
It shows ….
　それは…と表しています。

Work in Pairs

1. 上のスキットをペアで演じてみよう。
2. 巻末のロールプレイシート（p. 230～231）を使って，A・Bの役割をペアで演じてみよう。

解答例

A: Where should we go?（私たちはどこに行くべきでしょうか。）
B: How about Blue Beach?（ブルービーチはどうですか。）
A: Uh-huh. Why do you think so?（なるほど。なぜそう思うのですか。）
B: Well, according to this guidebook, we can meet dolphins there.
　（ええと，このガイドブックによれば，私たちはそこでイルカに会うことができます。）
A: Great! How long does it take?（すばらしいです。どのくらい時間がかかりますか。）
B: It's only ten minutes from Central Station by bus.（中央駅からバスでたったの10分です。）
A: Any other information?（ほかには情報はありますか。）
B: It is always crowded but it's free!（それはいつも混んでいますが無料です。）
A: OK. I'll take your suggestion.（わかりました。あなたの提案に賛成です。）

● **語句を確かめよう**（p.47）

☐ deer [díər / ディア] 名 シカ
重要 ☐ suggestion [səgdʒéstʃən / サグヂェスチョン] 名 提案
☐ according [əkɔ́ːrdiŋ / アコーディング] 副〔according to …〕…によれば

文法のまとめ ❷

──● 受け身形を確認しよう。

┃ 受け身形

◆ 「…され（てい）ます」と言うときは，受け身形〈be動詞＋動詞の過去分詞〉で表します。

| | 主 語 | be動詞＋過去分詞 | |

肯定文
The kitchen **is cleaned** every day.
（台所は毎日そうじされます。）

This picture **was painted** **by** Picasso.
その動作をした人は by ...で表す
（この絵はピカソによってかかれました。）

疑問文応答文
Is the kitchen **cleaned** every day?
文の最初に be動詞
（台所は毎日そうじされますか。）

— Yes, it **is**. / No, it **is not**.
be動詞を使って答える
（はい，されます。／いいえ，されません。）

否定文
The kitchen **is not cleaned** every day.
be動詞の後ろに not
（台所は毎日そうじされません。）

◆ 「…が～する」という文と，「…が～される」という受け身形の文を比べてみましょう。

「…が～する」という文　Picasso **painted** this picture.
（ピカソがこの絵をかきました。）

受け身形の文　This picture **was painted** **by** Picasso.
（この絵はピカソによってかかれました。）

・上の文の目的語 this picture が，受け身形の文の主語になっています。
・動作をする人やものは，ふつう主語になりますが，受け身形の文では by ... によって表します。

◆ 受け身形の文では，動作を行う人を by ... で示すことができます。しかし，次のような場合には by ... が省略されます。

	動作をする人	動作をする人を示さない理由
Rice **is eaten** in Japan. 米は日本で食べられています。	(by people).	一般的な人々を表す
The temple **was built** in the 16th century. その寺院は16世紀に建てられました。	(by ???).	だれか特定できない
French **is taught** at this school. フランス語はこの学校で教えられます。	(by teachers).	言う必要がない

英語のしくみ

英語の発想（情報の流れ）

・英語の文の中では，新しい情報は後ろに来て，「知っている情報→新しい情報」という順番になります。

・いくつかの文をつないで話を進めるときは，知っている情報を前に置いて，後ろに新しい情報をつけ足していきます。

知っている情報　新しい情報

A: What did Natsume Soseki write?
（夏目漱石は何を書きましたか。）

B: He wrote *Botchan*.
（彼は『坊ちゃん』を書きました。）

It is one of the most popular books in Japan.
（それは日本で最も人気のある本の1つです。）

A: I like these pictures.
（私はこれらの絵が好きです。）

B: Me, too. They were painted by Picasso.
（私もです。それらはピカソによってかかれました。）

He painted them when he was young.
（彼は若いときにそれらをかきました。）

A: What did you give your mother for her birthday?
（あなたはお母さんの誕生日に何をあげましたか。）

B: I gave her some flowers.(△ I gave some flowers to her.)
（私は母に花をあげました。）

新しい情報は後ろに来るので，この会話では I gave her some flowers. の方がより自然です。

Drill 1 日本語の意味に合うように，（　）に適する語を入れましょう。

1. The song (　)(　) all over the world. （その歌は世界中で歌われています。）
2. These pictures (　)(　) by Mr. Tanaka. （これらの写真は田中先生によって撮られました。）

Drill 2 次の英文を日本語にしましょう。

1. This book is read by many young people.
2. When was the party held?

Drill 3 次の文を，下線部の語句を主語にしたほぼ同じ意味を表す文に書きかえましょう。

1. Dazai Osamu wrote this novel.
2. People drink a lot of tea in China.

Reading for Information 1 オンラインショップの商品紹介

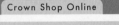

Crown Shop Online

Digital Kitchen Timer CR10 Series

CROWN SHOP
Reviews (42)

NEW

CR10-Xa
$8.00

two batteries / 12-hour and 24-hour clock format / waterproof / volume control / black, white

CR10-MI
$5.00

no battery / free shipping / 24-hour clock format / no stop watch / waterproof / blue, red, green

CR10-B2
$4.00

no battery / free shipping / 24-hour clock format / stop watch / not waterproof / yellow, red, orange

Questions and Answers

Question: Can I use these timers as a clock, too?

Answer: Yes, you can. Press the button on the back to switch the display.

Question: Can I switch these timers to a 12-hour clock format?

Answer: You can do it with the CR10-Xa.

Reviews

ABC1988／CR10-B2

I bought one for my sister's birthday. She runs sprints. She likes it, but she says she wants to adjust the volume.

rikky871／CR10-Xa

I've used this series for many years. This is the best. I bought one online, but I found different colors at a store.

クラウンショップオンライン		
デジタルキッチンタイマー　CR10シリーズ		クラウンショップ レビュー（42）
新製品 CR10-Xa 8.00ドル 電池2本／12時間と24時間表示方式／防水／音量調整／黒，白	CR10-MI 5.00ドル 電池不要／送料無料／24時間表示方式／ストップウォッチ機能なし／防水／青，赤，緑	CR10-B2 4.00ドル 電池不要／送料無料／24時間表示方式／ストップウォッチ／防水機能なし／黄，赤，オレンジ
お問い合わせと回答	質問：これらのタイマーを時計としても使えますか。 回答：はい，使えます。裏面のボタンを押して表示を変更してください。	
	質問：これらのタイマーを12時間表示に変更できますか。 回答：CR10-Xaでは可能です。	
レビュー	ABC1988/CR10-B2 自分の姉の誕生日に1つ買いました。彼女は短距離走をします。彼女はそれを気に入っていますが，音量を調節したいと言っています。	rikky871/CR10-Xa 何年もこのシリーズを使っています。これが一番良いです。オンラインで1つ買いましたが，店頭で別の色のものを見つけました。

次の４人にどのタイマーを買ったらよいか相談されました。オンラインショップのウェブサイトの情報を読んで，それぞれにどのタイマーをすすめたらよいかを考えよう。

① ストップウォッチの機能がついているのはどの商品かな？

② 電池が付属品でついてくる商品はどれかな？

③ 緑色が好きな友だちにプレゼントするにはどの商品がいいかな？

④ 12時間表示の時計がついているものはどれかな？

【解答】

① CR10-B2
② CR10-Xa
③ CR10-MI
④ CR10-Xa

① ストップウォッチの機能付きの商品を探しているので，チラシの中で stop watch という言葉を探して考える。CR10-B2 のイラストの下にのみ stop watch とあるので，答えは CR10-B2。

② 電池が付属品でついてくる商品を探すので，電池を意味する battery という言葉をチラシの中で探して考える。CR10-MI と CR10-B2 には no battery，CR10-Xa には two batteries とあるので，答えは CR10-Xa。

③ 緑色の商品を探すので，チラシの中で green という言葉を探して考える。CR10-MI のみ green があるので，答えは CR10-MI。

④ 12時間表示の商品を探すので，チラシの中で 12-hour clock format という言葉を探して考える。CR10-Xa に 12-hour and 24-hour clock format（12時間と24時間表示）とあるので，答えは CR10-Xa。

 （p.50）

digital デジタルの　timer タイマー　battery 電池　format 形式　waterproof 防水の　shipping 送料　switch 変更する
display 表示装置　adjust 調節する

Project 1 日本限定アイスクリームを提案しよう

日本初出店の人気アイスクリームショップが，日本限定アイスクリームのアイデアを募集しています。どんなアイスクリームがよいか考えて提案しよう。

Check 設定を確認しよう。

（何について）　日本限定アイスクリームについて
_____

（何をする）
_____

1. Listen　2つのグループの提案を聞いてみよう。

Name :	Name :
Details / Special Points : 	Details / Special Points :

2. Think & Talk　ペアやグループで新しいアイスクリームのアイデアを考えよう。

(1)　好きなアイスクリームについて話してみよう。

　　例　– What is your favorite ice cream?（あなたのお気に入りのアイスクリームは何ですか。）
　　　　– What flavor do you like the best?（1番好きな味は何ですか。）

解答例

My favorite ice cream is vanilla.（私のお気に入りのアイスクリームはバニラです。）
I like strawberry flavor the best.（私はイチゴ味が1番好きです。）

(2)　どんなアイスクリームがあるとよいか，アイデアをメモしながら話し合おう。出た案はメモしよう。

　　例　*A:* What is a good ice cream flavor?（良いアイスクリームの味は何ですか。）
　　　　B: I think we should use common food in Japan.
　　　　　　（日本で一般的な食品を使うべきだと思います。）

解答例　*A:* Do you have any ideas about a good ice cream flavor?
　　　　　　（良いアイスクリームの味について何か考えはありますか。）
　　　　B: I think we should use some traditional food.
　　　　　　（私は伝統的な食品を使うべきだと思います。）

(3) 最もよいアイデアを選び，どのように説明したらその魅力が伝わるか考えてみよう。

Name	
Details	
Special Points	

〔解答例〕

Name （名前）	*Sakura-mochi* ice cream （桜もちアイス）
Details （詳細）	— the taste of salty cherry blossom leaves （しょっぱい桜の葉の味） — put *mochi* (rice cake) in ice cream （アイスクリームの中におもち（rice cake）を入れる）
Special Points （特別な点）	— both sweet and salty （甘くてしょっぱい） — enjoy *mochi* （おもちを楽しむ） — cherry blossoms are a symbol of Japan （桜は日本の象徴）

3. Read　ケイトたちのグループが書いた原稿を読もう。

Opening ●名前	We suggest this new ice cream: Premium Miso Soup. こちらの新たなアイスクリームを提案します：プレミアム・ミソ・スープ。
Body ●特徴 ●おすすめの 　ポイント	The cone contains both miso and tofu. The ice cream is miso flavor. We put seaweed pieces in it to add texture. Since miso is already used for Japanese sweets, we are sure it will go well with ice cream. コーンには味噌と豆腐の両方が入っています。アイスクリームは味噌味です。食感を加えるために刻んだ海草も入れました。味噌はすでに和菓子に使われているので，アイスクリームにも合うと確信しています。
Closing ●ひとこと	This truly represents Japanese food culture. これこそが日本の食文化を象徴しています。

(1)　ケイトたちが考えたアイスクリームの名前に下線を引こう。

(2)　ケイトたちが考えたアイスクリームの特徴に波線を引こう。

【解答】

(1)　Premium Miso Soup (プレミアム・ミソ・スープ)

(2)　The ice cream is miso flavor. We put seaweed pieces in it to add texture.
　　（アイスクリームは味噌味です。食感を加えるために刻んだ海草も入れました。）

4. Write　日本限定アイスクリームを提案するための発表原稿を書こう。

【解答例】

　We suggest this new ice cream: *Sakura-mochi* ice cream.

　You can enjoy *mochi*, or rice cake, with this ice cream. It is both sweet and salty, and its pink like *sakura*, or cherry blossoms. We are sure that everyone will love it.

　It truly represents Japanese culture because cherry blossoms are a symbol of Japan.

　私たちはこの新しいアイスクリームを提案します。桜もちアイスです。

　このアイスクリームでは，おもちを楽しむことができます。それは甘くてしょっぱく，桜のようなピンク色です。きっと，みんながそれを大好きになるでしょう。

　桜は日本の象徴ですから，それはまさに日本の文化を象徴しています。

5. Speak　日本限定アイスクリームについて発表しよう。

【解答例】　略

Idea Box

【味・食感】

bitter 苦い   crunchy カリカリの   hot 辛い   mild まろやかな   rich 濃厚な
salty しょっぱい   sour 酸っぱい   spicy ぴりっとした   sweet 甘い
combine 結合する   mix 混ぜる   add 加える

【素材】

cream クリーム   cookie クッキー   fresh fruit 新鮮な果物   rice cake もち
sweet bean paste あんこ   juice ジュース   milk 牛乳   tea お茶

【その他】

traditional 伝統的な   new 新しい   fresh 新鮮な
common よくある   popular 人気のある   special 特別な

● **語句を確かめよう**（p.52〜54）

☐ **premium** [prí:miəm / プリーミアム] 形 高級な

☐ **cone** [kóun / コウン] 名 (アイスクリームを盛る) コーン

☐ **contain(s)** [kəntéin(z) / コンテイン(ズ)] 動 含む，入れている

☐ **seaweed** [sí:wì:d / スィーウィード] 名 海草，のり

重要 ☐ **piece(s)** [pí:s(əz) / ピース〔シズ〕] 名 断片，破片

☐ **texture** [tékstʃər / テクスチャ] 名 食感

☐ *go well with ...* …と調和する

☐ **tofu** [tóufu: / トウフー] 名 豆腐

定期テスト対策 1 （Lesson 1~2）

1 次の英語は日本語に，日本語は英語になおしなさい。(各2点)

(1) trust （　　　　　）　　(2) suggestion （　　　　　　　）

(3) push （　　　　　）　　(4) 建物　_____

(5) 腕　_____　　(6) 親しい　_____

2 日本語に合うように，____に適切な語を書きなさい。(各3点)

(1) あなたは今諦めるべきではありません。
You should not _____ _____ now.

(2) 私は門のところであなたを待っていました。
I was _____ _____ you at the gate.

(3) 彼は少し疲れているように見えました。
He looked _____ _____ tired.

(4) 彼女は外国で働くことに決めました。
She _____ _____ work in a foreign country.

3 次の文を指示に従って書きかえるとき，____に適切な語を書きなさい。(各5点)

(1) It is raining. （文末に since last Sunday を加えて）
It _____ _____ raining since last Sunday.

(2) He has been surfing the Internet for three hours. （疑問文にして，Yes で答える）
_____ he _____ surfing the Internet for three hours?
— Yes, he _____.

(3) She has been practicing karate since she was ten. （下線部をたずねる文に）
_____ _____ has she been practicing karate?

(4) Mr. Yoshida teaches science. （下線部を主語にして）
Science _____ _____ by Mr. Yoshida.

4 日本語に合うように，（　　）内の語（句）を並べかえなさい。ただし，先頭に来る語は，大文字になおして書くこと。(各5点)

(1) そのドアにはいつもかぎがかかっています。(is / the door / locked / always).
_____.

(2) 私は昨晩からずっとその問題について考えています。
(about / thinking / I've / since / been / the issue) last night.
_____ last night.

(3) この写真はどこで撮られたのですか。(this picture / taken / was / where)?
_____?

(4) 彼女は長い間ボランティア活動をしているのですか。
(she / for / volunteer work / been / doing / has) a long time?
_____ a long time?

5 次の英文を読んで，あとの問いに答えなさい。

India is located in South Asia. More than one billion people live in India. They speak many languages. In India, there is a saying, ①"Every four miles the speech changes." There are 22 official languages, and more than 250 other languages are spoken in India.

One of the major official languages of India is Hindi. More than 500 million people can speak it, and you know a few words, too. For example, 'pajamas' and 'shampoo' come from Hindi. The Japanese word *daruma* comes from Hindi, too.

Urdu is another official language. It is mostly spoken in northern India. Its writing system comes from Arabic, so it goes from right to left. The language is known ②(to, for, in, as) its beauty and grace. A lot of great literature and poetry are written in Urdu.

English is also commonly used. ③English (　　) (　　) (　　) in India until the British came. ④(them / ruled / India / by / was) from the 1600s to the mid-1900s. Many people needed to learn English. Later, the British left, but their language remained. Now English is used across the country in schools and businesses.

(1) 下線部①のことわざによって何を説明しようとしているか，日本語で答えなさい。(4点)

_____

(2) ②の（　　）内から適切な語を選んで書きなさい。(2点)　　　_____

(3) 下線部③が「英国人が来るまで，インドでは英語が話されていませんでした。」という意味になるように，（　　）に入れる適切な語を書きなさい。(3点)

English _____ _____ _____ in India until the British came.

(4) 下線部④の（　　）内の語を，正しい英文になるように並べかえなさい。ただし，先頭に来る語は，大文字になおして書くこと。(5点)

_____ from the 1600s to the mid-1900s.

(5) 次の各文が本文の内容と合っていれば○を，合っていなければ×を書きなさい。(各2点)

(a) Twenty-two languages are spoken in India. (　　)

(b) Over 500 million people can speak Hindi. (　　)

(c) English is used only in the northern part of India now. (　　)

6 次の(1)，(2)について説明する英文を，あなた自身の立場で1つずつ書きなさい。(各8点)

(1) 自分がずっと続けている趣味やスポーツなどについて，どれくらいの期間続けているかを説明する文。

_____

(2) 自分の学校の文化祭が毎年いつ行われるかを説明する文。(Our school festival で始めること。)

_____

GET Part **1** The Story of Sadako

● 後置修飾（動詞の-ing形）をマスターしよう。

● **声を出して読んでみよう** ♪

●修学旅行で訪れた広島で，丘先生が原爆ドームについて話しています。

過去の受け身形。

❶Many buildings here were destroyed in 1945.
（ビルディングズ）（ディストロイド）

❷のthis，つまり目の前の建物を指す。

❷ Only this remained. （リメインド／ここにいる，この）　❸ We call it the Atomic
（アタミク）

〈call＋A＋B〉で「AをBと呼びます」。Aはit（目の前の建物），Bはthe Atomic Bomb Dome。

Bomb Dome. （バム／ドゥム）　❹It became a World Heritage Site
世界遺産

in 1996. ❺It expresses the hope for world peace.
（イクスプレスィズ／表現する）（平和）

このhopeは名詞。

❻The person holding a binder is a volunteer
人　持っている，にぎっている　（バインダ）　（ヴォランティア）

listen to ... で「…の話を聞く」。

guide. ❼Let's listen to him. ❽He'll explain about
（イクスプレイン／説明する）

the Dome. （ドゥム）

POINT ♪

● 「〜している…」と人やものを説明するとき（後置修飾（動詞の-ing形））

the girl playing tennis （テニスをしている女の子）
（ザ　ガール　プレイング　テニス）

The girl playing tennis is Yuka. （テニスをしている女の子は由佳です。）
（イズ）

- 「〜している…」と人やものの状態を説明するとき，名詞のあとに動詞の-ing形を置いて表すことができます。
- 動詞の-ing形のあとには，その動詞の目的語や，修飾語などの語句が続きます。

名詞　動詞の-ing形 〜

the girl　**playing** tennis
女の子　　テニスをしている

▼ここが ポイント!

❻ The person holding **a binder is a volunteer guide.**

- 〈**動詞の-ing形 〜**〉holding a binderが「〜している」と，前のThe personを説明しています。

- The person holding a binderが主語になります。

● 本文の意味をつかもう

　❶ここのたくさんの建物が1945年に破壊されました。❷これだけが残りました。❸私たちはそれを原爆ドームと呼んでいます。❹それは1996年に世界遺産になりました。❺それは世界平和への希望を表しています。

　❻バインダーを持っている人はボランティアガイドです。❼彼の話を聞きましょう。❽ドームについて説明してくれます。

Q & A

What happened to many buildings in 1945?（1945年に多くの建物に何が起こりましたか。）

解答例 They were destroyed.（それらは破壊されました。）

🎧 Listen 🎵

介護施設でボランティアをしている陸が，施設のスタッフと話しています。①〜③のアイテムを持っていく人物を，A〜Ⅰから一人ずつ選ぼう。

① a towel (　　　)　② a cap (　　　)　③ a bottle of water (　　　)
　（タオル1枚）　　　　（帽子1つ）　　　　（水のびん）

💬Talk & ✏️Write

(1) 本書の中から人物の絵を1つ選んで，ペアでクイズを出そう。答える人は相手に質問して，どの人物の絵を選んだか当てよう。

例 *A :* Who's the boy talking with Ms. Brown? (ブラウン先生と話している男の子はだれですか。)
　　B : Is he Riku? (彼は陸ですか。)
　　A : Yes, you're right. (そうです，正解です。)
　　　　[No. It's someone else. (いいえ，それは別の人です。)]

解答例 *A :* Who's the girl talking with Mark?
　　　　 (マークと話している女の子はだれですか。)
　　　　B : Is she Jing? (彼女はジンですか。)
　　　　A : No, it's someone else. (いいえ，別の人です。)

(2) (1)のクイズの正しい答えを書こう。

例 Riku is the boy talking with Ms. Brown on page ten.
　(陸は10ページでブラウン先生と話している男の子です。)

解答例 Hana is the girl talking with Mark on page one hundred and ten.
　(花は110ページでマークと話している女の子です。)

> **Word Bank**
> hold a picture
> 　写真を持つ
> wear glasses
> 　眼鏡をかける
> sit on a couch
> 　ソファーに座る
> take notes
> 　メモをとる

● **語句を確かめよう** (p.58) ♪

☐ destroy(ed) [distrɔ́i(d) / ディストロイ（ド）]
　動 破壊する，こわす
☐ atomic [ətámik / アタミク]
　形 原子(力)の
☐ bomb [bám / バム] 名 爆弾
☐ dome [dóum / ドウム]
　名 丸屋根，ドーム

☐ Atomic Bomb Dome
　[ətámik bám dóum / アタミク バム ドウム]
　名 原爆ドーム
☐ binder [báindər / バインダ]
　名 バインダー

● **語句を確かめよう** (p.60) ♪

重要 ☐ glass(es) [glǽs(əz) / グラス〔ィズ〕]
　名 ガラス，コップ．〔glasses〕めがね

☐ couch [káutʃ / カウチ]
　名 ソファー

Drill POINT の文を練習しよう。1 Listen / 2 Repeat / 3 Say

Ⓐ
stand
（立つ）

Ⓑ
sleep
（寝る）

Ⓒ
sit
（座る）

Ⓓ
pick up cans
（缶を拾う）

Ⓔ
throw a ball
（ボールを投げる）

Ⓕ
catch a ball
（ボールを捕る）

Ⓖ
jump rope
（なわとびをする）

Ⓗ
ride a unicycle
（一輪車に乗る）

〈Repeatする英文〉
Ⓐ The girl standing by the clock is Yuka.（時計のそばに立っている女の子は由佳です。）
Ⓑ The girl sleeping on the grass is Yuka.（芝生で寝ている女の子は由佳です。）
Ⓒ The girl sitting under the tree is Yuka.（木の下に座っている女の子は由佳です。）
Ⓓ The girl picking up cans is Yuka.（缶を拾っている女の子は由佳です。）
Ⓔ The girl throwing a ball is Yuka.（ボールを投げている女の子は由佳です。）
Ⓕ The girl catching a ball is Yuka.（ボールを捕っている女の子は由佳です。）
Ⓖ The girl jumping rope is Yuka.（なわとびをしている女の子は由佳です。）
Ⓗ The girl riding a unicycle is Yuka.（一輪車に乗っている女の子は由佳です。）

・扉ページ（教科書p.35）
① What do you see in this picture?（この写真では何が見えますか。）
② Have you been to a memorial park?（記念公園に行ったことがありますか。）

解答例 ① I see a statue of a girl [a crane / clouds].
（女の子の像 [鶴／雲] が見えます。）
② Yes, I have. [No, I have never been to a memorial park.]
（はい，あります。[いいえ，記念公園には一度も行ったことがありません。]）

GET Part 2 The Story of Sadako

―― 後置修飾（動詞の過去分詞）を理解し，使おう。

● **声を出して読んでみよう** ♪

●広島平和記念資料館を見学したあと，ケイトが丘先生と話しています。

| 前の damaged things を修飾している。

Kate : ❶ I saw damaged things on display.
ダミヂド ／ 物，事 ／ ディスプレイ

| ❶の damaged things on display を指す。

❷ They shocked me.
シャクト

Mr. Oka : ❸ I understand your feelings. ❹ It's
フィーリングズ ／ 気持ち，感情

| 〈It is ... for A to 〜.〉「Aが〜することは…だ」の文。

important for us to see the reality of war.
インポータント ／ 大切な ／ リアリティ

Kate : ❺ I agree. ❻ It must never happen again.

| ❹の war を指す。

❼ What can we do?

| 禁止を表す must not ...の not を強めるために never を使っている。

Mr. Oka : ❽ Well, it's a question raised by many
レイズド

visitors here. ❾ Let's think about it

together.

| このraiseは「(質問などを) 提起する，あげる」という意味。

POINT ♪

●「〜された [されている] …」と人やものを説明するとき（後置修飾（動詞の過去分詞））

a famous book written by Soseki
ア フェイマス ブク リトン バイ
（漱石によって書かれた有名な本）

This is a famous book written by Soseki.
ズィス イズ
（これは，漱石によって書かれた有名な本です。）

• 「～された [されている] …」と人やものの状態を説明するとき，名詞のあとに**動詞の過去分詞**を置いて表すことができます。

• 動詞の過去分詞のあとには，その動詞を修飾する語句が続きます。

名詞　　動詞の過去分詞 ～

<u>a famous book</u>　**written** by Soseki
　　有名な本　　　　漱石によって書かれた

▼ ここが ポイント！

❶ I saw damaged things on display.

• **動詞の過去分詞**damagedが「～された」と，後ろのthingsを説明しています。

• damagedが1語だけで名詞を修飾しており，名詞の前に置かれています。

❽ Well, it's a question raised by many visitors here.

• 〈**動詞の過去分詞** ～〉raised by many visitors hereが「～されている」と，前のa questionを説明しています。

● 本文の意味をつかもう

ケイト：❶展示されている，被害を受けたものを見ました。❷それらは私に衝撃を与えました。

丘先生：❸あなたの気持ちはわかります。❹（でも，）私たちが戦争の現実を見ることは大切なことですね。

ケイト：❺そうですね。❻二度と起きてはいけません。❼私たちに何ができるでしょうか。

丘先生：❽ええ，それはここを訪れる多くの人たちからあげられる質問ですね。❾それについて一緒に考えてみましょう。

Q & A What question do the visitors raise?（来場者はどんな質問をしますか。）

解答例 They raise the question, "What can we do?"

（彼らは「私たちに何ができるでしょうか。」という質問をあげます）。

🎧 Listen 🎵

広島で訪れたお店の人が，おみやげの説明をしています。それぞれの特徴をメモしよう。

① Daruma / Mihara
（だるま／三原）

② Shamoji / Miyajima
（しゃもじ／宮島）

③ Brush / Kumano
（筆／熊野）

🎤 Speak & ✏️ Write

(1) ラジオショッピングの商品紹介者になったつもりで，①～④の商品を説明しよう。

① Italy（イタリア）   ② Australia（オーストラリア）   ③ Japan（日本）   ④ Switzerland（スイス）

special paper
（特別な紙）

bamboo
（竹）

for swimming
（水泳のため）

for climbing
（登山のため）

例 **This is a bag made in Italy.** （これはイタリア製のかばんです。）
    It's made of special paper. （それは特殊な紙でできています。）
    It's loved by many people around the world. （それは世界中の多くの人に愛されています。）

(2) (1)で話したことを書こう。

解答例 ② This is a bag made in Australia. （これはオーストラリア製のかばんです。）
    It's made of bamboo. （それは，竹でできています。）
    It's loved by many people around the world.
    （それは世界中の多くの人に愛されています。）

   ③ This is a watch made in Japan.
    （これは日本製の腕時計です。）
    It's designed for swimming.
    （それは，水泳のためにデザインされています。）
    You can put it in hot water, too
    （それをお湯に入れることもできます。）

   ④ This is a watch made in Switzerland. （これはスイス製の腕時計です。）
    It's designed for climbing. （それは，登山のためにデザインされています。）
    You can look at a map. （地図を見ることができます。）

> **Word Bank**
>
> made by ...
>   …によって作られた
> designed by ...
>   …によってデザインされた
> designed for ...
>   …のためにデザインされた

● **語句を確かめよう** (p.62)

☐ **damage(d)** [dǽmidʒ(d) / ダミヂ(ド)]
   動 損害〔被害〕を与える，傷つける
☐ **display** [displéi / ディスプレイ]
   名 陳列，展示

☐ *on display* 展示されて
☐ **shock(ed)** [ʃák(t) / シャク(ト)]
   動 ぎょっとさせる，衝撃を与える
☐ **reality** [riǽləti / リアリティ] 名 現実

● 語句を確かめよう（p.64〜65）

☑ Switzerland
[swítsərlənd / スウィツァランド]
　名 スイス（西ヨーロッパ中部の共和国；首都はベルン）

☑ Monet [mounéi / モウネイ] 名 モネ（姓）

☑ Dr. King [dáktər kíŋ / ダクタ キング]
　名 キング牧師

☑ Lucas [lú:kəs / ルーカス]
　名 ルーカス（姓）

Drill POINT の文を練習しよう。1 Listen / 2 Repeat / 3 Say

Ⓐ
paint
（（絵の具で絵を）かく）

Ⓑ
design
（設計する）

Ⓒ
give (given)
（行う（行われた））

Ⓓ
direct
（監督する）

Ⓔ
make (made)
（作る（作られた））

Ⓕ
write (written)
（書く（書かれた））

Ⓖ
take (taken)
（撮る（撮られた））

Ⓗ
build (built)
（建てる（建てられた））

〈Repeatする英文〉
Ⓐ This is a picture painted by Monet.（これはモネによってかかれた絵です。）
Ⓑ This is a park designed by Tange.（これは丹下によって設計された公園です。）
Ⓒ This is a speech given by Dr. King.（これはキング牧師によって行われたスピーチです。）
Ⓓ This is a movie directed by Lucas.（これはルーカスによって監督された映画です。）
Ⓔ This is a bag made in Italy.（これはイタリア製のかばんです。）
Ⓕ This is a book written in Chinese.（これは中国語で書かれた本です。）
Ⓖ This is a picture taken in Tokyo.（これは東京で撮られた写真です。）
Ⓗ This is a hotel built in the 1950s.（これは 1950 年代に建てられたホテルです。）

広島平和記念資料館のパンフレットに，佐々木禎子さんの物語が掲載されています。

● 声を出して読んでみよう ♪

❶ The Story of Sadako

過去の受け身形。droppedはdrop（落とす）の過去分詞。

1 ❷ It began with a flash. ❸ On August 6, 1945, an atomic bomb was dropped over Hiroshima.

「…までに（は）」と期限を表す。

❹ Sadako was two years old. ❺ At least 130,000 people died by the end of the year, but she survived.

❼の文の動詞wantedに合わせて，〈when ...〉の中の動詞も過去形になっている。

2 ❻ When Sadako was in elementary school, she especially liked her P.E. class and was good at sports.

select ... as 〜「…を〜として選ぶ」の受け身形。

❼ She wanted to be a P.E. teacher when she grew up. ❽ Sadako was a fast runner. ❾ In the sixth grade, she was selected as a member of the relay team for the school's sports day.

このdayは「ある特定の日，記念日」という意味。

● 語句を確かめよう（p.66）♪

- ☐ flash [flǽʃ / フラシュ] 名 閃光
- ☐ *at least* 少なくとも
- 重要 ☐ end [énd / エンド] 名 終わり
- ☐ survive(d) [sərváiv(d) / サヴァイヴ〔ド〕] 動 生き残る
- ☐ elementary [èləméntəri / エレメンタリ] 形 初歩的な，初級の；基本的な
- ☐ elementary school [èləméntəri skùːl / エレメンタリ スクール] 名 小学校

- 重要 ☐ especially [ispéʃəli / イスペシャリ] 副 とりわけ
- ☐ *grow up* 成長する
- ☐ runner [rʌ́nər / ラナ] 名 走者
- ☐ select(ed) [səlékt(əd) / セレクト〔テド〕] 動 選ぶ
- ☐ relay [ríːlei / リーレイ] 名 リレー競走

● 声を出して読んでみよう ♪

〈(期間)＋after ...〉で「…の〜(期間)後に」という意味になる。

⑪の文の動詞thoughtに合わせて,〈that ...〉の中の動詞も過去形になっている。

〈過去分詞 ...〉の形で, 前のcancerを修飾している。

このwishは動詞で, wish for ... で「…を願う」という意味。

lose(失う, なくす)の過去形。

③ ⑩About a month after the sports day, Sadako suddenly became sick. ⑪At first she thought that she just had a cold. ⑫However, her sickness got worse, so she went to the hospital with her family. ⑬A doctor told her parents, "She has a kind of cancer caused by the bomb. ⑭I doubt she'll survive for more than one year."

④ ⑮In the hospital, Sadako received some paper cranes. ⑯In Asia, cranes are a symbol of long life. ⑰Sadako began to fold paper cranes and wished for good health. ⑱She wanted to go back to school. ⑲She never lost hope. ⑳Sadako made over 1,000 cranes. ㉑However, she never left the hospital. ㉒Her life ended when she was only twelve.

● 語句を確かめよう (p.67) ♪

☐ *at first* 最初は
☐ *have a cold* かぜをひいている
☐ sickness [síknəs / スィクネス] 名 病気
☐ *get worse* 悪くなる
☐ cancer [kǽnsər / キャンサ] 名 がん

重要 ☐ cause(d) [kɔ́:z(d) / コーズ(ド)] 動 引き起こす
重要 ☐ receive(d) [risí:v(d) / リスィーヴ(ド)] 動 受け取る
☐ *go back* もどる

〈動詞 の -ing 形 …〉
の形で，前の statue
を修飾している。

5 ㉓There is a famous statue standing in Hiroshima
像
ビース　　　　メモーリアル　　　パーク
Peace Memorial Park. ㉔It is a girl holding a crane.

㉓ の a famous
statue standing
in … を指す。

㉕It was built by Sadako's friends. ㉖Every year

by … で動作をした
人を表す受け身形。

many people send paper cranes to Hiroshima from
送る

all around the world. ㉗The cranes are for Sadako
世界中から

and for peace.

語句を確かめよう（p.68）

☑ memorial [məmɔ́:riəl / メモーリアル]
形 名 記念する（物）

☑ Peace Memorial Park
[pí:s məmɔ́:riəl pá:rk /
ピース メモーリアル パーク] 名 平和記念公園

本文の意味をつかもう

❶「禎子の物語」

1 ❷それは閃光とともに始まりました。❸1945 年 8 月 6 日，原子爆弾が広島に落とされたのです。❹禎子は 2 歳でした。❺少なくとも 13 万人の人々がその年の終わりまでに亡くなりましたが，彼女は生き残りました。

2 ❻小学校時代，禎子は特に体育の授業が好きで，スポーツが得意でした。❼大きくなったら体育の先生になりたいと思っていました。❽禎子は速い走者でした。❾6 年生のとき，学校の運動会のリレーチームのメンバーに選ばれました。

3 ❿運動会の約 1 か月後，禎子は突然病気になりました。⓫最初はかぜをひいただけだと思いました。⓬しかし，病気が悪くなったので，彼女は家族とともに病院に行きました。⓭「彼女は原爆によって引き起こされる，がんの一種にかかっています。⓮1 年以上は生きられないだろうと思います」と 1 人の医師が彼女の両親に告げました。

4 ⓯病院で禎子は，いくつかの折り鶴を受け取りました。⓰アジアで鶴は長寿の象徴です。⓱禎子は折り鶴を折り始め，健康を願いました。⓲禎子は学校に戻りたいと思っていました。⓳彼女は決して希望を失いませんでした。⓴禎子は 1,000 羽以上の折り鶴を作りました。㉑しかし，二度と病院を出ることはありませんでした。㉒彼女の人生はわずか 12 歳のときに終わってしまったのです。

5 ㉓広島の平和記念公園に有名な像があります。㉔それは鶴を持っている女の子の像です。㉕禎子の友人たちによって建てられました。㉖毎年，世界中から多くの人々が広島に折り鶴を送っています。㉗折り鶴は禎子のためでもあり，平和のためでもあるのです。

STAGE 1 Get Ready 物語を読む前に確認しよう。

(1) 原爆について知っていることを話し合おう。
(2) 折り鶴はどんなときに作りますか。

解答例 (1) 1945 年の 8 月に広島と長崎に落とされた，多くの人が亡くなった，広島の平和記念公園には毎年たくさんの折り鶴が送られている，など
(2) 誰かが病気になったとき，七夕の飾り，野球部が全国大会に出場することになったとき，被災した人たちを元気づけたいとき，など

Guide 1

(1) 次のキーワードが出てくる段落の番号を書こう。

　　(a) an atomic bomb : _____　(b) 1,000 paper cranes : _____

　　(c) a kind of cancer : _____　(d) statue : _____　(e) a fast runner : _____

解答 (a) ① (b) ④ (c) ③ (d) ⑤ (e) ②

(2) 時を表す語句に下線を引こう。

解答　　– On August 6, 1945 (❸)

　　　　– by the end of the year (❺)

　　　　– When Sadako was in elementary school (❻)

　　　　– In the sixth grade (❾)

　　　　– About a month after the sports day (❿)

　　　　– At first (⓫)

　　　　– when she was only twelve (㉒)

　　　　– Every year (㉖)

Guide 2　次の質問に答えよう。

(1) What happened on August 6, 1945?

　　(1945 年 8 月 6 日に何が起こりましたか。)

(2) What did Sadako hope to be in the future when she was an elementary school student?

　　(禎子は小学生の時，将来何になりたいと望んでいましたか。)

(3) What caused Sadako's sickness?

　　(何が禎子の病気を引き起こしましたか。)

(4) Why did Sadako make paper cranes?

　　(禎子はなぜ折り鶴を作りましたか。)

(5) Why do many people today send paper cranes to Hiroshima?

　　(今日，多くの人々が広島に折り鶴を送るのはなぜですか。)

解答例 (1) An atomic bomb was dropped over Hiroshima. (❸)（広島に原爆が落とされました。）

　　(2) She wanted to be a P.E. teacher when she grew up. (❼)（彼女は成長したら体育の先生になりたいと思っていました。）

　　(3) It was caused by the bomb. (⓭)（それは爆弾によって引き起こされました。）

　　(4) Because she wished for good health. (⓱)（彼女は健康を望んでいたからです。）

　　(5) They send them for Sadako and for peace. (㉗)（彼らは禎子と平和のためにそれらを送ります。）

Goal 物語の概要を年表にまとめよう。

解答例

August 6, 1945 （1945年8月6日）	An ___atomic bomb___ was dropped over Hiroshima. Sadako was ___two___ years old. （原子爆弾が広島に落とされました。禎子は2歳でした。）
When Sadako was in elementary school （禎子が小学校にいたとき）	Sadako was good at sports. Her dream was ___to be a P.E. teacher___. （禎子はスポーツが得意でした。彼女の夢は体育の先生になることでした。）
In the sixth grade （6年生のとき）	Sadako was ___selected as a member of the relay team___ for the school's sports day. （学校の運動会のリレーチームのメンバーに選ばれました。）
About a month later （約1か月後）	Suddenly Sadako became ___sick___. A doctor said that ___she had a kind of cancer caused by the bomb___. （禎子は突然病気になりました。医師は，彼女は原爆によって引き起こされるがんの一種にかかっていますと言いました。）
In the hospital （病院で）	Sadako wished for ___good health___ and made ___over 1,000 (paper) cranes___. （禎子は健康回復を願い，1,000羽以上の折り鶴を作りました。）
When Sadako was twelve （禎子が12歳のとき）	Sadako passed away.（禎子は亡くなりました。）
Today（今日）	___A famous statue___ stands in Hiroshima Peace Memorial Park. Many people send paper cranes for ___Sadako and for peace___. （広島の平和記念公園に有名な像があります。多くの人々が禎子と平和のために折り鶴を送っています。）

STAGE 3 Think & Write

広島に折り鶴を送るとき，あなたならどんなメッセージをつけるか，考えて書こう。

解答例

Let's spread peace all over the world.（世界中に平和を広めましょう。）
Let's make our world better without wars and atomic bombs. No victims of wars and atomic bombs anymore.（私たちの世界を戦争や原子爆弾のないより良い世界にしましょう。戦争や原子爆弾の犠牲者がこれ以上なくなるように。）

Tips for Reading

「いつ」「何が」起こったかを押さえながら読んでみよう。

✓ Check

●The cranes(㉗)は何を指していますか。

解答例 **The cranes(㉗)**：paper cranes sent to Hiroshima from all around the world（㉖より）
（世界中の人が広島に送った折り鶴）

おすすめの本を紹介しよう

日本語を勉強しているブラウン先生の弟に，おすすめの日本語の本を貸すことになりました。
おすすめの理由や，読みどころを紹介するメッセージを書こう。

Check 設定を確認しよう。

(何のために)　ブラウン先生の弟におすすめの日本語の本を紹介するために

(何について)

(何をする)

1. Follow the Steps　花がメッセージを書いています。どんなことを考えながら書いているか確認しよう。

Step ❶ 内容を考える

 花のひとりごと

What's a good book?
日本で人気の児童書にしよう。海外でも知られているようなものの方がいいかな？

What can I say about it?
本を読んだあとに，それが原作の映画やアニメを見られる点は伝えておきたいな。

Books
- □ あしながおじさん
- □ エルマーの冒険
- □ 魔女の宅急便
- □ スイミー
- □ ドリトル先生

魔女の宅急便

Characters / Story	**Good Points**
□ 少女キキ(若い魔女) □ 黒ネコのジジ □ 一人前の魔女になるために旅に出る □ ある港町でいろんな人と出会う	□ 心あたたまる物語 □ 日本人の作家，角野栄子さんが書いた本 □ 読み終わったあとに英語版の本を読んだり，アニメを見たりするとさらに楽しめる

Step ❷ 考えを整理する

 花のひとりごと

What should I write?
あらすじは，あまり詳しく教えたらだめだよね。あとは，どんな雰囲気の物語かを伝えたらいいかな。

How can I write?
「一人前」って何て言うんだろう。ぴったりのことばが思い浮かばないから，test を使って「大人になるために自分を試す」と書こう。

Opening (始めのことば)	紹介する本	"Kiki's Delivery Service"(魔女の宅急便)
Body (内容)	登場人物，あらすじ，おすすめのポイント	– a book written by Kadono Eiko (角野栄子によって書かれた本) – a young witch (一人の若い魔女) – goes on a journey to test herself, become an adult in the world of witches (自分自身を試す旅に行き,魔女の世界で大人になる) – heartwarming story (心あたたまる物語)
Closing (終わりのことば)	ひとこと	I'm sure you will like it. (きっと気に入ると思います。)

Q Step❶の日本語のメモのうち，Step❷で花が取り上げたものにチェック☑しよう。

解答 Books …魔女の宅急便　Characters / Story …少女キキ（若い魔女）／一人前の魔女になるために旅に出る　Good Points …心あたたまる物語／日本人の作家，角野栄子さんが書いた本

Step❸ 文章を書く　 花のひとりごと

Now, let's write!
アニメを知っているかもしれないから，そのことを付け加えよう。

Tanaka Hana

My Book List

　　I recommend "Kiki's Delivery Service". You might know the anime, but it is from a book written by Kadono Eiko. A young witch goes on a journey to test herself. Then she can become an adult in the world of witches. It is a heartwarming story. I am sure you will like it.

「私のブックリスト」　　　　　　　　　　　　　　　　　　　田中　花

私は「魔女の宅急便」をおすすめします。あなたはアニメを知っているかもしれませんが，これは角野栄子さんが書いた本を元にしています。若い魔女が自分を試すために旅に出ます。そうして彼女は魔女の世界で大人になれるのです。心あたたまるお話です。きっと気に入ると思います。

Q Step❸の英文のうち，Opening, Body, Closing はどの部分ですか。／で区切ろう。

解答 Opening … I recommend "Kiki's Delivery Service".
Body … You might know the anime, but it is from a book written by Kadono Eiko. A young witch goes on a journey to test herself. Then she can become an adult in the world of witches. It is a heartwarming story.
Closing … I am sure you will like it.

● **語句を確かめよう**（p.72）

☑ witch [wítʃ / ウィチ] 名 女の魔法使い，魔女
☑ journey [dʒə́ːrni / ヂャーニ] 名 旅行
☑ herself [hərsélf / ハセルフ] 代 彼女自身を[に]；自分を[に]；〔主語の意味を強めて〕彼女自身で；自分で

☑ Kiki's Delivery Service
[kíkiz dilívəri sə́ːrvəs / キキズ ディリヴァリ サーヴィス] 魔女の宅急便《作品》

2. Work in Class　クラスやグループで協力して書こう。

Step ❶　🗨❓　内容を考える

【解答例】

Books（本）
- ☐ 吾輩は猫である
- ☐ 走れメロス
- ☐ 魔女の宅急便
- ☐ 星の王子さま

星の王子さま

Characters / Story（登場人物／物語）	Good Points（よい点）
☐ パイロットは砂漠で男の子に出会う ☐ 男の子は星の王子さま ☐ 星の王子さまは興味深いたくさんの人々について語る	☐ 物語がシンプル ☐ 強いメッセージがある ☐

Step ❷　📝　考えを整理する

Opening	紹介する本	
Body	（　　　）	
Closing	ひとこと	

【解答例】

Opening（始めのことば）	紹介する本	"The Little Prince"（星の王子さま）
Body（内容）	（登場人物／物語／よい点）	– a book written by Antoine de Saint-Exupéry （- アントワーヌ・ド・サン=テグジュペリによって書かれた本） – a pilot meets a small boy （- 一人のパイロットが小さな男の子に会う） – the boy is the Little Prince （- その男の子は星の王子さま） – the Little Prince talks about many interesting people （- 星の王子さまはたくさんの興味深い人々について話をする） – a simple story but has an important message （- 物語はわかりやすいが大切なメッセージがある）
Closing（終わりのことば）	ひとこと	I'm sure you will like it. （あなたはきっとこの本を気に入るでしょう。）

Step ③ 文章を書く

【解答例】 I recommend "The Little Prince."

You might know the anime, but it is a book written by a French writer Antoine de Saint-Exupéry. In the book, a pilot meets a boy in a desert and the boy is the Little Prince. He talks with the pilot about many interesting people. The story is simple but it has an important message. I'm sure you will like it.

わたしは「星の王子さま」を推薦します。
あなたはそのアニメを知っているかもしれませんが，それはフランスの作家のアントワーヌ・ド・サン＝テグジュペリによって書かれた本です。本の中では，一人のパイロットが砂漠で男の子に出会い，その男の子が星の王子さまです。彼は，たくさんの興味深い人々についてパイロットと話をします。物語はわかりやすいけれど大切なメッセージがあります。あなたはきっとこの本を気に入るでしょう。

3. Write by Yourself あなたがおすすめの日本語の本を紹介するメッセージを書こう。

【解答例】 I recommend "MOMO."

This is a book written by Michael Ende. The main character is a girl. Her name is Momo. One day, men in gray come to her town and steal time from people in the town. Momo goes on a journey and fights against them to help her friends.

I'm sure you will enjoy it.

私は「モモ」をおすすめします。
これはミヒャエル・エンデによって書かれた本です。主人公は女の子です。彼女の名前はモモです。ある日，灰色の服を着た男たちが彼女の町にやって来て，町の人々の時間を盗みます。モモは旅に出て，友達を助けるために男たちと戦います。
あなたはきっとこの本を楽しむでしょう。

Idea Box
【本について】
main character 主人公　　plot（物語などの）筋　　author, writer 著者，作者　　cover（本の）表紙
【ジャンルなど】
action アクション　　adventure 冒険　　comedy コメディー　　fantasy ファンタジー　　history 歴史
mystery ミステリー　　ordinary life 普通の生活　　It is based on a true story. 実話に基づいています。
【物語】
go on a journey 旅に出る　　fall in love 恋に落ちる　　fight against ... …と戦う　　solve a problem 問題を解決する

Take Action!

 **Listen 3**

ボイスメッセージ

聞き手が必要な情報を聞き取る

夏海は，オリビアおばあさんの誕生日プレゼントを考えるために，2つ
の質問をメールで送りました。学校から帰ると，おばあさんからボイス
メッセージが届いていました。

Expressions

purse　財布
give me a discount
　割引をしてくれる
Nope.　いいえ。
anyway　それはさておき

STAGE 1　Get Ready

1. 夏海がおばあさんにどんな質問をしたか考えてみよう。
2. 右の Expressions を参考に，ボイスメッセージで使われる表現を確認しよう。

STAGE 2　Listen

1st Listening　ボイスメッセージを聞いて，夏海の質問とおばあさんの答えをメモしよう。

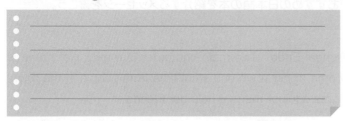

2nd Listening　聞き取れなかった部分に注意しながら，もう一度聞いてみよう。

3rd Listening　巻末のAudio Scripts（p. 220〜221）を見ながら音声を確認しよう。

STAGE 3　Think & Act

あなたが夏海なら，おばあさんに何をプレゼントしますか。それはなぜですか。

BONUS STAGE

別のボイスメッセージを聞いてみよう。スクリプトは巻末（p. 223〜224）にあります。

● **語句を確かめよう**（p.76）

☑ **purse** [pə́ːrs / パース] 名 さいふ

☑ **discount** [dískaunt / ディスカウント]
　名 割引

☑ **nope** [nóup / ノウプ] 副 いいえ

Take Action!

 **Talk 3**

野球と言えば
話題を変える　確かめる

Skit 好きなスポーツについて，ディヌーとジンが話しています。

❶ Recently, I've been into watching baseball.
…に夢中で

❷ I'm a big fan of the Giants.
…の大ファン

❸ Yeah. ❹ Oh, speaking of baseball,
トゥナイト
I can't wait for the game tonight.
…が待ちきれない

❺ What do you mean?

❻ The Chinese and Japanese teams will play tonight.

 Dinu

 Jing

Speaking of …, は「…（話題）と言えば」と，自分が思い出した話題に会話をもっていきたいときに使える表現。

ディヌー：❶最近，野球を見るのに夢中なんだ。❷ジャイアンツの大ファンだよ。
ジン　　：❸そうなんだ。❹そうだ，野球と言えば，今夜の試合が待ちきれないね。
ディヌー：❺どういう意味？
ジン　　：❻中国と日本のチームが今夜試合をするんだよ。

Expressions

話題を変える
speaking of ...　…と言えば
by the way　ところで
確かめる
What do you mean?
　どういう意味ですか。
I don't understand.
　私はわかりません。
Tell me more.
　もっと教えてください。

Work in Pairs

1．上のスキットをペアで演じてみよう。
2．A・Bの役割を決め，好きなスポーツや音楽，漫画などについて話そう。
　　A：Bの話を聞いたあと，Bの話に関連して話題を変えて話そう。
　　B：好きなスポーツなどについて話そう。Aの言ったことがよくわからないときは質問したりして，話の内容を確かめよう。

解答例
A: Recently, I've been into practicing the guitar. My father gave his old guitar to me.
　（最近，ギターを練習するのに夢中なんです。父が古いギターを私にくれました。）
B: Yeah. Oh, speaking of music, I can't wait for the TV show tonight.
　（そうなんだ。ああ，音楽と言えば，私は今夜のテレビ番組が待ち遠しいです。）
A: Tell me more. （もっと教えてください。）
B: My favorite singer is going to be on the show tonight.
　（私のお気に入りの歌手が今夜の番組に出る予定です。）

● **語句を確かめよう**（p.77）

重要 ☑ tonight [tənáit / トゥナイト] 名 副 今夜（は），今晩（は）

➕ GET Plus 1 それを聞いてうれしいです

Dialog 月曜日の朝，教室で，マークとジンが話しています。

「…してうれしい」と感情の原因・理由を説明するときは，〈be glad to ...〉で表します。

 ▶

Hana's team won the soccer tournament.

▶

Really?
I'm glad to hear that.

マーク：花のチームがサッカーのトーナメントで勝ったよ。
ジン：本当？それを聞いて嬉しいよ。

Exercise 1 ジンになったつもりで，マークが話したできごとの感想を言おう。

❶    ❷    ❸

解答例 ① I'm happy to hear that!（それを聞いてうれしいです。）
② I'm shocked to hear that.（それを聞いてショックです。）
③ I'm sorry to hear that.（それを聞いて気の毒に思います。）

Exercise 2 Dialogを参考にペアで会話しよう。

① 次の□□□の（　　）に人物の名前を書こう。
② 人物とできごとを組み合わせて，伝えたり，感想を言ったりしよう。

> 人物：先生（　　） 友だち（　　） 家族（　　）
> できごと：試合に負けた　賞をとった　良い点をとった

② 解答例 人物：先生（田中）
Mr. Tanaka lost the soccer game. I'm sorry to hear that.（田中先生はサッカーの試合に負けました。私はそれを聞いて気の毒に思います。）
人物：家族（妹）
My sister got a very good grade on the test! I'm glad to hear that!（私の妹は試験でとても良い成績を取りました。私はそれを聞いてうれしく思います。）

Write 上で，できごとの感想を言った文を書こう。 解答例 略

Try ペアで週末に起こったできごとを伝えたり，感想を言ったりして，自由に話そう。 解答例 略

● 語句を確かめよう（p.78）

☑ tournament [túərnəmənt / トゥアナメント] 名〔リーグ戦に対して〕勝ち抜き戦，トーナメント

Word Bank

GET Plus 1

状態や気持ちを表すことば

happy
（うれしい）

sorry
（気の毒で）

shocked
（ショックを受けた）

surprised
（驚いた）

いろいろな動作

win the game
（試合に勝つ）

pass the exam
（試験に合格する）

have an accident
（事故にあう）

lose my wallet
（財布をなくす）

lose the game
（試合に負ける）

win a prize
（賞をとる）

get a good score
（良い点数をとる）

get injured
（けがをする）

いろいろな場面で be glad to ... を使ってみよう。

例1　*Riku:* Hello, I'm Riku.（こんにちは，陸です。）

　　　Jerry: Hi, my name is Jerry.（やあ，ぼくの名前はジェリーです。）

　　　Riku: **I'm glad to meet** you. You're Mark's friend, right?

　　　　　（お会いできてうれしいです。マークの友だちですね。）

　　　Jerry: Yes, we've been friends for a long time.（はい，ぼくたちは長い間友だちです。）

例2　*Dinu:* What did you do this weekend?（週末何をしましたか。）

　　　Jing: I went skiing with my family. It was fun, but my brother broke his arm.

　　　　　（家族とスキーに行きました。楽しかったのですが，兄が腕を骨折しました。）

　　　Dinu: Oh, I**'m sorry to** hear that. Is he OK?

　　　　　（ああ，それを聞いて気の毒に思います。彼は大丈夫ですか。）

　　　Jing: Yes, he's getting better now.（はい，もうよくなりつつあります。）

● **語句を確かめよう**（p.79）　

☐ shocked [ʃɑ́kt / シャクト] 形 ショックを受けた　　☐ injured [índʒɚd / インヂャド] 形 負傷した

☐ score [skɔ́ːr / スコー] 名 得点・点数

文法のまとめ ❸

──● 後置修飾（動詞の -ing 形・過去分詞）を確認しよう。

後置修飾（動詞の -ing 形・過去分詞）

◆「〜している…」「〜された［されている］…」と人やものの状態を説明するときは，名詞のあとに動詞の-ing形や過去分詞を置くことで，その名詞について説明をすることができます。

〜している…　　The girl **playing** tennis is Yuka.
テニスをしている

〜された…　　This is a famous book **written** by Soseki.
漱石によって書かれた

◆名詞のあとに，それがどんなものかという説明を続けます。

The girl is Yuki.　　　→　　The girl playing the guitar is Yuki.
（どの女の子？）　　　　　　　　ギターを弾いている

This is a famous book.　　→　　This is a famous book written in English.
（どんな本？）　　　　　　　　　　英語で書かれている

◆動詞の-ing形や過去分詞が1語だけで名詞を修飾する場合は，動詞の-ing形や過去分詞はその名詞の前にきます。

The **running** boy is Koji.（走っている男の子）

I saw **damaged** things on display.（被害を受けたもの）

英語のしくみ

前置修飾

・名詞の前に語句をつけて，人やものをくわしく説明します。

① 形容詞
My sister has a new computer.
（新しいコンピューター）
（私の姉〔妹〕は新しいコンピューターを持っています。）

② 動詞の -ing 形
The swimming girl is Aki.（泳いでいる女の子）
（泳いでいる女の子は亜希です。）

③ 動詞の過去分詞
I like boiled eggs.
（ゆでられた卵→ゆで卵）
（私はゆで卵が好きです。）　　　［boil ゆでる］

後置修飾

・名詞のあとに語句をつけて，人やものをくわしく説明します。

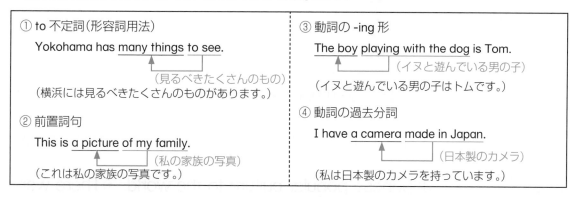

① to 不定詞（形容詞用法）

Yokohama has many things to see.

（見るべきたくさんのもの）

（横浜には見るべきたくさんのものがあります。）

② 前置詞句

This is a picture of my family.

（私の家族の写真）

（これは私の家族の写真です。）

③ 動詞の -ing 形

The boy playing with the dog is Tom.

（イヌと遊んでいる男の子）

（イヌと遊んでいる男の子はトムです。）

④ 動詞の過去分詞

I have a camera made in Japan.

（日本製のカメラ）

（私は日本製のカメラを持っています。）

感情の原因・理由を表す不定詞（be glad to ... など）

◆「…してうれしい」などと感情の原因・理由を説明するときは，〈be ＋感情を表す形容詞（glad など）＋ to ＋動詞の原形〉で表します。

I'm **glad to** hear that.

感情を表す形容詞　〈to ＋動詞の原形〉

Drill 1　日本語の意味に合うように，次の文に必要な語句を付け加えて書きかえましょう。

1. The boy is my friend. （ギターを弾いている少年は私の友人です。）
2. This is a movie. （これは日本人の俳優が監督した映画です。）

Drill 2　次の英文を日本語にしましょう。

1. My mother wants a bag made in Italy.
2. Who is the man standing by the window?

Drill 3　日本語の意味に合うように，（　）に適する語を入れましょう。

1. I'm glad （　）（　） the exam. （私は試験に合格してうれしいです。）
2. We were surprised （　）（　） the news. （私たちはその知らせを聞いて驚きました。）

GET Part 1 The World's Manga and Anime

—● 主格の関係代名詞（that, which）をマスターしよう。

● 声を出して読んでみよう ♪

●ジンが夏休みの思い出について話しています。

前の the Japan Expo を修飾している。

❶ This summer I went to the Japan Expo in France.
チャパン　エクスポウ

「…による」と行為をする人を表す。

❷ It is a big annual event that introduces
毎年の　　行事, イベント　　　　　　イントロデュースィズ

Japanese popular culture to the world. ❸There were
大衆文化, ポップカルチャー

この talk は「（形式ばらない）講演, トーク」という意味の名詞。

many performances by Japanese musicians. ❹ I
音楽家

heard talks by manga artists and anime directors.
ディレクタズ

前に出た動詞（句）の繰り返しを避けるために使う do の過去形。この did は wore a costume of my favorite character を表す。

❺ Lots of people wore costumes of their favorite
ウォー　　カステュームズ

characters. ❻ I did, too.

wear「着る」の過去形。

POINT

● that, which を使ってものを説明するとき（関係代名詞（主格）that, which）

ア　　ブク　　ザト　　ハズ　　ビューティフル　　ピクチャズ
a book that has beautiful pictures
（美しい写真が載っている本）

アイ　ハヴ
I have a book that has beautiful pictures.
（私は美しい写真が載っている本を持っています。）

（ホ）ウィチ
(I have a book which has beautiful pictures.)

- POINTの文のthat以下は，直前の名詞a bookがどのようなものかについて説明を加えています。that has beautiful picturesをひとかたまりでとらえるようにしましょう。

  <u>a book</u>　　**that** has beautiful pictures
  　本　　　　　（美しい写真が載っている）

- このthatは下にあるように，a bookとthat ... をつなぐ（関係づける）はたらきと，a bookをさす代名詞のはたらき（hasの主語）をしていることから，関係代名詞といいます。

  I have <u>a book</u>. |It| has beautiful pictures.
  　　　　　　　thatに変える
  I have <u>a book</u> **that** has beautiful pictures.

- that以下の部分では，thatは主語のはたらきをしているので，このthatは**主格の関係代名詞**といいます。

- 主格の関係代名詞を用いて名詞を説明するときは，〈名詞＋関係代名詞＋動詞...〉の語順になります。動詞の形は説明される名詞に合わせます。

  <u>a book</u> that <u>has</u> beautiful pictures　　　<u>books</u> that <u>have</u> beautiful pictures
  単数なのでhas　　　　　　　　　　　　　複数なのでhave

- ものを説明するときは，thatのほかに関係代名詞whichを使うこともできます。

▼／ ここが **ポイント！**

❷ **It is a big annual event** that **introduces Japanese popular culture to the world.**

- **that**は**関係代名詞**で，thatから文末までがひとかたまりとなって，直前のa big annual eventを説明しています。

- 説明される名詞が単数で現在のことを述べているので，thatに続く動詞はintroducesとなっています。

● **本文の意味をつかもう**

❶今年の夏，私はフランスのジャパン・エキスポ（日本博覧会）に行きました。❷それは，日本の大衆文化を世界に紹介する，年に一度の大きなイベントです。❸日本の音楽家によるたくさんの演奏がありました。❹私は漫画家やアニメの監督による講演を聞きました。❺たくさんの人々が，好きなキャラクターの衣装を着ていました。❻私も着ました。

Q & A

What did Jing do at the Japan Expo?（ジンはジャパン・エキスポで何をしましたか。）

解答例 She heard talks by manga artists and anime directors. / She wore a costume of her favorite character.

（彼女は漫画家やアニメの監督による講演を聞きました。／彼女は自分の好きなキャラクターの衣装を着ました。）

🎧 Listen ♪

ジンがフランスで買った切手について話しています。話を聞いて，①～③の切手を買った場所と描かれているものの特徴をメモしよう。

	①	②	③
切手			
買った場所			
特徴			

🎤 Speak & ✏️ Write

(1) **Listen** の写真を見ながら，ジンが買ってきた切手について説明しよう。

　㋭ Jing bought a stamp that has a beautiful picture of landscape in France.
　（ジンはフランスの風景の美しい写真の切手を買いました。）

(2) (1)で話したことを書こう。

 Jing bought a stamp that has a picture of a chicken.
　（ジンはニワトリの絵の切手を買いました。）
　Jing bought a stamp that has a picture of the Eiffel Tower.
　（ジンはエッフェル塔の絵の切手を買いました。）

```
Word Bank

used stamp
　使用済みの切手
```

● **語句を確かめよう** (p.82) ♪

- ☑ introduce(s) [ìntrədjúːs(əz) / イントロ**デュース**〔ィズ〕]
  - 動 紹介する；初めて伝える
- ☑ *introduce ... to* ～ ～に…を紹介する
- ☑ director(s) [dəréktər(z) / ディ**レ**クタ(ズ)]
  - 名 (映画)監督

- ☑ *lots of ...* たくさんの…
- ☑ costume(s) [kάstjuːm(z) / **カ**ステューム(ズ)]
  - 名 (ある時代・民族などに特有の)服装；衣装
- ☑ expo [ékspou / **エ**クスポウ] 名 博覧会
- ☑ Japan Expo [dʒəpǽn ékspou / ヂャ**パ**ン **エ**クスポウ] 名 ジャパン・エキスポ

● **語句を確かめよう** (p.84～85) ♪

- 重要 ☑ used [júːzd / **ユ**ーズド]
  - 形 中古の
- ☑ fairy [féəri / **フェ**アリ]
  - 名 形 妖精(のような)(fairy tale でおとぎ話)

- ☑ recipe(s) [résəpi(z) / **レ**スィピ(ズ)]
  - 名 (料理などの)作り方，レシピ
- ☑ drawing(s) [drɔ́ːiŋ(z) / ド**ロ**ーイング(ズ)]
  - 名 (鉛筆・ペン・クレヨンなどでかいた)絵，線画，デッサン

Drill POINT の文を練習しよう。1 Listen / 2 Repeat / 3 Say

Ⓐ
interesting stories
（おもしろい話）

Ⓑ
fairy tales
（おとぎ話）

Ⓒ
fine essays
（すばらしい随筆）

Ⓓ
good recipes
（良いレシピ）

Ⓔ
1,000 pages
（1,000 ページ）

Ⓕ
pictures of
animals
（動物の写真）

Ⓖ
children's
drawings
（子どもの絵）

Ⓗ
articles on art
（美術の記事）

〈Repeatする英文〉

Ⓐ I have a book that has interesting stories.（私はおもしろい話がのっている本を持っています。）

Ⓑ I have a book that has fairy tales.（私はおとぎ話がのっている本を持っています。）

Ⓒ I have a book that has fine essays.
（私はすばらしい随筆がのっている本を持っています。）

Ⓓ I have a book that has good recipes.
（私は良いレシピがのっている本を持っています。）

Ⓔ I have a book that has 1,000 pages.（私は 1,000 ページある本を持っています。）

Ⓕ I have a book that has pictures of animals.
（私は動物の写真がのっている本を持っています。）

Ⓖ I have a book that has children's drawings.
（私は子どもの絵がのっている本を持っています。）

Ⓗ I have a book that has articles on art.
（私は美術の記事がのっている本を持っています。）

・扉ページ（教科書p.51）

① What do you see in this picture?（この写真には何が見えますか。）

② Have you ever read any comics or seen any movies from overseas?
（今までに海外の漫画を読んだり映画を見たりしたことはありますか。）

解答例 ① I see many foreigners.（多くの外国人が見えます。）
I see pictures of manga and anime.（漫画やアニメの絵が見えます。）

② Yes, I have. I have read "Super Man."
（はい，あります。『スーパーマン』を読んだことがあります。）
No, I have not.（いいえ，ありません。）

Lesson 4

GET Part 2 The World's Manga and Anime

—● 主格の関係代名詞 (that, who) を理解し，使おう。

● 声を出して読んでみよう

●ジンが，花の筆箱についている小さな人形を見つけて，花に話しかけました。

> the animeと
> *Captain Tsubasa*
> は同格の関係。
> 「『キャプテン翼』と
> いうアニメ」という
> こと。

Jing: ❶ Is that from the anime *Captain Tsubasa* (キャプテン)?

Hana: ❷ Oh, do you know that anime?

> *Captain Tsubasa*
> を指す。

Jing: ❸ Yes. ❹ It's about a talented soccer player (タレンテド) (サカ)

who can do amazing tricks. (アメイズィング)

> 〈make＋A＋B〉「A
> をBにする」のBの
> 形容詞 (popular)
> が比較級になって
> いる形。

Hana: ❺ That's right! そのとおり。 ❻ *Captain Tsubasa* made

soccer more popular in Japan.

> *Captain Tsubasa*
> を指す。

Jing: ❼ It's famous everywhere. (エヴリ (ホ) ウェア) ❽ People watch

this anime all over the world.

POINT ♪

● who, thatを使って人を説明するとき (関係代名詞 (主格) who, that)

> ア フレンド フー キャン スピーク スパニシュ
> **a friend who can speak Spanish**
> (スペイン語が話せる友だち)
>
> アイ ハヴ
> **I have a friend who can speak Spanish.**
> (私にはスペイン語が話せる友だちがいます。)
>
> ザト
> **(I have a friend that can speak Spanish.)**

- 人を表す名詞を説明するときに使う**主格の関係代名詞**はwhoとthatです。

a friend **who** can speak Spanish
友達　　　（スペイン語が話せる）

- このwhoも，a friendとwho ... をつなぐはたらきと，a friendを指す代名詞（can speakの主語）のはたらきをしています。
- 人を表す名詞を説明するときはwhichを使うことはできず，人以外のものやことがらを説明するときはwhoを使うことはできません。

▼ ここが **ポイント！**

❹ It's about a talented soccer player who **can do amazing tricks.**

- **関係代名詞who**を使った文です。who以下が直前のa talented soccer playerを説明しています。
- この文は次のように2つの文に分けて考えることができます。

It's about a talented soccer player. He can do amazing tricks.

heの代わりにwhoを使い，a talented soccer playerの後ろに置いて1つの文にしています。

本文の意味をつかもう

ジン：❶それはアニメ『キャプテン翼』からのもの？
花：　❷ええ，そのアニメを知ってるの？
ジン：❸うん。❹びっくりするようなトリックができる，才能のあるサッカー選手の話だよね。
花：　❺そう！❻『キャプテン翼』は日本でサッカーをより人気にしたんだ。
ジン：❼『キャプテン翼』はどこでも有名だね。❽世界中で人々がこのアニメを見ているよ。

Q&A

Why is Tsubasa famous everywhere?（なぜ翼はどこでも有名なのですか。）

解答例 Because people watch *Captain Tsubasa* all over the world.

（世界中で人々が『キャプテン翼』を観ているからです。）

🎧 Listen 🎵

わかばフェスティバルのボランティア募集の説明を聞いて，陸，ジン，ディヌーの情報をもとに，どのボランティアに誰を推薦したらよいかA〜Cから選ぼう。

① Language volunteer (　　　)　② Activity volunteer (　　　)
（言語ボランティア）　　　　　　　　（活動ボランティア）

③ Performance volunteer (　　　)
（演奏ボランティア）

A

Can …
- speak English
- wake up early
Like to …
- play the guitar
- do sports

…できる
- 英語を話す
- 早く起きる
…することが好き
- ギターをひく
- スポーツをする

B

Can …
- speak more than
　two languages
- sing well
Like to …
- talk with people

…できる
- ２カ国語以上話す
- 上手に歌う
…することが好き
- 人々と話す

C

Can …
- speak more than
　two languages
- play baseball well
Like to …
- play with children

…できる
- ２カ国語以上話す
- 上手に野球をする
…することが好き
- 子どもたちと遊ぶ

💬 Talk & ✏️ Write

(1) 職業について，ペアでクイズを出し合おう。

　　例 *A :* They're people who paint pictures. （彼らは絵をかく人々です。）
　　　 B : They're painters. （彼らは画家です。）

解答例 A: They're people who play the piano. （彼らはピアノをひく人々です。）
　　　 B: They're pianists. （彼らはピアニストです。）
　　　 A: They're people who teach subjects at school. （彼らは学校で教科を教える人々です。）
　　　 B: They're teachers. （彼らは教師です。）

(2) (1)で話したことをまとめて書こう。

　　例 Painters are people who paint pictures. （画家は絵をかく人々です。）

解答例 Pianists are people who play the piano. （ピアニストはピアノをひく人々です。）
　　　 Teachers are people who teach subjects at school. （教師は学校で教科を教える人々です。）

語句を確かめよう（p.86）

- ☑ talented [tǽləntəd / タレンテド]
  形 才能のある，有能な
- ☑ everywhere [évrihwèər /
  エヴリ(ホ)ウェア] 副 どこでも
- ☑ Captain Tsubasa
  [kǽptən tsubásə / キャプテン ツバサ]
  名 キャプテン翼（漫画）

語句を確かめよう（p.89）

- ☑ advice [ədváis / アドヴァイス]
  名 忠告，助言，アドバイス

Drill POINT の文を練習しよう。1 Listen / 2 Repeat / 3 Say

Ⓐ
run fast
（速く走る）

Ⓑ
swim far
（遠くまで泳ぐ）

Ⓒ
jump high
（高く跳ぶ）

Ⓓ
create websites
（ウェブサイトを作る）

Ⓔ
play the flute
（フルートを吹く）

Ⓕ
ride a horse
（馬に乗る）

Ⓖ
give good advice
（良い助言をする）

Ⓗ
teach math
（数学を教える）

〈Repeatする英文〉
Ⓐ I have a friend who can run fast. （私には速く走れる友だちがいます。）
Ⓑ I have a friend who can swim far. （私には遠くまで泳げる友だちがいます。）
Ⓒ I have a friend who can jump high. （私には高くとべる友だちがいます。）
Ⓓ I have a friend who can create websites.
（私にはウェブサイトを作れる友だちがいます。）
Ⓔ I have a friend who can play the flute. （私にはフルートを吹ける友だちがいます。）
Ⓕ I have a friend who can ride a horse. （私には馬に乗れる友だちがいます。）
Ⓖ I have a friend who can give good advice. （私には良い助言ができる友だちがいます。）
Ⓗ I have a friend who can teach math. （私には数学を教えられる友だちがいます。）

 **USE** **Read**
説明文

海外で発行されている日本のガイドブックに，漫画とアニメの記事が掲載されています。

● 声を出して読んでみよう ♪

❶ **Manga, Anime, and the World**

whoは関係代名詞。
who以下が前の
peopleを説明して
いる。

1 ❷ People around the world now know and love Japanese anime. ❸ Some characters are familiar (ファミリャ) to people who do not usually (いつもは) read manga or watch anime. ❹ One of the reasons for this success (サクセス) is the

関係代名詞that以
下が前のthe
adjustmentsを説
明している。thatに
続く動詞は受け身形
になっている。「…
のためにされた調
整」という意味。

adjustments (アヂャストメンツ) that were made for viewers (ヴューアズ) overseas (海外へ、海外で). ❺ Three of them involve (インヴァルヴ) titles, characters, and content (カンテント).

❻ **Titles** ··

translate ... into 〜
「…を〜に翻訳する」
の受け身形の間に副
詞literallyが入って
いる。

2 ❼ Manga and anime titles are, of course (もちろん), originally (オリヂナリ) in Japanese. ❽ Some, like *JoJo's Bizarre Adventure*, are translated literally into (トランスレイテド / リタラリ) English.

change ... to 〜
「…を〜に変える」
の受け身形。

❾ However, this does not work (うまくいく) with all titles. ❿ For example, *Knights of the Zodiac* is originally *Seinto Seiya* in Japanese. ⓫ It describes (ディスクライブズ / 記述する) just the main

関係代名詞that以
下が前のsomething
を説明している。

character, but in English, the title was changed to (リレイツ) something that relates to the whole (ホウル) story.

〈make＋A＋B〉
「AをBにする」の
形。Aにあたるitは
漫画*Knights of the
Zodiac*を指す。

⓬ This made it more attractive (アトラクティヴ) to viewers in foreign countries.

● 語句を確かめよう (p.90) ♪

☑ familiar [fəmíljər / ファミリャ] 形 よく知っている
重要 ☑ success [səksés / サクセス] 名 成功
☑ adjustment(s) [ədʒʌ́stmənt(s) / アヂャストメント〔ツ〕] 名 調整
☑ viewer(s) [vjú:ər(z) / ヴューア（ズ）] 名 視聴者
☑ involve [inválv / インヴァルヴ] 動 含む

☑ content [kántent / カンテント] 名 内容
☑ originally [ərídʒənəli / オリヂナリ] 副 もとは
☑ translate(d) [trænslèit(əd) / トランスレイト〔テド〕] 動 翻訳する
☑ literally [lítərəli / リタラリ] 副 文字通りに

☐ relate(s) [riléit(s) / リ**レ**イト〔ツ〕] 動 関係がある

重要 ☐ whole [hóul / **ホ**ウル] 形 全体の

☐ attractive [ətrǽktiv / アト**ラ**クティヴ]
　　 形 魅力的な

☐ JoJo's Bizarre Adventure
　 [dʒóudʒouz bizáːr ədvéntʃər]
　 名 ジョジョの奇妙な冒険（漫画）

☐ Knights of the Zodiac
　 [náits əv ðə zóudiæk] 名 聖闘士星矢（漫画）

● 声を出して読んでみよう

⑬ **Characters** ·····················

関係代名詞のthat。続く動詞がareなので，前のmanga and animeを説明している。

③ ⑭ Characters' names are often changed in manga and anime that are mainly for children. ⑮ It is hard for children to remember unfamiliar names.

⟨It is ... for A to 〜.⟩「Aが〜することは…だ」の文。

⑯ With familiar names, children can focus on the story. ⑰ For example, the character Satoshi in *Pokémon* becomes Ash in English. ⑱ The name Ash

このwithは付帯状況を表し，「…なので，…であることを考えると」という意味。

uses three letters from S-a-t-o-s-h-i.

⑲ **Content** ·····················

ここでは「文字」の意味。

④ ⑳ Japanese customs are sometimes adjusted for non-Japanese viewers. ㉑ The adjustments can be small or large. ㉒ Consider this example of a small

㉓〜㉖の内容を指す。thisは次に述べることを指すこともある。

adjustment. ㉓ In anime in Japan, characters eat *onigiri*. ㉔ In Western versions, they eat cookies. ㉕ In manga, they don't change the pictures. ㉖ Instead they add short explanations. ㉗ This way, foreign readers can understand Japanese customs and behavior.

in this way「このようにして」のinが省略された形。wayにthisやthatがつく場合，inはよく省略される。

● 語句を確かめよう (p.91) ♪

☐ mainly [méinli / **メ**インリ] 副 主に

☐ unfamiliar [ʌnfəmíljər / アンファ**ミ**リャ]
　　 形 なじみのない

☐ adjust(ed) [ədʒʌ́st(əd) / ア**ヂャ**スト〔テド〕]
　　 動 調整する

☐ western [wéstərn / **ウェ**スタン] 形 西洋の

☐ explanation(s) [èksplənéiʃən(z) /
　　 エクスプラ**ネ**イション（ズ）] 名 説明

☐ reader(s) [ríːdər(z) / **リ**ーダ（ズ）] 名 読者

☐ behavior [bihéivjər / ビ**ヘ**イヴャ] 名 ふるまい

☐ Pokémon [póukimɑːn / **ポ**ウキマーン]
　　 名 ポケットモンスター《作品》

☐ Ash [ǽʃ / **ア**シュ] 名 アッシュ《名前》

☐ non-Japanese [nàn dʒæpəníːz /
　　 ナン ヂャパ**ニ**ーズ] 形 日本人ではない

コンマ (,) の前後の語句は同格の関係。コンマの後ろは前の固有名詞に対する説明。

⑤ ㉘ A large adjustment might be a change in the setting.　㉙ Consider *Kyojin no Hoshi*, an anime from the 1970s.　㉚ In it, the main character Hyuma trains very hard and becomes a professional baseball player.　㉛ In the Indian version, its main character plays cricket, a popular team sport in India.

セティング

アニメの*Kyojin no Hoshi*を指す。

練習する

プロフェショナル

同格

- -

⑥ ㉜ In short, perhaps anime became more popular because of these adjustments.　㉝ The language and customs were adapted a little to fit each culture.　㉞ Think about your favorite manga or anime.　㉟ The original is probably different.

パハプス

要約すると, つまり

…のために

アダプテド

フィト　イーチ

受け身形。

目的を表す副詞用法の不定詞。

プラバブリ

原物・原型

違った

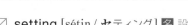

- ☐ setting [sétiŋ / セティング] 名 設定
- ☐ professional [prəféʃənəl / プロ**フェ**ショナル] 形 プロの
- 重要 ☐ perhaps [pərhǽps / パハプス] 副 おそらく
- ☐ adapt(ed) [ədǽpt(əd) / ア**ダ**プト〔テド〕] 動 変える

- 重要 ☐ fit [fít / フィト] 動 合わせる
- 重要 ☐ each [íːtʃ / イーチ] 形 それぞれの
- 重要 ☐ probably [prɑ́bəbli / プラ**バ**ブリ] 副 おそらく

● **本文の意味をつかもう**

❶「漫画，アニメ，そして世界」

1 ❷世界中の人々が今や日本のアニメを知り，そして愛しています。❸登場人物の中には，ふだん漫画を読んだり，アニメを見たりしない人たちにもよく知られているものもあります。❹この成功の理由の一つが，海外の視聴者のためになされた調整です。❺そのうち3つがタイトル，登場人物，内容です。

❻タイトル

2 ❼漫画やアニメのタイトルは，もちろん，もとは日本語です。❽『ジョジョの奇妙な冒険』のように，文字通り英語に翻訳されているものもあります。❾しかしながら，これは全てのタイトルでうまくいくわけではありません。❿例えば，"Knights of the Zodiac（星座の騎士たち）"は日本語ではもともと『聖闘士星矢』です。⓫これは単に主人公を述べているだけですが，英語では，そのタイトルは物語全体に関連するものに変更されました。⓬これにより，この漫画は外国の視聴者にとってより魅力的なものとなりました。

⓭登場人物

3 ⓮登場人物の名前は，主に子ども向けの漫画やアニメでよく変更されます。⓯子どもたちにとって，なじみのない名前を覚えるのは大変なことです。⓰なじみのある名前であれば，子どもたちは物語に集中できます。⓱例えば，『ポケットモンスター』のサトシは，英語では Ash になります。⓲ Ash という名前は S-a-t-o-s-h-i から3文字を使っています。

⓳内容

4 ⓴日本の習慣は，時には日本人でない視聴者のために調整されます。㉑この調整は小さいことも大きいこともありえます。㉒小さな調整の例を考えてみましょう。㉓日本のアニメでは，登場人物はおにぎりを食べます。㉔西洋版では，彼らはクッキーを食べます。㉕漫画では，絵は変更しません。㉖その代わり，短い説明を加えます。㉗このようにして，外国の読者は日本の習慣やふるまいを理解することができるのです。

5 ㉘大きな調整では，設定が変更される場合があります。㉙1970年代のアニメ，『巨人の星』を考えてみましょう。㉚その中で，主人公の飛雄馬は一生懸命練習し，プロ野球選手になります。㉛そのインド版では，主人公は，インドで人気のチームスポーツであるクリケットをします。

6 ㉜要約すると，おそらくこのような調整のおかげで，アニメはより人気となりました。㉝言語や習慣がそれぞれの文化に合うように少し変えられたのです。㉞あなたの好きな漫画やアニメを考えてみましょう。㉟原作はおそらく違っています。

STAGE 1　Get Ready　記事を読む前に確認しよう。

①と②は，ある日本のアニメが海外で放映されたときのタイトルです。もとになった日本のアニメは何か考えよう。

①アメリカ：　*Case Closed*

②フランス：　*Olive et Tom*（オリーブとトム）

解答 ① 名探偵コナン

case は「事件」，close は「（事件を）閉じる＝解決する」の意味。Case Closed は「解決済みの事件」といった意味です。

② キャプテン翼

キャプテン翼のフランス語版の名前は *Olive et Tom* というフランス語になります。主人公の翼は Olivier（オリビエ）で愛称 Olive（オリーブ），そして翼のライバルのゴールキーパー若林が Thomas（トーマス）で愛称 Tom（トム）という名前になっています。et は英語でいう and ですから，直訳すると「オリーブとトム」といった意味になります。

Guide 1

(1) 日本語版の漫画やアニメから海外版が作られるとき，どのような点が変更されることがありますか。

(2) (1)の具体例を書き出そう。

解答 (1) タイトルや登場人物の名前，内容が変更されることがある。(**❺**)

(2) 『聖闘士星矢』というタイトルは *Knights of the Zodiac*『星座の騎士たち』に変更になった。(**⓾**)／『ポケモン』の登場人物サトシは英語では Ash（アッシュ）に変更になった。(**⓱**)／日本のアニメでは登場人物はおにぎりを食べるが，西洋版ではクッキーに変更になった。(**㉓㉔**)／『巨人の星』では主人公が行うスポーツが，インド版ではクリケットになった。(**㉛**)

Guide 2　次の質問に答えよう。

(1) What is an example of adjusting Japanese anime titles to English titles?

(2) Why is such a change necessary?

(3) What is an example of adjusting Japanese anime characters for children abroad?

(4) Why is such a change necessary?

(5) What are two examples of adjusting Japanese content for non-Japanese viewers?

(6) Why are such changes necessary?

(1) 日本語のアニメのタイトルを英語のタイトルに調整した例は何ですか。

(2) なぜそのような変更は必要ですか。

(3) 日本のアニメの登場人物を海外の子どものために調整した例は何ですか。

(4) なぜそのような変更は必要ですか。

(5) 日本の内容を日本人以外の視聴者のために調整した2つの例は何ですか。

(6) なぜそのような変更は必要ですか。

解答例 (1) *Seinto Seiya* is *Knights of the Zodiac* in English. (**⓾**)
（『聖闘士星矢』は，英語では *Knights of the Zodiac*『星座の騎士たち』です。）

(2) Because the change makes the title more attractive to viewers in foreign countries.(**⓬**)
（外国の視聴者にとって，その変更によりタイトルがより魅力的なものとなるからです。）

(3) Their names are often changed. (**⓮**)（彼らの名前はよく変更されます。）

(4) Because Japanese names are unfamiliar to non-Japanese viewers / foreigners / foreign people. (**⓯**)
（日本人の名前は日本人でない視聴者／外国の人々にとってなじみのない名前だからです。）

(5) In Western version, they (don't eat *onigiri* but they) eat cookies. (**㉓㉔**) / In the Indian version of *Kyojin no Hoshi*, its main character (doesn't play baseball but he) plays cricket. (**㉚㉛**)
（西洋版では，彼らは（おにぎりではなく）クッキーを食べます。／インド版の『巨人の星』では，その主人公は（野球をするのではなく）クリケットをします。）

(6) Because the language and customs have to be adapted to fit each culture. (**㉝**)
（言語や習慣はそれぞれの文化に合うように変えられなければならないからです。）

Goal 記事の概要を表にまとめよう。

タイプ	例	理由
Titles（題名）	*Seinto Seiya* → *Knights* of the Zodiac 『聖闘士星矢』 → "Knights of the Zodiac"（『星座の騎士たち』）	・The new title relates to the whole story. ・The new title makes the anime more attractive to viewers in foreign countries. ・新しいタイトルは物語全体に関連している。 ・新しいタイトルは，そのアニメを外国の視聴者にとってより魅力的なものにしている。
Characters（登場人物）	Satoshi → Ash（サトシ→アッシュ）	・Unfamiliar names are hard to remember. ・Children can focus on the story. ・なじみのない名前を覚えるのは大変なことである。 ・子どもたちは物語に集中できる。
Content（内容）	・*onigiri* → cookies ・short explanations ・おにぎり→クッキー ・短い説明 *Kyojin no Hoshi*: baseball → cricket 『巨人の星』 野球→クリケット	・Non-Japanese viewers and readers do not know Japanese customs and behavior. ・日本人でない視聴者や読者は日本の習慣やふるまいを知らない。 ・Cricket is a popular team sport in India. ・クリケットはインドで人気のチームスポーツである。

STAGE 3 Think

あなたが好きな漫画やアニメ，歌などの英語版タイトルを考えてみよう。

解答例 *Doraemon* → The Cat-type Robot from the Future （「ドラえもん」→未来からきたネコ型ロボット）
　　＊ドラえもんの英語版のタイトルは "Doraemon" とそのままです。登場人物の名前に変更があり，のび太が Nobby（ノビー），ジャイアンが Big G（ビッグ・ジー）など英語圏の人に親しみやすい名前になっています。

　　Sazae-san →Sazae's Funny Stories （「サザエさん」→サザエのおもしろい物語）
　　＊サザエさんは海外ではほとんど放映されていません。その理由は，サザエさんに出てくる日本文化が外国人に理解されないものが多すぎるからだといわれています。

Tips for Reading

表や図などを使って情報を整理しながら読んでみよう。

✓ Check

●次の語句は何を指していますか。　this (❾)，　this (⓬)　these adjustments (㉜)

解答 this (❾): Some, like *Jojo's Bizarre Adventure*, are translated literally into English.(❽)
（『ジョジョの奇妙な冒険』のように，文字通り英語に翻訳されているものもあります。）

This (⓬): the title was changed to something that relates to the whole story. (⓫)
（そのタイトルは物語全体に関連するものに変えられました。）

these adjustments (㉜): the adjustments that were made for viewers overseas (❹) Japanese customs are sometimes adjusted for non-Japanese viewers. (⓴) / a change in the setting (㉔)（日本の習慣は，時には日本人でない視聴者のために調整されます。／設定の変更／海外の視聴者のためになされた調整）

USE Write 自己PRカード

ボランティアの自己PRカードを書こう

わかばフェスティバルの英語ボランティアに応募することになりました。
あなたが得意なことや英語でできることなど，アピールポイントを書いて申し込もう。

> **Check** 設定を確認しよう。
>
> （何のために）　わかばフェスティバルの英語ボランティアに応募するために
> _____
> （何について）
> _____
> （何をする）
> _____

1. Follow the Steps 花が自己 PR カードを書いています。どんなことを考えながら書いているか確認しよう。

Step ① 内容を考える

花のひとりごと

Where do I want to go?
自分がよく知っているところがいいな。

What can I say about it?
好きなこととか，得意なことを書いてみよう。小さなこともアピールポイントとして伝えよう。

Location（場所）
- ☐ 書店
- ☐ 駅
- ☐ 神社
- ☐ 遊園地
- ☐ レストラン・カフェ
- ☐ 郵便局
- ☐ スタジアム

☐ **Location 1**：駅
（場所1）

アピールポイント
☐ たくさん利用している 　→☐ 駅のことをよく知っている
☐ 人気のある地元のお店を知っている 　→☐ お店やレストランを教えられる
☐ 多くの人がまず駅に来るから，そこで出迎えたい

☐ **Location 2**：神社
（場所2）

アピールポイント
☐ 神社でやっている行事によく参加する
☐ 外国人の友だちを連れて行ったことがある 　→☐ 絵馬やおみくじについて英語で説明することができる

● 語句を確かめよう（p.97）

☐ frequently
[frí:kwəntli / フリークウェントリ]
副 しばしば，頻繁に

☐ therefore [ðéərfɔ̀:r / ゼアフォー] 副 それゆえ

Step **2** 📝 考えを整理する

 花のひとりごと

Where do I want to go?
神社にまつわるものは英語で説明するのが難しそうだな。駅の方が詳しく言えそう。
How can I write?
「よく利用している」は many times だと少し違うかな。辞書で調べてみよう…。
frequently が使えそう。

4

Opening （始めのことば）	第1希望	train station （電車の駅）
Body （内容）	アピール ポイント	– go there frequently （よくそこに行く） 　　→ know the station and the area around it well 　　　（駅やその周りをよく知っている） – know local shops and restaurants, popular with visitors 　（訪問客に人気の地元のお店やレストランを知っている） 　　→ can recommend places to shop and eat 　　　（買い物をしたり，食べたりする場所をおすすめできる）
Closing （終わりのことば）	ひとこと	I want to welcome tourists to our wonderful city. （私は私たちのすばらしい街に観光客をお迎えしたいです。）

❓ Step ❶の日本語のメモのうち，Step ❷で花が取り上げたものにチェック☑しよう。

【解答】

Location …駅　アピールポイント…たくさん利用している／駅のことをよく知っている／人気のある地元のお店を知っている／お店やレストランを教えられる

Step **3** ✏ 文章を書く

 花のひとりごと

Now, let's write!
2つめの理由を書くときは，In addition, を入れてわかりやすくしよう。

Wakaba Festival **Entry Card for English Volunteers**

　　I would like to volunteer at the train station. I frequently go there, so I know the station and the area around it well. In addition, I know local shops and restaurants that are popular with visitors. Therefore, I can recommend places to shop and eat. I would like to welcome tourists to our wonderful city.

Name

Tanaka Hana

....

Location

train station

....

English level

Low 1　2　③　4　High

わかばフェスティバル　　英語ボランティアへの応募カード

　私は電車の駅でボランティアをしたいです。私はよくそこに行くので，駅やその周辺をよく知っています。加えて，訪問客に人気の地元のお店やレストランを知っています。そういうわけで，私は買い物をしたり，食べたりする場所をおすすめすることができます。私は私たちのすばらしい町に観光客を歓迎したいです。

名前	場所	英語のレベル
田中　花	電車の駅	低 1　2 ③ 4　高

Q Step❸の英文のうち，Opening, Body, Closing はどの部分ですか。／で区切ろう。

解答　Opening … I would like to volunteer at the train station.
Body … I frequently go there, so I know the station and the area around it well. In addition, I know local shops and restaurants that are popular with visitors. Therefore, I can recommend places to shop and eat.
Closing … I would like to welcome tourists to our wonderful city.

2. Work in Class　クラスやグループで協力して書こう。

Step❶ 🗨❓ 内容を考える

解答例

Location
☑公園
☑ショッピングセンター
□博物館
□スタジアム

□公園
アピールポイント
□ 毎週利用している
□ 桜がきれい
□ テニスコートがたくさんある

☑ショッピングセンター
アピールポイント
☑ よく買い物に行く
☑ 店が多い
☑ 世界の料理が食べられる

Step❷ 📄 考えを整理する

Opening	第 1 希望	
Body	（　　）	
Closing	ひとこと	

（解答例）

Opening （始めのことば）	第1希望	shopping center（ショッピングセンター）
Body （内容）	アピール ポイント	– often go shopping there（しばしばそこへ買い物に行く） – a lot of shops（たくさんのお店） – can eat food from all over the world 　（世界中の料理を食べることができる）
Closing （終わりのことば）	ひとこと	I want to introduce shops and restaurants there. （私はそこのお店やレストランを紹介したいです。）

Step ③ 文章を書く

（解答例）　I would like to volunteer in the shopping center. I often go shopping there, so I know shops and restaurants that visitors can enjoy. There are a lot of shops. In addition, we can eat food from all over the world. I would like to introduce the shops and restaurants there.

　　私はショッピングセンターでボランティアをしたいです。私はしばしばそこへ買い物に行くので，訪問客が楽しめるお店やレストランを知っています。たくさんのお店があります。さらに，私たちは世界中の料理を食べることができます。私はそこのお店やレストランを紹介したいです。

3. Write by Yourself　あなたが得意なことや英語でできることをカードに書こう。

（解答例）　I would like to volunteer in the aquarium. I often go there, so I know the sea animals and the time of the shows there. In addition, I study about fish so I can tell interesting things about them to the visitors. I would like to introduce the amazing sea animals there.

　　私は水族館でボランティアをしたいです。私はしばしばそこへ行くので，そこの海の生物やショーの時間を知っています。さらに，私は魚について勉強しているので，それらについての興味深い話を入館者に伝えることができます。私はそこのすばらしい海の生物を紹介したいです。

Idea Box
【性格など】
confident 自信のある　　friendly 気さくな　　patient 忍耐強い
passionate 情熱的な　　sincere 誠実な　　strict 厳しい
responsible 責任感のある　　careful 注意深い　　kind 優しい
【アピールポイント】
be good at ... …が上手である　　talented player 才能のある選手
be skillful at ... …が得意である　　take care of ... …の世話をする
have some experience in ... …の経験がいくらかある
get better at ... …が上達する　　speak in a loud voice 大声で話す
explain to ... about ~ ~について…に説明する
take people to ... 人々を…へ連れて行く　　talk with ... …と話す

Take Action! ラジオニュース

Listen 4

話の全体的な内容を聞き取る

大発見をしたモリーの活躍が，地元のラジオ番組で取り上げられることに
なりました。

Expressions

a great discovery
すばらしい発見
university 大学
conclusion 結論
new species 新種

STAGE 1　Get Ready

1. どうしてモリーがニュースに取り上げられたのか想像してみよう。
2. 右のExpressionsを参考に，ニュースで使われる表現を確認しよう。

STAGE 2　Listen

1st Listening　ニュースを聞いて，できごとの概要をメモにまとめよう。

- [ ] Headline：A Great Discovery（ニュースの主な項目：すばらしい発見）
- [ ] When（いつ）：_____
- [ ] Where：Vancouver（どこ：バンクーバー）　Who：Molly Green（だれ：モリー・グリーン）
- [ ] What（何）：_____
- [ ] Other information（その他の情報）：_____
- [ ] _____

〔headline ニュースの主な項目〕

2nd Listening　聞き取れなかった部分に注意しながら，もう一度聞いてみよう。

3rd Listening　巻末の**Audio Scripts**（p. 221）を見ながら音声を確認しよう。

STAGE 3　Think & Act

ニュースで紹介されたできごとを説明しよう。スクリプトは巻末（p. 224）にあります。

BONUS STAGE

別のニュースを聞いてみよう。

● **語句を確かめよう**（p.100）

- [ ] discovery [diskʌ́vəri / ディス**カ**ヴァリ] 名 発見
- [ ] university [jùːnəvə́ːrsəti / ユーニ**ヴァ**ースィティ] 名 大学
- [ ] conclusion [kənklúːʒən / コンク**ルー**ジョン] 名 結論
- [ ] species [spíːʃiːz / ス**ピ**ーシーズ] 名 種

Take Action!

 Talk 4

道順を教えていただけますか

道順をたずねる　交通経路を説明する

Skit 神戸空港で困った様子の海外からの旅行者が，陸に話しかけました。

Woman

❶ Excuse me.　❷ I want to go to Oji Zoo.

❸ Could you tell me how to get there?

〈疑問詞＋不定詞〉で「～すればよいか」

どうやって，どんな方法で

How can I get to ...? や Where's ...? よりも丁寧な表現。

❹ Let me see.　❺ Take the Port Liner to
ポート　ライナ

Sannomiya Station.　❻ Then change to the

Hankyu Line.　❼ Get off at Oji Koen Station.
ライン　　　　　　　降りる

Riku

❽ I got it.　❾ The Port Liner and then the Hankyu
わかった。

Line, right?

陸の説明全体をさす。

❿ That's right.　⓫ Have a nice trip!
どうぞよいご旅行を。

文末につけると「…ですね？」と確認する表現になる。

女性：❶すみません。❷王子動物園に行きたいのです。❸そこまでの道順を教えていただけますか。

陸　：❹えーと，そうですね。❺ポートライナーに乗って三宮駅に行きます。❻それから阪急線に乗り換えます。❼王子公園駅で降りてください。

女性：❽わかりました。❾ポートライナーに乗って，それから阪急線ですね？

陸　：❿そうです。⓫よい旅を！

Work in Pairs

1. 上のスキットをペアで演じてみよう。
2. 巻末のロールプレイシート（p. 230～231）を使って，A・Bの役割をペアで演じてみよう。

A: Excuse me. Which train should I take to get to Wakaba Zoo?（すみません。わかば動物園に行くにはどの電車に乗るべきですか。）

B: Let me see. First, take the South Line and change to the East Line at Chuo Station. Then, get off at Blue Station.（ええと。まず，南線に乗って中央駅で東線に乗り換えてください。そして，青駅で降りてください。）

A: I got it. The South Line and then the East Line, right?（わかりました。南線で，その後東線ですね。）

B: That's it. Have a nice trip!（そうです。良い旅を。）

Expressions

道順をたずねる

Could you tell me how to get to ...?

　私に…への行き方を教えていただけませんか。

Which train should I take?

　私はどの電車に乗るべきですか。

交通経路を説明する

take ... Line

　…線に乗ってください

change to ... Line

　…線に乗り換えてください

get off at ... Station

　…駅で降りてください

● **語句を確かめよう**（p.101）

重要 ☐ line [láin / ライン] 名 線；路線　　　☐ Port Liner [pɔ́ːrt láinər / ポート ライナ]

　　　☐ *I got it.* わかった　　　　　　　　　　　名 ポートライナー《交通機関》

Zorba's Promise

タンカー事故で流れ出した油に体中が覆われてしまったカモメ。港に住む黒ネコのゾルバは，そのカモメとどのような約束を交わしたのでしょうか。

● 声を出して読んでみよう

❶ **Zorba's Promise**

❷ Zorba was relaxing on a balcony near the port. ❸ Suddenly, a gull landed near him.

完了用法の現在完了形。justがあるので「ちょうど…したところだ」という意味。

❹ "Help me," the gull cried.

❺ "I'm covered with oil.

〈be動詞＋動詞の過去分詞〉の受け身形。「…におおわれている」と言うときは，byではなくwithを使うことに注意。

❻ I'll soon be dead."

❼ "What can I do?" asked Zorba.

〈promise to＋動詞の原形〉で「…することを約束する」。take, feed, teach がtoに続く動詞となっている。

❽ "I've just laid an egg. ❾ Please promise to take care of it, feed my child, and teach it how to fly.

❿ Will you?"

〈teach＋A＋B〉「AにBを教える」の形で，Aにあたるitはmy childを指す。Bにあたるhow to flyは〈how to＋動詞の原形〉「どのように…するか」の形で「飛び方」の意味。

Will you ...?「…してくれませんか」の文。ここでは❾のpromise以下が省略された形。

⓫ "Me?"

⓬ "Yes, you," said the gull.

⓭ "I promise."

⓮ "Thank you," the gull said. ⓯ She soon died.

⓰ Under her body, Zorba found the egg.

● 語句を確かめよう (p.102)

☐ balcony [bǽlkəni / バルコニ]
　名 バルコニー
☐ port [pɔ́ːrt / ポート] 名 港
重要 ☐ land(ed) [lǽnd(əd) / ランド〔デド〕]
　動 着陸する
重要 ☐ cover(ed) [kʌ́vər(d) / カヴァ(ド)]
　動 おおう
☐ oil [ɔ́il / オイル] 名 油
重要 ☐ dead [déd / デド] 形 死んだ

☐ laid [léid / レイド]
　動 lay（(卵を) 産む）の過去分詞
☐ lay [léi / レイ] 動 (卵を) 産む
重要 ☐ care [kéər / ケア] 名 世話
☐ take care of ... …の世話をする
重要 ☐ body [bádi / バディ] 名 体
☐ Zorba [zɔ́ːbə / ゾーバ] 名 ゾルバ《名前》
☐ gull [gʌ́l / ガル] 名 カモメ

● 声を出して読んでみよう ♪

〈keep＋A＋B〉で
「AをB（の状態）に
保つ」という意味。
〈make＋A＋B〉
「AをBにする」と同
じ形。

❶ Every night Zorba kept the egg warm . ❷ This was difficult, but he never gave up.
　　　　　　　　　　　　　　　　　決して諦めなかった

❸ One morning Zorba opened his eyes. ❹ A small white head was looking in his direction .
　　　　　　　　　　　　　　　　ディレクション
白（の）　マム

❺ "Mom."

❻ "I'm not your mom. ❼ But you're lucky. ❽ So that's your name, Lucky."

in one's direction
で「…の方へ」。「彼
の方を見ていた」と
いう意味。

❾ Zorba took care of Lucky. ❿ When dirty, fat
　　　　　　　　　　　　　　　　ダーティ　ファト
rats and mean cats attacked her , Zorba protected
ラツ　　　ミーン　　　　アタクト　　　　　　　プロテクテド
her .
意地悪な　　　　　　　　　　　　　　　　　　保護する，守る

Luckyを指す。

⓫ In time, Lucky became a beautiful gull.
　　やがて

● 語句を確かめよう (p.103) ♪

重要 ☑ direction [dərékʃən / ディレクション]
　　　　名 方向

重要 ☑ mom [mám / マム] 名 ママ

　　 ☑ dirty [də́:rti / ダーティ] 形 汚れた

重要 ☑ fat [fǽt / ファト] 形 太った

　　 ☑ rat(s) [rǽt(s) / ラト〔ツ〕] 名 ネズミ

　　 ☑ mean [mí:n / ミーン] 形 意地悪な

　　 ☑ attack(ed) [ətǽk(t) / アタク（ト）]
　　　　動 おそう

声を出して読んでみよう 🎵

〈it's time to＋動詞の原形〉で「…する〔すべき〕時だ」という意味。it は時を表す文の主語として使われており，「それは」の意味はない。

❶ "Lucky," Zorba said. ❷ "Now it's time to fly."

❸ "Why do I have to fly?" Lucky said.
…しなければならない

❹ "You're a gull."

❺ "Me? ❻ A gull?"

ラッキーはネコのゾルバに育てられたので，自分がカモメであることに気づいていなかった。

❼ "Yes. ❽ You're a gull. ❾ I'm a cat. ❿ Each is different. ⓫ Each is good. ⓬ I love and respect you
尊重する
even though we're different."
イーヴン
たとえ…でも

ネコとカモメの「それぞれ」を指す。⓫ も同様。

⓭ "So I must fly?" Lucky asked.
コレクト

⓮ "That's correct. ⓯ Cats do cat things. ⓰ Gulls do gull things. ⓱ Gulls fly."

⓲ "I can't fly without your help. ⓳ Will you teach me?"
助け

肯定文の形だが，クエスチョンマーク(?) があり，疑問文の意味になっている。文末は上げ調子で読む。

⓴ "Of course. ㉑ I promised your mother. ㉒ And now I promise you."
もちろん

⓭のラッキーの発言の内容を指す。

語句を確かめよう (p.104) 🎵

重要 ☑ even [íːvən / イーヴン]
副 …でさえ，…でも

☑ *even though ...* たとえ…でも
重要 ☑ correct [kərékt / コレクト] 形 正しい

● 声を出して読んでみよう ♪

〈try to＋動詞の原形〉で「…しようとする〔努める〕」。

❶ Lucky's flying lessons started. ❷ She tried to fly many times, but she always failed. ❸ One rainy night, Zorba and Lucky went to a tower.

canの後ろにfly, wantの後ろにto flyが省略されている。

❹ "Lucky, all the sky is yours. ❺ Open your wings and fly."

"I can't,"「私にはできないわ」に対し,「いいや, おまえはできる」と返すとき, 英語では"Yes, you can."とYesを使って応える。

❻ "I can't," she cried and pulled away from the edge.

❼ "Yes, you can. ❽ You can if you really want."

get backは「（元に）戻る」。このpositionは「所定の位置, 適所」という意味。

❾ Lucky got back into position and stepped into the air. ❿ She fell a little at first. ⓫ Moments later she gained control. ⓬ Her wings caught the wind, and she started to fly.

catch「とらえる」の過去形

〈start to＋動詞の原形〉で「…し始める」。

⓭ "Zorba, you're right. ⓮ I can fly!" Lucky said and flew away.

⓯ "Yes. ⓰ You can," Zorba said to the wide, empty sky.

だれもいない

READING FOR FUN 1

● 語句を確かめよう（p.105）♪

☐ flying [fláiiŋ / フライイング] 形 名 飛行
☐ fail(ed) [féil(d) / フェイル（ド）] 動 失敗する 重要
☐ wing(s) [wíŋ(z) / ウィング（ズ）] 名 翼
重要 ☐ pull(ed) [púl(d) / プル（ド）] 動 引く
☐ *pull away* 身を引き離す
☐ edge [édʒ / エヂ] 名 端
重要 ☐ position [pəzíʃən / ポズィション] 名 位置

☐ *step into ...* …に足を踏み出す
☐ moment(s) [móumənt(s) / モウメント〔ツ〕] 名 ちょっとの時間
☐ gain(ed) [géin(d) / ゲイン（ド）] 動 得る
重要 ☐ control [kəntróul / コントロウル] 名 制御
☐ wind [wínd / ウィンド] 名 風
重要 ☐ wide [wáid / ワイド] 形 広い

(教科書 p.64, 本書 p.102)

❶「ゾルバの約束」

❷ゾルバは港の近くのバルコニーでくつろいでいました。❸突然，一羽のカモメが彼の近くに降り立ちました。

❹「私を助けて」とカモメは叫びました。❺「油まみれなんです。❻もうすぐ死んでしまいます。」

❼「私に何ができるんだい？」とゾルバはたずねました。

❽「今ちょうど卵を産みました。❾どうかその卵の世話をして，（生まれてくる）私の子どもに食べ物を与え，飛び方を教えると約束して下さい。❿してもらえますか。」

⓫「私が？」

⓬「そうです，あなたです」カモメは言いました。

⓭「約束しよう。」

⓮「ありがとうございます」カモメは言いました。⓯まもなく彼女は死にました。⓰ゾルバは彼女の体の下に卵を見つけました。

(教科書 p.65, 本書 p.103)

❶毎晩，ゾルバは卵を温めつづけました。❷これは難しいことでしたが，決して諦めませんでした。

❸ある朝，ゾルバは目を開けました。❹1つの小さな白い頭が彼の方を見ていました。

❺「ママ。」

❻「私はおまえのママじゃないよ。❼でもおまえはラッキーだね。❽だから，それがおまえの名前だ，ラッキー。」

❾ゾルバはラッキーの世話をしました。❿汚い，太ったネズミや意地悪なネコがラッキーをおそってきたとき，ゾルバは彼女を守りました。

⓫やがて，ラッキーは美しいカモメになりました。

(教科書 p.66, 本書 p.104)

❶「ラッキー，」とゾルバは呼びかけました。❷「そろそろ空を飛ぶ時だよ。」

❸「どうして空を飛ばなければいけないの？」とラッキーは言いました。

❹「おまえはカモメ。」

❺「私が？❻カモメ？」

❼「そうだよ。❽おまえはカモメだ。❾そして私はネコだ。❿それぞれは違う。⓫（でも）それぞれがすばらしいんだ。⓬おまえと私は違っていても，私はおまえを愛し，おまえのことを尊重するよ。」

⓭「だから私は空を飛ばなければいけないの？」とラッキーはたずねました。

⓮「その通りだ。⓯ネコはネコのやるべきことがある。⓰カモメはカモメのやるべきことがある。⓱カモメは飛ぶんだ。」

⓲「あなたの助けがないと飛べないよ。⓳教えてくれる？」

⓴「もちろん。㉑おまえのお母さんに約束したんだ。㉒そして今，おまえと約束するよ。」

(教科書 p.67, 本書 p.105)

❶ラッキーの飛行訓練が始まりました。❷彼女は何度も飛ぼうとしましたが，いつも失敗しました。

❸ある雨の夜，ゾルバとラッキーはある塔に行きました。

❹「ラッキー，この空はすべておまえのものだ。❺翼を広げて飛んでごらん。」

❻「できないわ」と彼女は叫び，塔の端から身を引きました。

❼「いいや，できる。❽本当に望めばできるんだ。」

❾ラッキーは位置に戻り，空中へ踏み出しました。❿最初は，少しだけ落ちました。⓫少しして（体を）制御できるようになりました。⓬翼が風をとらえ，ラッキーは飛び始めました。

⓭「ゾルバ，あなたの言う通り。⓮私は空を飛べる！」ラッキーはそういって，飛び去って行きました。

⓯「そう。⓰おまえならできる」ゾルバは広く，だれもいない空に向かって言いました。

Read and Think

1. 下に示す内容は，どのページで述べられていますか。ページ番号を書き入れよう。

(   ) ゾルバとカモメの約束   (   ) ラッキーの旅立ち

(   ) ラッキーの誕生   (   ) ゾルバの教え

解答

(教科書 p.64，本書 p.102) ゾルバとカモメの約束   (教科書 p.67，本書 p.105) ラッキーの旅立ち

(教科書 p.65，本書 p.103) ラッキーの誕生   (教科書 p.66，本書 p.104) ゾルバの教え

2. ゾルバの物語の内容をまとめてみよう。

  (1) お母さんカモメはゾルバに何をお願いしましたか。

  (2) なぜゾルバはカモメに「ラッキー」という名前をつけましたか。

  (3) ラッキーは自分のことを何だと思っていましたか。

  (4) うまく飛べないラッキーに，ゾルバはどんなことばをかけましたか。

解答   (1) 卵の世話をして，生まれてくる子どもに食事を与え，空の飛び方を教えること。(p. 102 **9**)

      (2) 母のカモメが死に，本当は生まれることもなかったところをゾルバに救われ，幸運(ラッキー)だと
思ったから。(p. 102 **15**，p. 103 **7**)

      (3) (ゾルバのような)ネコだと思っていた。(p. 104 **5**，**6**)

      (4) "You can if you really want."(本当に望めばできる。) (p. 105 **8**)

3. あなたが印象に残った部分とその理由を話そう。

解答例 "Each is different. Each is good. I love and respect you even though we're different."
(p.104 **10 11 12**)

「みんな違っているからいい」という視点が新鮮で，本当にそうだと思うから。

"Cats do cat things. Gulls do gull things." (p.104 **15 16**)"cat things" や "gull things" とい

う言い方は辞書を引いても出てこない表現で，興味深いと感じたから。

"Yes, you can. You can if you really want." (p.105 **7 8**)

とても励まされる表現であると思ったから。

Reading for Information 2　ゴミの分別ルール

Trash Separation and Disposal in Wakaba City

Basic Rules

❶ Use Wakaba City's special bags.

 Blue bags → combustible garbage

 White bags → recyclable garbage

❷ Separate garbage by type.

❸ Put out your garbage by 8:00 a.m.

＊Put your garbage into the box to keep crows and cats away.

❹ Do not put too much garbage in a bag.

Combustible Garbage	Recyclable Garbage	Recyclable Paper	Metal Objects & Spray Cans
on Mondays & Thursdays	on Wednesdays	on Thursdays	the first Monday of the month
raw garbage, non-recyclable paper, plastics (excluding containers and packages), etc.	cans, glass bottles, plastic bottles, plastic containers and packages, etc.	newspaper, cardboard, cartons, books, magazines, paper boxes, brochures, paper bags, etc.	kettles, pots, frying pans, ladles, spray cans, cassette gas cylinders, etc.

Visit the website for more details.
If you have questions, please contact us.
TEL: 00-1234-5678　E-mail: wakabacity@○○○.com

わかば市のゴミの分別と処分

基本ルール

❶ わかば市の特別な袋を使ってください。
青い袋→燃えやすいゴミ
白い袋→再利用できるゴミ

❷ 種類ごとにゴミを分別してください。

❸ 午前8時までにゴミを出してください。

＊カラスとネコを寄せ付けないためにゴミは箱の中に入れてください。

❹ 一つの袋にゴミを入れすぎないでください。

燃えやすいゴミ	再利用できるゴミ	再利用できる紙	金属類・スプレー缶
月曜日・木曜日	水曜日	木曜日	第1月曜日
生ごみ，再利用できない紙，プラスチック（容器とパッケージを除く），など	缶，ガラスびん，ペットボトル，プラスチック容器やパッケージ，など	新聞，段ボール，パック，本，雑誌，紙箱，パンフレット，紙袋，など	やかん，なべ，フライパン，お玉，スプレー缶，カセットガスボンベ，など

詳細はウェブサイトをご覧ください。

質問があれば，ご連絡ください。

TEL:00-1234-5678　Eメール:wakabacity@○○○.com

ゴミ分別ルールを読んで，4人の質問に答えよう。

 ① I have so many magazines. When can I throw them away?

 ② I have a very old frying pan. When can I throw it away?

 ③ What time should I put the garbage out?

 ④ Which bag should I use to throw away raw garbage?

① 雑誌がとてもたくさんあります。それらはいつ捨てられますか。

② とても古いフライパンがあります。それはいつ捨てられますか。

③ 何時にゴミを出せばよいですか。

④ 生ゴミを捨てるにはどの袋を使うべきですか。

解答例
① You can throw them away on Thursdays.　（木曜日に捨てられます。）
② You can throw it away on the first Monday of the month.　（第1月曜日に捨てられます。）
③ You should do it by 8 : 00 a.m.　（午前8時までにするべきです。）
④ You should use the blue bags.　（青い袋を使うべきです。）

 （p.108）

separation 分離　disposal 処分　combustible 燃えやすい　recyclable 再利用できる　separate より分ける
crow カラス　raw 生の　non- …でない　exclude 除外する　container 容器　package （商品の）パッケージ　cardboard 段ボール
carton パック　brochure パンフレット　metal 金属　object 物体　spray スプレー　frying pan フライパン　ladle お玉
cassette gas cylinder カセットガスボンベ　contact 連絡をとる

GET Part 1 I Have a Dream

──● 目的格の関係代名詞（that, which）の表し方をマスターしよう。

● **声を出して読んでみよう** ♪

●冬休みの予定について，花とマークが話しています。

> -whereで終わる語を修飾する形容詞は，-thingで終わる語の場合と同様に，後ろに置く。

Hana : ❶ Is there somewhere interesting in Washington, D.C.?
どこかに，どこかで

> ❷のa new museumを指す。

Mark : ❷ There is a new museum that you should visit. ❸ It tells lots of great stories about African-American life, history, and culture.
博物館

> 〈sound＋形容詞〉で「…に思える」。主語のItやThatはよく省略される。

Hana : ❹ Sounds fascinating. ❺ Look, here it is in my guidebook. ❻ What's this picture?

> ❻のthis pictureを指す。

Mark : ❼ That shows a terrible time in American history. ❽ You can learn about it at the museum, too.

> ❼のa terrible time in American historyを指す。

POINT ♪

● that, whichを使ってものを説明するとき（関係代名詞（目的格）that, which）

> **the book that I read last night**（私が昨夜読んだ本）
> ザ ブク ザト アイ レド ラスト ナイト
>
> **This is the book that I read last night.**（これは，私が昨夜読んだ本です。）
> ズィス イズ
>
> **(This is the book which I read last night.)**
> (ホ)ウィチ

- POINTの文のthatも，関係代名詞で直前の名詞the bookを説明しているということでは，Lesson 4で学習したものと同じですが，thatがあとの動詞readの目的語のはたらきをしている点が異なります。

This is <u>the book</u>.　　I read |it| last night.

thatに変えて前に出す

This is <u>the book</u> **that** I read last night.

↑ここには何も入れない

- 目的語のはたらきをする関係代名詞を**目的格の関係代名詞**といいます。
- 目的格の関係代名詞を用いて名詞を説明するときは，〈名詞＋関係代名詞＋主語＋動詞...〉の語順になります。
- 目的格の関係代名詞は省略されることもあります。この場合は〈名詞＋主語＋動詞...〉の形になります。

This is **the book I read** last night.
　　　　　名詞　主語 動詞

- ものやことがらを説明するときは，thatのほかにwhichを使うこともできます。

▼ ここが ポイント！

❷ There is a new museum that you should visit.

- **that**は**目的格の関係代名詞**で，that以下が直前のa new museumを説明しています。
- **that**はあとの動詞visitの目的語のはたらきをしています。

本文の意味をつかもう

花：　　❶ワシントンD.C.にどこか興味深い場所はある？
マーク：❷行くといい新しい博物館があるよ。❸アフリカ系アメリカ人の生活，歴史，文化について多くのすばらしい話が語られているんだ。
花：　　❹魅力的みたいね。❺見て,私のガイドブックに載っているよ。❻この写真は何？
マーク：❼それはアメリカの歴史の中でも恐ろしい時間(時代)を表しているんだ。❽そのことについても博物館で学ぶことができるよ。

Q&A

What can you learn at the new museum?（新しい博物館で何を学べますか。）

解答例 You can learn about African-American life, history, and culture.
（アフリカ系アメリカ人の生活や歴史や文化について学べます。）

🎧 Listen ♪

マークが，ワシントンD.C.にある博物館と動物園について説明しています。それぞれの説明にあてはまるものをA〜Dから選ぼう。

① (　　　)
② (　　　)
③ (　　　)
④ (　　　)

Places to Visit in Washington, D.C.

 Ⓐ Air and Space Museum
（航空宇宙博物館）

 Ⓑ National Zoo
（国立動物園）

 Ⓒ Natural History Museum
（自然史博物館）

 Ⓓ American Art Museum
（アメリカ美術館）

🎤 Speak & ✏ Write

(1) お気に入りの場所について説明しよう。

例 - The gym is the place that I like the best at school.
（体育館は私が学校で最も好きな場所です。）

- Crown Land is the amusement park that I like the best in my town.
（クラウンランドは私が自分の町で最も好きな遊園地です。）

- Tonkichi Wakaba is the restaurant that I like the best in my town.
（トンキチわかばは私が自分の町で最も好きなレストランです。）

(2) (1)で話したことを書こう。

解答例 The martial arts room is the place that I like the best at school.（武道場は私が学校で最も好きな場所です。）
The art museum is the building that I like the best in my town.（美術館は私が自分の町で最も好きな建物です。）
History is the subject that I like the best at school.
（歴史は私が学校で最も好きな教科です。）

> **Word Bank**
>
> bicycle parking lot
>   駐輪場
> tennis court　テニスコート
> martial arts room　武道場
> convenience store
>   コンビニエンスストア
> amusement park　遊園地

● 語句を確かめよう (p. 110) ♪

☑ Washington, D.C.
[wáʃiŋtən díː síː /
ワシントン ディー スィー]
名 ワシントンD.C.

☑ African-American
[ǽfrikən əmérəkən /
アフリカン アメリカン]
名 形 アフリカ系アメリカ人（の）

☑ fascinating [fǽsənèitiŋ /
ファスィネイティング] 形 魅力的な

● 語句を確かめよう (p. 112〜113) ♪

☑ martial [máːrʃəl / マーシャル]
形 勇ましい，好戦的な

☑ martial arts [máːrʃəl áːrts /
マーシャル アーツ] 名 武道，武術

☑ repair [ripéər / リペア]
動 修理する，修繕する

Drill POINT の文を練習しよう。1 Listen / 2 Repeat / 3 Say ♪

Ⓐ
break (broke)
（壊す（壊した））

Ⓑ
repair
（修理する）

Ⓒ
borrow
（借りる）

Ⓓ
get (got)
（もらう（もらった））

Ⓔ
eat (ate)
（食べる（食べた））

Ⓕ
make (made)
（作る（作った））

Ⓖ
buy (bought)
（買う（買った））

Ⓗ
give (gave)
（あげる（あげた））

〈Repeatする英文〉

Ⓐ This is the watch that I broke last night. （これは私が昨夜壊した時計です。）

Ⓑ This is the watch that I repaired last night. （これは私が昨夜修理した時計です。）

Ⓒ This is the watch that I borrowed from my father last night.
（これは私が昨夜父から借りた時計です。）

Ⓓ This is the watch that I got from my sister last night.
（これは私が昨夜姉〔妹〕からもらった時計です。）

Ⓔ This is the cake that I ate last night. （これは私が昨夜食べたケーキです。）

Ⓕ This is the cake that I made last night. （これは私が昨夜作ったケーキです。）

Ⓖ This is the cake that I bought last night. （これは私が昨夜買ったケーキです。）

Ⓗ This is the cake that I gave to my mother last night.
（これは私が昨夜母にあげたケーキです。）

・扉ページ（教科書p.69）

① Do you know the building in this picture?（この写真の建物を知っていますか。）

② Name a famous person in history. What did she or he do?
（歴史上で有名な人の名前を挙げなさい。彼女または彼は何をしましたか。）

解答例 ① Yes, it is the Lincoln Memorial in Washington D.C.
（はい，それはワシントンD.C.のリンカーン記念館です。）

② Neil Armstrong was born in the U.S. in 1930. He was the first person who
went to the moon.
（ニール・アームストロングは1930年に米国で生まれました。彼は月に行った最初の人間です。）

Lesson 5

GET Part 2 I Have a Dream

—● 〈主語＋動詞…〉の形の後置修飾を理解し，使おう。

● 声を出して読んでみよう

●ワシントン D.C. にある博物館を訪れた花が，ガイドの人の説明を聞いています。

コンマ (,) の前後の語句は同格の関係。「ローザ・パークスという黒人女性」という意味。

❶ This is a story most Americans know.　❷ One day Rosa Parks, a black woman, was on a public bus.　❸ She was sitting near the 'Whites Only' section.　❹ Soon that section filled up.

ロウザ　パークス
たいていの
パブリク
ホワイツ
オウンリ　セクション
すぐに　フィルド　いっぱいになった

このwhitesは「白人」という意味の名詞の複数形。〈名詞＋only〉は「…専用」という意味で掲示などで使われる。

❺ The driver said, "Give up your seat, or I'll call the police."　❻ She refused.　❼ The police came and arrested her.

(来るように)呼ぶ
リフューズド
アレステド

〈命令文＋or ....〉で「〜しなさい，さもないと…」という意味。

POINT ♪

● 〈主語＋動詞…〉の形で人やものを説明するとき（後置修飾）

> the country I want to visit （私が訪れたい国）
> ザ　カントリー　アイ　ワント　トゥ　ヴィズィト
>
> The country I want to visit is France. （私が訪れたい国はフランスです。）
> イズ　フランス

・名詞を「（人などが）…する〜」と説明するときは，名詞のあとに〈主語＋動詞…〉を直接続けて表すことができます。

the country　　I want to visit
国　　　　　（私が訪れたい）

・この形は，目的格の関係代名詞が省略された形と考えるとわかりやすいでしょう。

The country **that** I want to visit is France.

The country ☐ I want to visit is France.

▼ ここが **ポイント！**

❶ This is a story most Americans know.

- ・a story を most Americans know が後ろから修飾している文です。
- ・この文は関係代名詞を使った次の文の関係代名詞を省略した形と考えることもできます。

This is a story that[which] most Americans know.

本文の意味をつかもう

❶これはたいていのアメリカ人が知っている話です。❷ある日，黒人女性のローザ・パークスさんが公共のバスに乗っていました。❸彼女は「白人専用」の区域の近くに座っていました。❹すぐにその区域はいっぱいになってしまいました。❺運転手が「席を空けなさい，さもないと警察を呼ぶぞ」と言いました。❻彼女は拒否しました。❼すると警察がやってきて，彼女を逮捕したのです。

Q&A

Why was Rosa Parks arrested?（ローザ・パークスさんはなぜ逮捕されたのですか。）

解答 Because she was sitting near the 'Whites Only' section and didn't give up her seat even after the section filled up.

（彼女は「白人専用」の区域の近くに座っていて，その区域がいっぱいになったあとでも席を譲らなかったから。）

🎧 Listen ♪

花がワシントンD.C.で買ったおみやげについて説明しています。それぞれのおみやげを買った場所とおみやげの特徴をメモしよう。

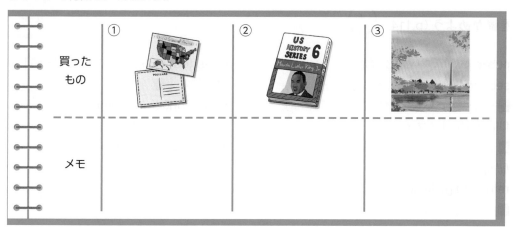

	①	②	③
買ったもの			
メモ			

💬Talk & ✏️Write

(1) これまでに読んだことがある本や，見たことがある映画などについて，ペアで話そう。

例 **A : What's the best book you've ever read?** （あなたが今までに読んだ最も良い本は何ですか。）

B : *Hashire Merosu* is the best book I've ever read. （『走れメロス』は私が今までに読んだ最も良い本です。）

A : What's it about? （それは何についての本ですか。）

B : It's about friendship. It was written by Dazai Osamu.
（それは友情についてです。太宰治によって書かれました。）

> **Word Bank**
> courage　勇気
> creativity　創造性
> honesty　正直
> effort　努力

解答例 *A :* What is the best movie you've ever watched?
（あなたが今までに見た最も良い映画はなんですか。）

B : *Hachi* is the best movie I've ever watched.
（『ハチ』が私が今までに見た最も良い映画です。）

A : What is it about? （それは何についての映画ですか。）

B : It's about the amazing dog called *Hachi* and his master. This story is very
famous in Japan. It's a true story. （それは，ハチと呼ばれる驚くべきイヌとその主人
についてです。この物語は日本でとても有名です。それは実話です。）

(2) (1) で話したことをまとめて書こう。

例 **The best book I have ever read is *Hashire Merosu*. It is about friendship.**
（私が今までに読んだ本で最も良かった本は『走れメロス』です。それは友情についてです。）

解答例 The best movie I've ever watched is Hachi. It's about the amazing dog called
Hachi and his master. This story is very famous in Japan. It's a true story. （私が今
までに見た最も良い映画は『ハチ』です。それは，ハチと呼ばれる驚くべきイヌとその主人について
です。この物語は日本でとても有名です。それは実話です。）

● **語句を確かめよう (p.114)**

重要 ☑ **public** [pʌ́blik / パブリク] 形 公の，公共の

重要 ☑ **section** [sékʃən / セクション]
名 （切って分けられた）部分，区域

重要 ☑ **fill(ed)** [fíl(d) / フィル(ド)]
動 いっぱいになる；いっぱいにする

☑ *fill up* いっぱいに満ちる

☑ **refuse(d)** [rifjúːz(d) / リフューズ(ド)]
動 断る，拒絶する

☑ **arrest(ed)** [ərést(əd) / アレスト〔テド〕]
動 逮捕する 名 逮捕

☑ **Rosa Parks** [róuzə páːrks /
ロウザ パークス] 名 ローザ・パークス（名前）

☑ **Whites Only** [hwáits óunli /
(ホ) ワイツ オウンリ] 白人専用

語句を確かめよう（p. 116）

☐ creativity [krìːeitívəti /
クリーエイ**ティ**ヴィティ] 名 創造性；独創性

重要 ☐ effort [éfərt / エフォト]
名 努力

☐ honesty [ánəsti / アネスティ]
名 正直，誠実さ

 Drill **POINT の文を練習しよう。1 Listen / 2 Repeat / 3 Say**

Ⓐ person

meet / Yuzu
（会う／ゆづ）

Ⓑ

call / Amy
（電話をする／エイミー）

Ⓒ

study about /
Ryoma
（勉強をする／龍馬）

Ⓓ

talk to / Miki
（話す／美紀）

Ⓔ animal

feed
（えさをやる）

Ⓕ

see
（見る）

Ⓖ

play with
（一緒に遊ぶ）

Ⓗ

take care of
（世話をする）

〈Repeatする英文〉

Ⓐ The person I want to meet is Yuzu.（私が会いたい人はゆづです。）

Ⓑ The person I want to call is Amy.（私が電話したい人はエイミーです。）

Ⓒ The person I want to study about is Ryoma.（私が勉強したい人は龍馬です。）

Ⓓ The person I want to talk to is Miki.（私が話したい人は美紀です。）

Ⓔ The animal I want to feed is a rabbit.（私がえさをやりたい動物はウサギです。）

Ⓕ The animal I want to see is a panda.（私が見たい動物はパンダです。）

Ⓖ The animal I want to play with is a dog.（私が一緒に遊びたい動物はイヌです。）

Ⓗ The animal I want to take care of is a hamster.（私が世話をしたい動物はハムスターです。）

花がワシントン D.C. で買った，キング牧師について書かれた本を貸してくれました。

● **声を出して読んでみよう**

> black people 以下が〈主語＋動詞…〉の形で直前の many things を説明している。

> they 以下が直前の名詞（restrooms）を修飾している。❹❺も同じ形。

> この upset は「気を動転させる」という意味の動詞で，原形，過去形，過去分詞が同じ形。ここでは過去形。

> stand は「耐える，がまんする」という意味。it は，第1段落や❽の文のような状況を，広くばく然と指している。

> right を修飾する形容詞用法の to 不定詞。

> shall は1人称の主語の文で，「必ず…する」と強い意志や決意を表す。あとに never がつくと「決して…しない」という意味。

❶ **I Have a Dream**

① ❷ In 1955, there used to be many things black people in the United States could not do under the law. ❸ There were restrooms they could not use.
❹ There were drinking fountains they could not use. ❺ There were bus seats they could not use.

② ❻ These unfair laws upset many people. ❼ One of them was Martin Luther King, Jr. ❽ He heard about the arrest of Rosa Parks in Montgomery, Alabama. ❾ He said, "We cannot stand it anymore.
❿ Let's start a movement. ⓫ Everyone has a right to take any seat on any bus. ⓬ We shall never give up."

（以前は…があった）
（レストルームズ）
（ドリンキング）（ファウンテンズ）
（アンフェア）
（マントガマリ）
（逮捕）
（これ以上）
（ムーヴメント）
（権利）
（人が席・地位などに）つく

● **語句を確かめよう (p.118)** 🎵

- ☑ *under the law* 法の下で
- ☑ restroom(s) [réstrù:m(z) / レストルーム（ズ）] 名 トイレ
- ☑ fountain(s) [fáuntən(z) / ファウンテン（ズ）] 名 噴水
- ☑ unfair [ʌnféər / アンフェア] 形 不公平な
- ☑ movement [mú:vmənt / ムーヴメント] 名 運動
- ☑ drinking [dríŋkiŋ / ドリンキング] 名 形 飲用（の）
- ☑ drinking fountain(s)
  [dríŋkiŋ fàuntən(z) / ドリンキング ファウンテン（ズ）]
  名 噴水式の水飲み器

- ☑ Martin Luther King, Jr.
  [má:rtn lú:θər kíŋ dʒú:niər /
  マートン ルーサ キング ヂューニア]
  名 マーチン・ルーサー・キング・ジュニア（名前）
- ☑ Montgomery [mɑntgʌ́məri /
  マントガマリ] 名 モントゴメリー（地名）
- ☑ Alabama [æ̀ləbǽmə / アラバマ]
  名 アラバマ（地名）

● 声を出して読んでみよう

fight（たたかう）の
過去形。

3 ⑬ Dr. King led the people of Montgomery in a fight for justice.（ヂャスティス）⑭ They fought in a peaceful way.

たたかい ／ …の方法〔やり方〕で

⟨stop＋動詞の-ing
形⟩で「…するのを
やめる」。

⑮ They stopped riding city buses. ⑯ Some walked to work and school. ⑰ Others shared cars.（カーズ）⑱ Many

…する人もいれば，～する人もいる ／ いっしょに使った

⟨be free to＋動詞
の原形⟩「自由に…
することができる」

people supported the Bus Boycott, even some（ボイカト） white people. ⑲ Their fight lasted for more than（ラステド／続いた） a year. ⑳ They finally won, and black people（ついに）

目的を表す副詞用
法の不定詞。

were free to sit anywhere on the bus.（エニ(ホ)ウェア）㉑ This achievement inspired courage in many people.（アチーヴメント／インスパイアド）

大きな数字はカンマ
で区切って，two-
hundred thousand
（200と1,000）と読
む。

㉒ They joined the movement and worked hard to change other unfair laws.

目的を表す副詞用
法の不定詞。

4 ㉓ In 1963, over 200,000 people gathered in（集まった） Washington, D.C. to support justice for all.（すべての人）㉔ Dr. King made a great speech from the steps of the（演説をする／階段） Lincoln Memorial.（リンカン／メモーリアル）㉕ Here is a famous quote from his speech.（クウォウト／引用）

● 語句を確かめよう (p.119) ♪

☐ justice [dʒʌ́stəs / ヂャスティス] 名 正義
重要 ☐ car(s) [ká:r(z) / カー(ズ)] 名 車
☐ boycott [bɔ́ikɑ̀t / ボイカト] 名 ボイコット
☐ last(ed) [lǽst(əd) / ラスト〔テド〕] 動 続く
☐ *be free to* ... 自由に…することができる
重要 ☐ anywhere [éniʰwèər / エニ(ホ)ウェア] 副 どこにでも

☐ achievement [ətʃíːvmənt / アチーヴメント] 名 業績
☐ inspire(d) [inspáiər(d) / インスパイア(ド)] 動 奮い立たせる
☐ quote [kwóut / クウォウト] 名 引用
☐ Lincoln Memorial [líŋkən məmɔ́ːriəl / リンカン メモーリアル] 名 リンカーン記念館

声を出して読んでみよう

⑤ ㉖*I have* a dream that *my four little children will one day live in* a nation where *they* will not be judged *by the color of their* skin *but by the content of their character.* ㉗ *I have a dream today . . . .*

⑥ ㉘ *I have a dream that one day . . . little black boys and black girls* will be able to *join hands with little white boys and white girls as sisters and brothers.* ㉙ *I have a dream today.*

that以下が a dreamの内容を述べていて「…という夢」の意味。a dreamとthat以下は同格の関係になっている。

where以下が前のa nationを説明していて，「…であるような国」という意味になる。

助動詞を用いた受け身形は〈助動詞（＋not）＋be＋動詞の過去分詞〉の形になる。

「…できるだろう」と言うときは，〈be able to＋動詞の原形〉「…することができる」を用いてwill be able to …とする。willとcanを並べて使うことができないので，このような表現を用いる。

⑦ ㉚ In 1964, Dr. King won the Nobel Peace Prize. ㉛ Four years later, he was shot and killed . ㉜ The fight for justice continues even after his death. ㉝ His dream lives on .

shot（shoot（撃つ）の過去分詞）とkilled（kill（殺す）の過去分詞）はともに前のwasと結びついた受け身形。

onは継続を表す副詞で，live onで「（ことばなどが）生き続ける」という意味。

後ろの前置詞句after his deathを強調して，「彼の死後も」という意味になる。

語句を確かめよう (p.120)

- [ ] nation [néiʃən / ネイション] 名 国家
- [ ] judge(d) [dʒʌdʒ(d) / ヂャヂ(ド)] 動 判断する
- [ ] skin [skín / スキン] 名 肌
- [ ] able [éibl / エイブル] 形 〔be able to...〕…することができる
- [ ] *be able to* ... …することができる
- [ ] *join hands with* ... …と手を取り合う
- 重要 [ ] kill(ed) [kíl(d) / キル(ド)] 動 殺す
- 重要 [ ] death [déθ / デス] 名 死

● 本文の意味をつかもう

❶「私には夢がある」

1 ❷ 1955 年(当時)，アメリカ合衆国の黒人たちが法律のもとでできないことがたくさんありました。❸彼らが使うことができないトイレがありました。❹彼らが使うことができない水飲み場がありました。❺彼らが使うことができないバスの座席がありました。

2 ❻このような不公平な法律は多くの人を不快にさせました。❼その一人がマーティン・ルーサー・キング・ジュニアでした。❽彼は，アラバマ州モントゴメリーでのローザ・パークスさんの逮捕のことを聞きました。❾彼は言いました。「我々はもうこれ以上我慢できない。❿運動を始めよう。⓫誰もがどのバスのどの座席にも座る権利がある。⓬我々は決して諦めない。」

3 ⓭キング牧師は正義のためのたたかいにおいてモントゴメリーの人々を先導しました。⓮彼らは平和的な方法でたたかいました。⓯市バスに乗ることをやめました。⓰仕事や学校へ歩いていく人もいました。⓱車に相乗りする人もいました。⓲多くの人々が，一部の白人でさえ，このバスのボイコット運動を支持しました。⓳彼らのたたかいは 1 年以上も続きました。⓴ついに彼らは勝利し，黒人はバスのどこにでも自由に座ることができるようになりました。㉑これを成し遂げたことは，多くの人々の勇気を奮い立たせることとなりました。㉒彼らは運動に参加し，ほかの不公平な法律を変えるためにいっしょうけんめいに努力したのです。

4 ㉓ 1963 年，ありとあらゆる人の正義を支持するために，20 万人以上の人がワシントン D.C. に集まりました。㉔キング牧師はリンカーン記念館の階段ですばらしいスピーチを行いました。㉕これが彼のスピーチからの有名な引用です。

5 ㉖「私には夢がある。私の 4 人の子どもたちが，いつの日か肌の色ではなく，人物の中身によって判断される国で暮らすという夢が。㉗今，私には夢がある…。

6 ㉘私には夢がある。いつの日か…幼い黒人の少年少女が，幼い白人の少年少女と姉妹そして兄弟として手を取り合うことができるようになるという夢が。㉙今，私には夢がある。」

7 ㉚ 1964 年に，キング牧師はノーベル平和賞を受賞しました。㉛ 4 年後，彼は撃たれて殺されました。㉜彼の死後でさえも，正義へのたたかいは続きます。㉝彼の夢は生き続けています。

STAGE 1 〔 **Get Ready** 〕 物語を読む前に確認しよう。

(1) 知っているアメリカの偉人をあげてみよう。

(2) その人たちはどのような夢をもっていたと思いますか。

解答例 (1) Henry Ford (businessman)（ヘンリー・フォード／実業家）

Thomas Edison (inventor)（トーマス・エジソン／発明家）

(2) Henry Ford wanted to make cars that everybody would be able to own.（ヘンリー・フォードは誰もが所有可能な車を作りたかった。）

Thomas Edison wanted to invent many useful things.（トーマス・エジソンは多くの有用なものを発明したかった。）

STAGE 2 〔 **Read** 〕 物語の概要をとらえよう。

Guide 1

英文に書かれている順に番号を書こう。

(a) キング牧師のスピーチ： _____ (b) キング牧師の夢の現在： _____ (c) 人種差別撤廃運動： _____

(d) 当時の黒人の状況： _____ (e) ローザ・パークスさんの事件： _____

解答 (a) 4 (b) 5 (c) 3 (d) 1 (e) 2

Guide 2　次の質問に答えよう。

(1) What were some unfair laws? （いくつかの不公平な法律は何でしたか。）

(2) How did Dr. King and people of Montgomery fight for justice? （キング牧師とモントゴメリーの人々はどのように正義のためにたたかいましたか。）

(3) What did black people get after the fight? （黒人はたたかいのあとに何を手に入れましたか。）

(4) What did Dr. King do in Washington, D.C. in 1963? （キング牧師は 1963 年にワシントン D. C. で何をしましたか。）

(5) What happened to Dr. King after the speech? （キング牧師にはスピーチのあと何が起こりましたか。）

解答例 (1) There were restrooms black people could not use. There were drinking fountains black people could not use. There were bus seats black people could not use.（❸〜❺）
（黒人が使うことができないトイレがありました。黒人が使うことができない水飲み場がありました。黒人が使うことができないバスの座席がありました。）

(2) They fought in a peaceful way. They stopped riding city buses. (⓮ ⓯)
（彼らは平和的な方法でたたかいました。市バスに乗ることをやめました。）

(3) They were free to sit anywhere on the bus. (⓴)
（彼らはバスのどこにでも自由に座ることができるようになりました。）

(4) He made a great speech from the steps of the Lincoln Memorial in front of over 200,000 people. (㉓, ㉔)
（彼は 20 万人以上の人を前にして，リンカーン記念館の階段ですばらしいスピーチを行いました。）

(5) He won the Nobel Peace Prize in 1964, but four years later, he was shot and killed. (㉚, ㉛)
（1964 年に，彼はノーベル平和賞を受賞しましたが，4 年後，彼は撃たれて殺されました。）

Goal　物語の概要を図にまとめよう。

解答例

Unfair Laws（不公平な法律）
In 1955 ...   • Black people in the United States could not do many things under the law .   • Rosa Parks was arrested in Montgomery.   1955年…   ・アメリカ合衆国の黒人たちが，法律のもとでできないことがたくさんありました。   ・モントゴメリーでローザ・パークスさんが逮捕されました。

⟶

A Fight for Justice（正義へのたたかい）
• Dr. King and people of Montgomery fought in a peaceful way .   • The fight lasted for more than a year .   • They finally won, and black people were free to sit anywhere on the bus .   ・キング牧師とモントゴメリーの人々は平和的な方法でたたかいました。   ・そのたたかいは1年以上続きました。   ・ついに彼らは勝利し，黒人たちはバスのどこにでも自由に座ることができるようになりました。

The Speech（スピーチ）
In 1963 ...   Dr. King made a great speech from the steps of the Lincoln Memorial.   1963年…   ・キング牧師はリンカーン記念館の階段ですばらしいスピーチを行いました。

⟶

After the Speech（スピーチのあと）
In 1964 ...   • Dr. King won the Nobel Peace Prize .   **In 1968 ...**   • Dr. King was shot and killed .   1964年…   ・キング牧師はノーベル平和賞を受賞しました。   1968年…   ・キング牧師は撃たれて殺されました。

STAGE 3 [Think & Speak]

よりよい社会にするために何をしたらよいか考え，キング牧師のスピーチにならって宣言しよう。

I have a dream that one day we will _____ .

〔解答例〕 (I have a dream that one day we will) be friends with everyone in the world.
私には，いつの日か私たちが世界中のみんなと友だちになるという夢があります。
(I have a dream that one day we will) all live in peace.
私には，いつか私たちみんなが平和に暮らすという夢があります。

Tips for Reading

「どんな問題があったか」，「解決するために何をしたか」，「その結果どうなったか」を押さえながら読んでみよう。

☑ Check

●次の語句は何を指していますか。　These unfair laws （❻），　This achievement （㉑）

〔解答〕

These unfair laws （❻）：There were restrooms black people could not use.　There were drinking fountains black people could not use.　There were bus seats black people could not use. （❸❹❺）（彼らが使うことのできないトイレがありました。彼らが使うことのできない水飲み場がありました。彼らが使うことのできないバスの座席がありました。）

This achievement （㉑）：Black people were free to sit anywhere on the bus. （⑳）（黒人はバスのどこに座ってもいいという自由を得ました。）

招待状を書こう

ALTの先生や友だち，家族をイベントに招待することになりました。
イベントの詳細やゲストへのメッセージを，招待状に書こう。

1. Read 花が書いた招待状を読んでみよう。

Dear Ms. Brown,

We are going to do an original English drama. It is a play that you have never seen. It is based on *Alice's Adventures in Wonderland*. We have worked very hard. At last it is ready. We are sure that you will like it. Please come and enjoy our show.

Sincerely,
Tanaka Hana

Wakaba J.H.S. 3rd graders present ...

Alice's Adventures in Wakaba

Date: November 3
Time: 2:00 p.m.
Place: School Gym

ブラウン先生へ

　私たちはオリジナルの英語劇をやろうとしています。これまで見たこともないような劇です。「不思議の国のアリス」をもとにしています。私たちはこれまでとても頑張ってきました。そして，ついに準備ができました。きっと気に入ると思います。どうぞいらして楽しんでいってください。

心を込めて
田中花

わかば中学校　3年生による…
不思議の国のアリス in わかば

日にち：11月3日
時間：午後2時
場所：学校の体育館

2. Write　あなたが参加しているイベントや行事の招待状を書こう。

解答例
Dear Dad,

　We are going to hold a Christmas Chorus Concert in two weeks. We have been practicing very hard. It is going to be a great event for your family and friends to participate. Please join us for a beautiful Christmas Eve. Everyone is welcome.

Christmas Chorus Concert
Date: December 24
Time: 3:30 p.m.
Place: School Theater Hall

体育祭や文化祭，部活動の練習や試合，習い事の発表会や歓迎会などの招待状を書いてみよう。

お父さんへ
　私たちは 2 週間後にクリスマス合唱コンサートを開催します。私たちはこれまでとても頑張って練習してきました。それは参加する家族と友だちにとってすばらしい行事になるでしょう。美しいクリスマスイブに私たちと一緒に参加してください。どなたでも歓迎いたします。

クリスマス合唱コンサート
日にち　：12 月 24 日
時間　　：午後 3 時 30 分
場所　　：校内劇場ホール

Idea Box
【行事・イベント】
school festival 文化祭　　chorus contest 合唱コンテスト
sports day 体育祭・運動会
hold an event イベントを開催する　　reach the finals 決勝に進む
【誘うときに使える表現】
You are invited to celebrate with us.
私たちと祝うために招待されました。
Please join us for .... …に一緒に参加してください。
Check it out! 要チェックだね。
Everyone is welcome. 誰でも歓迎です。
Don't miss it. 逃さないでください。

語句を確かめよう（p.124）

重要　☑ base(d) [béis(t) / ベイス(ト)]
　　　　動 基礎〔根拠〕を置く
　　☑ *be based on ...* …をもとにしている

☑ Alice's Adventures in Wonderland
[ǽlisz ədvéntʃərz in wʌ́ndərlænd/ アリスズ
アドヴェンチャズ イン ワンダランド]
不思議の国のアリス《作品》

街頭インタビューにこたえよう

日本の中高生を取材に来た海外のテレビ局から，インタビューを受けることになりました。記者の質問を聞いて，その場で質問に答えよう。

1. Listen 陸のインタビューを聞こう。

Interviewer

❶ What are Japanese teenagers interested in?

❷ Many people like to listen to music, but everyone listens to different things. ❸ Some listen to pop music.

> 次の文の Others と一緒に「…する人がいれば，～する人もいる」という意味になる。

❹ Others listen to anime music. ❺ I listen to rock.

記者：❶日本のティーンエージャー(中高生)はどのようなことに興味がありますか？

陸　：❷音楽を聴くことが好きな人が多いですが，みんな違うものを聴くようです。❸ポップ音楽を聴く人がいれば，❹アニメの音楽を聴く人もいます。❺私はロックを聴きます。

2. Talk in Pairs ペアでインタビューし合おう。

【記者役の人】

①～③の質問から１つ選び，ペアの相手に質問しよう。相手が答えているときは，相づちをうとう。

① What are Japanese teenagers interested in?
（日本のティーンエージャーはどのようなことに興味がありますか。）
② How do Japanese teenagers spend their free time?
（日本のティーンエージャーはひまな時間をどのように過ごしますか。）
③ What is the most exciting school event for Japanese teenagers? Why?
（日本のティーンエージャーにとって最もわくわくする学校行事は何ですか。それはなぜですか。）

解答例

① Interviewer: What are Japanese teenagers interested in?
（記者：日本のティーンエージャーはどのようなことに興味がありますか。）

Yuki: Well, some teenagers are interested in music. There are many singer groups and some of my friends go to their live performances.
（ユキ：ええと，音楽が好きな人もいます。歌手のグループがたくさんあり，私の友だちの中にはライブパフォーマンスを見にいく人もいます。）

② Interviewer: How do Japanese teenagers spend their free time?
（記者：日本のティーンエージャーはひまな時間をどのように過ごしますか。）

Yuki: Many of my friends like sports so they enjoy sports in their free time. For example, I often play basketball with my friends during lunch time and after school.
（ユキ：私の友だちの多くはスポーツが好きなので，彼らはひまな時間にスポーツを楽しみます。たとえば，私はお昼休みや放課後に彼らとバスケットボールをします。）

Interviewer: Uh-huh.
（記者：なるほど。）

③ Interviewer: What is the most exciting school event for Japanese teenagers? Why?
（記者：日本のティーンエージャーにとって最もわくわくする学校行事は何ですか。それはなぜですか。）

Yuki: I think the most exciting school event for Japanese teenagers is the school festival. We can eat many kinds of dish and sweets on that day. Also, it's fun to watch many performances. My friend is in the drama club and their play is excellent.
（ユキ：日本のティーンエージャーにとって最もわくわくする学校行事は学校祭だと思います。その日，私たちは多くの種類の料理やお菓子を食べられます。また，多くのパフォーマンスを見るのも楽しいです。私の友だちは演劇部で，彼らの演劇はすばらしいです。）

Interviewer: I see.
（記者：なるほど。）

Idea Box

【質問①〜③に答えるときに使える表現】

take pictures [videos] 写真（動画）を撮る　　play video games テレビゲームをする
watch movies online インターネットで映画を見る　　go to karaoke カラオケに行く
hang out with friends 友だちとぶらぶらと過ごす　　opening [closing] ceremony 始業式（終業式）
school trip 修学旅行　　drama contest 演劇コンテスト　　marathon race マラソン大会

【つなぎことば】

Well, ええと, / Let's see, えーと，そうですね / Let me see. ええと，そうですね / Ah, あ. / Uh, ああ, / Um, うーん, / I mean, つまりその, / You know, ご存知のとおり,

【ほかの質問】

What is a typical day for junior high school students in Japan?
日本の中学生にとって，典型的な一日とはどんなものですか。

Who do you respect the most? Why?
あなたが最も尊敬する人はだれですか。それはなぜですか。

● 語句を確かめよう（p.126）

☐ teenager(s) [tíːnèidʒər(z) / ティーネイヂャ（ズ）]
名 10代の少年・少女

Take Action!  Listen 5 落とし物の問い合わせ

話し手が伝えたいことを聞き取る

夏海は，バンクーバーで開催されているイベントの落とし物センターでボランティアをしています。今日もさっそく，落とし物を探している人がやってきました。

Expressions

son 息子
describe …
　…の特徴を述べる
kid-sized 子どもサイズ
roller coaster
　ジェットコースター
autograph
　（有名人の）サイン

STAGE 1　Get Ready

1.落とし物を探すときに，どんなことを思い出そうとしますか。
2.右のExpressionsを参考に，問い合わせで使われる表現を確認しよう。

STAGE 2　Listen

1st Listening 話を聞いて，落とし物に関する情報をメモにまとめよう。

Lost property （落とし物）	
Notes （メモ）	

〔property 所有物〕

2nd Listening 聞き取れなかった部分に注意しながら，もう一度聞いてみよう。

3rd Listening 巻末のAudio Scripts（p. 221〜222）を見ながら音声を確認しよう。

STAGE 3　Think & Act

届いている落とし物が，それを探している人のものかどうか確認するための質問をしよう。

解答例 Can you describe it, please?（それの特徴を述べてもらえますか。）
When and where did you lose it?（いつ，どこであなたはそれを失くしましたか。）
Is this yours?（これはあなたのですか。）

BONUS STAGE

別の人の問い合わせを聞いてみよう。スクリプトは巻末（p. 224〜225）にあります。

● 語句を確かめよう（p.128）

重要 ☐ son [sʌ́n / サン] 名 息子
☐ roller [róulər / ロウラ]
　名 〔roller coaster〕（遊園地の）ジェットコースター
☐ coaster [kóustər / コウスタ]
　名 〔roller coaster〕（遊園地の）ジェットコースター

☐ roller coaster [róulər kòustər / ロウラ コウスタ]
　名 （遊園地の）ジェットコースター
☑ kid-sized [kíd sàizd / キド サイズド]
　形 子どもサイズの
☑ autograph [ɔ́ːtəgræf / オートグラフ]
　名 有名人のサイン

Take Action!

 Talk 5

サンドイッチに何を入れましょうか

食事を勧める　承諾する・断る

Skit お店にサンドイッチを買いに来たジンが，店員と話しています。

Clerk

❶**What would you like on your sandwich?**

❷Bacon, lettuce, three slices of tomato,

and a little bit of onion, please.
_{タマネギ}

❸**Would you like pickles on the side?**
　　　　　　　　　　　　　　　　そば，わき

❹No, thank you.

❺Anything else?　❻Chips?　❼A salad?
　　　　　　　　　　　　　　　　サラダ

❽A salad, please.

Jing

> 店員さんが，お客さんの注文を取るときの「何になさいますか」に当たる表現。

> What do you want?やDo you want ...?と直接的に聞くよりも丁寧な表現。

5

店員：❶サンドイッチに何を入れましょうか。
ジン：❷ベーコン，レタス，スライストマト3枚とタマネギを
　　　少しお願いします。
店員：❸付け合わせにピクルスはいかがですか。
ジン：❹いいえ，結構です。
店員：❺ほかに何かいかがですか。　❻ポテトチップス？　❼サラダ？
ジン：❽サラダをお願いします。

Expressions

食事を勧める
What would you like ...?
　…は何になさいますか。
Would you like ...?
　…はいかがですか。

承諾する
Yes, please. / I'd like to.
　はい，お願いします。／そうします。

断る
No, thank you.
　いいえ，結構です。

Work in Pairs

1. 上のスキットをペアで演じてみよう。
2. 巻末のロールプレイシート（p. 230～231）を使って，A・Bの役割をペアで演じてみよう。

解答例 *A:* Hello. What would you like on your sandwich?
　　（こんにちは。サンドイッチには何を入れましょうか。）
　B: Chicken, avocado, and beans, please.（鶏肉，アボカド，それと豆をお願いします。）
　A: OK. Chicken, avocado, and beans, right?　How about something to drink?
　　（わかりました。鶏肉，アボカド，それと豆ですね。何か飲みものはいかがですか。）
　B: Orange juice, please.（オレンジジュースをお願いします。）

● **語句を確かめよう**（p.129）

☐ slice(s) [sláis(əz) / スライス(ィズ)] 名 1枚，一切れ

☐ pickle(s) [píkl(z) / ピクル(ズ)] 名 〔ふつう複数形で〕ピクルス

重要 ☐ bit [bít / ビト] 名 少し，少量

☐ *a little bit of* ... …をほんの少し

☐ *Anything else?* ほかに何か

☐ chip(s) [tʃíp(s) / チプ(ス)] 名 ポテトチップス

文法のまとめ ❹

—● 関係代名詞（主格・目的格）と後置修飾を確認しよう。

関係代名詞（主格）

◆「〜する…」と名詞を説明するときは，関係代名詞を使って表すことができます。このとき，説明する名詞が関係代名詞以下の文の主語のはたらきをするものを主格の関係代名詞といいます。

もの　　I have a book **that** has beautiful pictures.

（主語）（動詞）　　　関係代名詞 that 以下が前の a book を修飾している
〈関係代名詞＋動詞…〉の語順

（私は美しい絵〔写真〕がのっている本を持っています。）

(I have a book **which** has beautiful pictures.)

人　　I have a friend **who** can speak Spanish.

（主語）（助動詞）（動詞）　　関係代名詞 who 以下が前の a friend を修飾している
〈関係代名詞＋（助動詞）＋動詞…〉の語順

（私はスペイン語を話せる友だちがいます。）

(I have a friend **that** can speak Spanish.)

◆主格の関係代名詞には，that，which，who の３つがあります。

◆関係代名詞は，語句と文をつなぐはたらきと，it や he のような代名詞のはたらきという２つの役割を果たします。

I have a picture. It shows Mt. Fuji. （私は写真を持っています。それには富士山が写っています。）

I have a picture **that** shows Mt. Fuji. （私は富士山が写っている写真を持っています。）
(which)

Kate is a girl. She lives near my house. （ケイトは女の子です。彼女は私の家の近くに住んでいます。）

Kate is a girl **who** lives near my house. （ケイトは私の家の近くに住んでいる女の子です。）
(that)

関係代名詞（目的格）

◆関係代名詞を使って，「〜する…」と名詞を説明するとき，説明する名詞が関係代名詞以下の文の目的語のはたらきをするものを目的格の関係代名詞といいます。

もの　　This is the book **that** I read last night.

read の目的語のはたらきをする that が前にあるので，ここには何も入れない
〈関係代名詞＋主語＋動詞…〉の語順

（これは私が昨夜読んだ本です。）

(This is the book **which** I read last night.)

◆目的格の関係代名詞には，that，whichの２つがあり，次のように使い分けます。

◆目的格の関係代名詞も，主格の関係代名詞と同じように，語句と文をつなぐはたらきと，代名詞のはたらきをします。

This is the letter. I received it yesterday.（これがその手紙です。私はそれをきのう受け取りました。）

This is the letter **that** I received yesterday.（これが私がきのう受け取った手紙です。）
which

He is an actor. Everyone knows him.（彼は俳優です。みんな彼を知っています。）

He is an actor **that** everyone knows.（彼はみんなが知っている俳優です。）

◆目的格の関係代名詞は省略されることもあります。

後置修飾（名詞を修飾する文）

◆関係代名詞を使わずに，「（人などが）～する…」のように名詞を説明することもできます。これは，名詞のあとに〈主語＋動詞…〉を直接つなげることで表すことができます。

The country **I want to visit** is France.

〈主語＋動詞…〉が前の The country を修飾している （私が訪れたい国はフランスです。）

Drill 1 日本語の意味に合うように，①②の文を主格の関係代名詞を使って１つの文にしましょう。

1. ① Mr. Smith is a teacher. ② He came from the U.S.A. last year.
（スミスさんは，昨年アメリカから来た先生です。）

2. ① This is a song. ② It is very popular in Japan.
（これは日本でとても人気がある歌です。）

Drill 2 日本語の意味に合うように，①②の文を目的格の関係代名詞を使って１つの文にしましょう。

1. ① This is the computer. ② I bought it yesterday.
（これが，私がきのう買ったコンピューターです。）

2. ① That is the man. ② We saw him in the park.（あの人が，私たちが公園で見かけた男性です。）

Drill 3 日本語の意味に合うように，（　）に適する語を入れましょう。

1. He is the singer (　) (　) the best.（彼が，私がいちばん好きな歌手です。）

2. Please show me the pictures (　) (　) in London.
（あなたがロンドンで撮った写真を私に見せてください。）

Reading for Information 3　イベントのチラシ

International Music Festival
December 15 – 28 @ Wakaba Hall

This year's theme is "happiness". We will look for music that will bring you joy. Please visit and enjoy the music.

Timetable

A.M.

9:00	Piano Concert
10:00	Quiz Tournament
11:00	Concert for Kids

P.M.

1:00	Musical
2:00	Concert for Kids
3:00	Piano Concert
4:00	Concert for Kids
5:00	Night Quartet Concert

Special Concert on Dec. 21 (6–8 p.m.)

There will be a solo concert by the world famous cello player, Tanaka Takuma. You can get the tickets on our website.

¥8,000 for adults, ¥6,500 for ages 14-18

Concert for Kids

We will hold concerts only for kids under age 10. You are free to sing and dance. Get tickets at the main counter.

¥1,000 per group (2-6 people)

¥100 OFF / ALL FOOD
You can use this coupon at all restaurants in Wakaba Hall.

¥100 OFF / ALL GOODS
You can use this coupon at all shops in Wakaba Hall.

Special Gift
Get a cute key chain at GATE 2.

国際音楽祭

12月15日〜28日　於　わかばホール

今年のテーマは「幸福」です。皆様に喜びを届ける音楽を追求します。

ぜひご来場いただき，音楽をお楽しみください。

タイムテーブル

午前
- 9:00　ピアノコンサート
- 10:00　クイズトーナメント
- 11:00　子どものためのコンサート

午後
- 1:00　ミュージカル
- 2:00　子どものためのコンサート
- 3:00　ピアノコンサート
- 4:00　子どものためのコンサート
- 5:00　夜の四重奏団コンサート

スペシャルコンサート　12月21日（午後6時〜8時）

世界的に有名なチェロ奏者，田中琢磨氏によるソロコンサートがあります。

チケットはウェブサイトで入手できます。

大人　¥8,000，14〜18歳　¥6,500

子どものためのコンサート

10歳未満の子どものためだけのコンサートを開催します。自由に歌って踊りましょう。

メインカウンターでチケットを入手してください。

1グループ（2〜6人）あたり¥1,000

¥100引き／すべての食べ物
わかばホールのすべてのレストランでこのクーポンをご利用いただけます。

¥100引き／すべての商品
わかばホールのすべてのショップでこのクーポンをご利用いただけます。

スペシャルギフト
2番ゲートで可愛いキーホルダーをもらってください。

イベントのチラシを読んで，4人の質問に答えよう。

① 妻と4歳の娘と Concert for Kids に参加したいんだけど，料金は3人でいくらになるんだろう？

② 田中琢磨さんの演奏会があるの？ それはぜひ聴きに行きたいな！ いつあるんだろう？

③ 12月15日に国際音楽祭に一緒に行こうよ。ミュージカルが見たいんだけど，何時に待ち合わせようか？

④ 近所の人にチェロ奏者の演奏会のチケットをもらったんだ！ このチケット高そうだけど，いくらするんだろう？

〔解答例〕
① 1,000 円です。
② 12月21日の午後6時から8時です。
③ 12時45分に待ち合わせましょう。
④ 6,500 円です。

① Concert for Kids の料金を聞いているので，チラシの中で Concert for Kids という言葉を探して考える。1グループ（2〜6人）で 1,000 円とあるので，答えは 1,000 円。
②田中琢磨さんの演奏会の日程について聞いているので，Tanaka Takuma という言葉をチラシの中で探して考える。演奏会の見出しには Dec.21［6－8 p.m.］とあるので，答えは 12月21日午後6時から8時。
③ミュージカルを見に行くための待ち合わせ時間を決めるので，チラシの中で Musical という言葉を探して考える。スケジュールでは P.M. の欄で 1:00　Musical とあるので，1:00 より前の時間を答える。
④チェロの演奏会のチケットの値段を聞いているので，チラシの中でイラストや cello ということばをヒントに情報を探す。Special Concert のチケット代は大人 8,000 円，14〜18歳 6,500 円とあり，陸は中学生なので答えは 6,500 円。

（p.132）

joy 喜び　quartet 四重奏団　solo 単独の　cello チェロ　counter カウンター　per …につき　coupon 割引券　goods 商品

Project 2

国際交流イベントに出展しよう

海外で行われる国際交流イベントで，町や地域の文化を紹介するブースの出展者を募集しています。募集案内を読んで，何をアピールしたらよいか考えて応募しよう。

Check 設定を確認しよう。

（何のために）　国際交流イベントの出展者に応募するために
_____

（何をする）
_____

---

1. Read 国際交流イベントの募集案内を読もう。

Asian Expo: Call for Presentations

Asian Expo began in 1999. At the expo, people from cities and regions in Asia gather and learn about each other's cultures.

1 **Topic: What is the best thing about your city or region?**

Choose one from the list below.

- food
- art
- history
- technology
- landscape
- language
- housing
- clothes

2 **The Criteria for Selection**

The members of the committee will judge your presentation on: a) content, b) passion, and c) delivery. Each can get up to five points. We will choose the group with the highest total score.

3 **Day of Presentation**

Date: December 2
Time: 3:00 p.m. – 7:00 p.m.
　　　(Please come to the front desk, and receive your number by 2:00 p.m.)
Place: Crown Hotel

● **語句を確かめよう**（p.134）

☐ presentation(s) [prìːzentéiʃən(z) / プリーゼン
テイション(ズ)] 名 発表，プレゼンテーション

☐ region(s) [ríːdʒən(z) / リーヂョン(ズ)] 名 地域

☐ topic [tápik / タピク]
名 話題；(講演・エッセイなどの) テーマ

☐ below [bilóu / ビロウ] 副 下(の方)に〔の〕

☐ criteria [kraitíəriə / クライティアリア]
名 criterion (基準) の複数形

☐ criterion [kraitíəriən / クライティアリオン]
名 基準

☐ selection [səlékʃən / セレクション]
名 選ぶこと，選択，選抜

☐ committee [kəmíti / コミティ] 名 委員会

☐ delivery [dilívəri / ディリヴァリ]
名 配達；(演説の) 仕方

重要 ☐ date [déit / デイト] 名 日付，(年)月日

☐ Asian [éiʒən / エイジャン] 形 アジアの

☐ housing [háuziŋ / ハウズィング]
名 住居

アジア博覧会：プレゼンテーション募集
アジア博覧会は 1999 年に始まりました。博覧会ではアジアのさまざまな都市や地域の人々が集まり，お互いの文化について学びます。

1．トピック：あなたの場所 (都市や地域) の最も良いところは何ですか。
下のリストから１つ選んでください。
食べ物　　芸術　　歴史　　技術
風景　　言語　　住宅　　衣服

2．選考基準
委員会のメンバーは，あなたのプレゼンテーションを，a) 内容，b) 情熱，c) 演説の仕方で判断します。それぞれの項目で最大５点が得られます。私たちは総得点が最も高いグループを (優勝者として) 選びます。

3．プレゼンテーション日程
日にち：12 月 2 日
時間：午後 3 時から午後 7 時 (午後２時までに受付に来て，番号を受け取ってください。)
場所：クラウンホテル

---

(1) この国際交流イベントはどんなイベントですか。

解答例 Asian Expo という名前のイベントで，アジアの人々が集まって，お互いの地域文化を紹介しあい，学びあうというもの。

(2) 町や地域についてどんなことを紹介すればよいですか。また，選考基準は何ですか。

解答例 紹介内容は，食べ物，芸術，歴史，技術，風景，言語，住宅，衣服の中から１つ選んで紹介します。選考基準は３つあり，内容，情熱，演説の仕方で判断されます。

2. Listen 花たちの発表を聞いてみよう。

(1) 花たちが選んだテーマは何ですか。

(2) もう一度聞いて，花たちがアピールしていることをメモしよう。

Topic (テーマ)	
アピール できること	

(1)　あなたたちが住んでいる都道府県や地域では，どんなことをアピールできるか話し合おう。

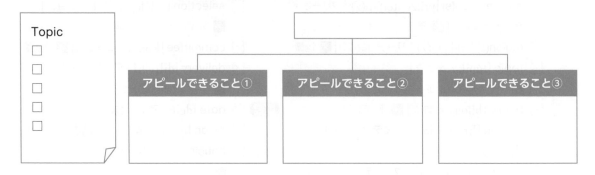

Topic
☐
☐
☐
☐
☐

アピールできること①	
アピールできること②	
アピールできること③	

解答例

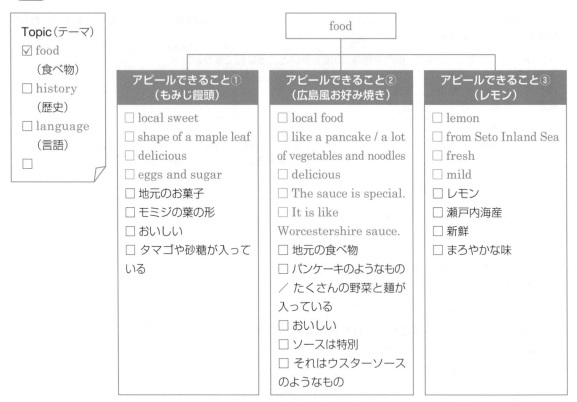

Topic（テーマ）
☑ food
（食べ物）
☐ history
（歴史）
☐ language
（言語）
☐

food

アピールできること① （もみじ饅頭）	アピールできること② （広島風お好み焼き）	アピールできること③ （レモン）
☐ local sweet ☐ shape of a maple leaf ☐ delicious ☐ eggs and sugar ☐ 地元のお菓子 ☐ モミジの葉の形 ☐ おいしい ☐ タマゴや砂糖が入っている	☐ local food ☐ like a pancake / a lot of vegetables and noodles ☐ delicious ☐ The sauce is special. ☐ It is like Worcestershire sauce. ☐ 地元の食べ物 ☐ パンケーキのようなもの／たくさんの野菜と麺が入っている ☐ おいしい ☐ ソースは特別 ☐ それはウスターソースのようなもの	☐ lemon ☐ from Seto Inland Sea ☐ fresh ☐ mild ☐ レモン ☐ 瀬戸内海産 ☐ 新鮮 ☐ まろやかな味

(2)　(1)からアピールできることを１つ選び，情報を整理しよう。

解答例

Topic (テーマ)	*okonomiyaki* (Hiroshima style)　お好み焼き(広島風)
アピール できること	- a lot of delicious local foods - Hiroshima-style *okonomiyaki* (It is like a pancake with a lot of vegetables, sliced pork and noodles.) - You can put seafood in it. - The sauce is special. - People can become close by sharing these delicious local foods! - たくさんのおいしい地元の食材 - 広島風お好み焼き（たくさんの野菜，ブタ肉の薄切り，麺の入ったパンケーキのようなもの。） - 魚介類を入れることができる。 - ソースが特別。 - これらのおいしい地元の料理を共有することで人々は親密になれる。

(3)　発表原稿を書こう。

解答例

One of the best parts of Hiroshima City is its food. We can get seafood from Seto Inland Sea. We also have a lot of delicious local foods.

For example, there is Hiroshima-style *okonomiyaki*. It is like a pancake with a lot of vegetables, sliced pork and noodles. You can put seafood on *okonomiyaki*.

The sauce is special "*okonomiyaki* sauce." It is like Worcestershire sauce, but a little bit sweeter.

We believe that people can become close by sharing these delicious local foods!

　広島市のもっともよい部分の1つはその食べ物です。私たちは瀬戸内海から新鮮な魚介類を得ることができます。また，たくさんのおいしい地元の食べ物があります。

　例えば，広島風お好み焼きがあります。それはたくさんの野菜，ブタ肉の薄切り，麺の入った，パンケーキのようなものです。魚介類をのせることもできます。

　ソースは特別な「お好み焼きソース」です。それはウスターソースに似ていますが，それよりも少し甘いです。

　私たちは人々がこれらのおいしい地元の食べ物を共有することで，親密になれると信じています。

Idea Box

traditional dish　伝統的な料理　　local dialect [accent]　ある土地の方言
special material　特別な材料　　original idea　独創的な発想
well-known product　よく知られている商品　　shape of ...　…の形
be famous for ...　…で有名な　　be known for ...　…で知られている
It is used for ....　…のために使われています。

4. Practice 発表の練習をしよう。

(1) 発表原稿に発表用のメモを書こう。

(2) 発表の練習をしよう。読みづらいところがあれば，メモを修正したり書き加えたりしよう。

(3) 発表のあとにどんな質問が出るか考え，その答えを用意しよう。

解答例

(1) Food in Hiroshima, fresh seafood, Hiroshima-style *okonomiyaki*, a pancake with a lot of vegetables, sliced pork and noodles, *okonomiyaki* sauce is special, Worcestershire sauce. （広島の食べ物，新鮮な魚介類，広島風お好み焼き，たくさんの野菜，ブタ肉の薄切り，麺の入ったパンケーキ，お好み焼きソースは特別なウスターソース。）

(2) 略

(3) *Q:* Do you eat *okonomiyaki* for a snack or for meals?

A: Most of the time, we eat it for lunch or dinner.
But young people sometimes eat it for snacks.

Q: Do many families cook it at home?

A: I don't think many families cook it at home. We often eat it at an *okonomiyaki* restaurant.

Q: Is *okonomiyaki* popular among visitors from foreign countries?

A: I think it is very popular. It is chosen as one of the most popular foods sold at food stands.

Q: お好み焼きを食べるのはおやつですか，食事ですか。

A: ほとんどの場合，昼食か夕食に食べます。しかし，若い人は時々おやつに食べます。

Q: 多くの家庭が家でそれを料理しますか。

A: 家で作る家庭は多くないと思います。私たちはお好み焼き屋でしばしば食べます。

Q: お好み焼きは海外からの観光客に人気がありますか。

A: とても人気だと思います。屋台で売られる食べもので最も人気のある料理の一つに選ばれています。

5. Speak　クラスやグループで発表しよう。

TRY　**Listen & Check**　プレゼンテーションの選考で使われるチェックシートが公開されました。花たちの発表をもう一度聞いて、審査員になったつもりで記入しよう。

Presentation Evaluation Form

Date :

Presenter :

Topic

a1	New and interesting idea	5 · 4 · 3 · 2 · 1	Notes
a2	Sounds fun	5 · 4 · 3 · 2 · 1	
b1	Proud of their city / region	5 · 4 · 3 · 2 · 1	
b2	Very motivated to join our event	5 · 4 · 3 · 2 · 1	
c1	Clear and loud voice	5 · 4 · 3 · 2 · 1	
c2	Speaking rate was appropriate	5 · 4 · 3 · 2 · 1	

[evaluation 評価　form 用紙　presenter 発表者　be proud of ... …を誇りに思う
region 地域　motivated 意欲のある　speaking rate 話す速度　appropriate 適切な]

発表評価フォーム

日にち :

発表者 :

トピック

a1	新しく興味深い考え	5 · 4 · 3 · 2 · 1	メモ
a2	おもしろい	5 · 4 · 3 · 2 · 1	
b1	彼らの市／地域に誇りを持っている	5 · 4 · 3 · 2 · 1	
b2	私たちの行事に参加する意欲が高い	5 · 4 · 3 · 2 · 1	
c1	聞きやすく大きな声	5 · 4 · 3 · 2 · 1	
c2	話す速度が適切	5 · 4 · 3 · 2 · 1	

Tips for Listening　発表の聞き方

「よい聞き手がよい発表者を育てる」というように、発表活動では聞き手の存在がとても重要です。練習をするときは、発表者のよいところと気になったところの両方を伝えられるようになろう。また、発表を聞くときの姿勢や態度にも注意しよう。

定期テスト対策 2 (Lesson 3~5)

合計

/100

1 次の英語は日本語に，日本語は英語になおしなさい。(各2点)

(1) tonight （　　　　　　　　） (2) receive （　　　　　　　　）

(3) each 　（　　　　　　　　） (4) 公共の 　_____

(5) とりわけ _____ (6) 努力 　_____

2 日本語に合うように，____に適切な語を書きなさい。(各3点)

(1) 私たちは自由にその図書館を利用することができます。

We are _____ _____ use the library.

(2) 次の駅で降りましょう。

Let's _____ _____ at the next station.

(3) 少なくとも200人がそのイベントに参加しました。

_____ _____ 200 people participated in the event.

(4) あなたはパーティーで彼女に会えるでしょう。

You will be _____ _____ see her at the party.

3 次の文を指示に従って書きかえるとき，____に適切な語を書きなさい。(各5点)

(1) I have an aunt who lives in London. （ほぼ同じ内容を表す文に）

I have an aunt _____ in London.

(2) These are pictures. I took them in Kyoto. （2文を1文に）

These are pictures _____ _____ in Kyoto.

(3) I like movies that were made in India. （ほぼ同じ内容を表す文に）

I like movies _____ _____ India.

(4) This is a park. It has a lot of trees. （2文を1文に）

This is a park _____ _____ a lot of trees.

4 日本語に合うように，（　　）内の語(句)を並べかえなさい。ただし，先頭に来る語は，大文字になおして書くこと。(各5点)

(1) 私にはオーストラリア出身の友達がいます。

(have / who / from / I / a friend / comes) Australia.

_____ Australia.

(2) 私が会いたい人は圭です。(want / is / I / to / the person / meet) Kei.

_____ Kei.

(3) 私はあなたに会えてうれしいです。(glad / you / to / I'm / see).

_____.

(4) これは私があなたのいすの下で見つけたペンです。

(that / under / is / I / this / the pen / found) your chair.

_____ your chair.

5 次の英文を読んで，あとの問いに答えなさい。

People around the world now know and love Japanese anime. Some characters are familiar to people (　①　) do not usually read manga or watch anime. ②One of the reasons for this success is ②(made / that / for / were / the adjustments) viewers overseas. Three of them involve titles, characters, and content.

Manga and anime titles are, of course, originally in Japanese. Some, like *JoJo's Bizarre Adventure*, are translated literally into English. However, ③this does not work with all titles. For example, *Knights of the Zodiac* is originally *Seinto Seiya* in Japanese. It describes just the main character, but in English, the title was changed to something that relates to the whole story. ④This made it more attractive to viewers in foreign countries.

Characters' names are often changed in manga and anime that are mainly for children. It is hard for children to remember unfamiliar names. ⑤(As, With, Without, In) familiar names, children can focus on the story. For example, the character Satoshi in *Pokémon* becomes Ash in English.

(1) (　①　) に入れるのに適切な英語 1 語を書きなさい。(4点)　＿＿＿＿＿＿＿＿＿

(2) 下線部②の（　）内の語（句）を，正しい英文になるように並べかえなさい。(4点)

One of the reasons for this success is ＿＿＿＿＿＿＿＿＿＿＿＿＿＿＿ viewers overseas.

(3) 下線部③が指す内容を日本語で答えなさい。(5点)

＿＿＿＿＿＿＿＿＿＿＿＿＿＿＿＿＿＿＿＿＿＿＿＿＿＿＿＿＿＿＿＿＿＿＿＿

(4) 下線部④が指す内容を日本語で答えなさい。(4点)

＿＿＿＿＿＿＿＿＿＿＿＿＿＿＿＿＿＿＿＿＿＿＿＿＿＿＿＿＿＿＿＿＿＿＿＿

(5) ⑤の（　）内から適切な語を選んで書きなさい。(3点)　＿＿＿＿＿＿＿＿＿

6 次の⑴，⑵について説明する英文を，あなた自身の立場で 1 つずつ書きなさい。ただし，関係代名詞を用いること。(各8点)

(1) どのような家に住みたいかを説明する文。

＿＿＿＿＿＿＿＿＿＿＿＿＿＿＿＿＿＿＿＿＿＿＿＿＿＿＿＿＿＿＿＿＿＿＿＿

(2) どのような人を尊敬するかを説明する文。

＿＿＿＿＿＿＿＿＿＿＿＿＿＿＿＿＿＿＿＿＿＿＿＿＿＿＿＿＿＿＿＿＿＿＿＿

GET Part 1 Imagine to Act

イマヂン

—● 仮定法「もし…であれば〜だろうに」の表し方を覚えよう。

● **声を出して読んでみよう** ♪

●ケイトが本を読んでいる陸に話しかけました。

> about以下が前の A novelを修飾して，「…についての小説」という意味。❷は主語と動詞が省略された文。

Kate : ❶ What are you reading?

Riku : ❷ A novel about a scientist who invents a
科学者
time machine and travels to the future.

> 主格の関係代名詞。who以下が前のa scientistを説明している。whoはinventsとtravelsの2つの動詞の主語のはたらきをしている。

Kate : ❸ Cool. ❹ What would you do if you had one ?
かっこいい

Riku : ❺ If I had a time machine, I would go to the
past.
過去

❻ I want to see the dinosaurs.
ダイノソーズ

> oneは前に出た数えられる名詞の代わりに使われる。ここではa time machineのこと。

POINT ♪

● 「もし…であれば〜だろうに」(仮定法)

> イフアイ ハド ウィングズ クド フライ
> **If I had wings, I could fly.** (もし私に翼があれば，私は飛べるだろうに。)

・「もし…であれば，〜だろうに」と，現在の事実とは違うことや，可能性が(ほとんど)ないことについて述べるときは，仮定法を使います。

・仮定法の「もし…であれば，〜だろうに」は〈**If＋主語＋動詞の過去形…，主語＋助動詞の過去形＋動詞の原形〜.**〉の形で表します。

・助動詞の過去形には，could「…できるだろうに」，would「…するだろうに」などがあります。

可能性があることを言うとき

If＋主語＋動詞の現在形…，主語＋will, canなど＋動詞の原形

可能性が(ほとんど)ないことを言うとき

仮定法　If＋主語＋動詞の過去形…，主語＋would, couldなど＋動詞の原形

▼ ここが **ポイント!**

④ What would you do if you had one?

- ・「もしタイムマシーンがあれば」と現在の事実に反することを述べる**仮定法**の文です。
- ・〈**If＋主語＋動詞の過去形...，主語＋助動詞の過去形＋動詞の原形～.**〉「もし…であれば～だろうに」の「～だろうに」の部分がWhatを使った疑問文になった形です。

⑤ If I had a time machine, I would go to the past.

- ・この文も**仮定法**の文です。
- ・④の文と同じように，「現在はないタイムマシーンがあったら」と仮定しています。

6

● **本文の意味をつかもう**

ケイト：❶何を読んでいるの？

陸：　❷タイムマシーンを発明して未来へ旅行する科学者の小説だよ。

ケイト：❸いいね。❹もしタイムマシーンがあったらあなたは何をする？

陸：　　❺タイムマシーンがあったら，過去に行くだろうな。❻恐竜を見てみたいんだ。

Q&A

What does Riku want to do with a time machine?（陸はタイムマシーンで何をしたいですか。）

(解答) He wants to go to the past and see the dinosaurs.（過去に行って恐竜を見てみたいです。）

🎧 **Listen** ♪

ケイト，花，ディヌーが，「もしタイムマシーンがあったら…」というテーマで発表しています。3人が，どの時代に行って何をしたいと思っているか，メモしよう。

Time （時）	past · future （過去・未来）	past · future （過去・未来）	past · future （過去・未来）
Things to do （すること）			

🎤Speak & ✏️Write

(1) タイムマシーンがあったら，どの時代に行って何をしたいか発表しよう。

⠀⠀例 If I had a time machine, I would go to the future.
⠀⠀⠀⠀（もしタイムマシーンがあったら，私は未来に行くだろうに。）
⠀⠀⠀⠀Then I would <u>see my hometown in the next 100 years</u>.
⠀⠀⠀⠀（そして100年後の自分の町を見てみたいです。）

(2) (1)で話したことを書こう。

解答例 If I had a time machine, I would go to the Edo period. I want to study the roots of my family. （もしタイムマシーンがあったら，江戸時代に行くだろうに。自分の家族の起源を調べたいです。）

> **Word Bank**
>
> know the truth　真実を知る
> find the treasure　宝物を探す
> meet my grandchildren
> (descendants)　孫(子孫)に会う
> visit the Edo period　江戸時代を訪れる

● **語句を確かめよう**（p.142）

重要 ☑ imagine [imǽdʒin / イマヂン]
⠀⠀⠀動 想像する，心に思い描く

☑ dinosaur(s) [dáinəsɔ̀ːr(z) / ダイノソー(ズ)]
⠀⠀名 恐竜

● **語句を確かめよう**（p.144〜145）

重要 ☑ truth [trúːθ / トルース]
⠀⠀⠀名 真実，ほんとうのこと，事実
⠀⠀☑ grandchildren [grǽndtʃildrən / グランドチルドレン] 名 grandchild(孫)の複数形
⠀⠀☑ grandchild [grǽndtʃàild / グランドチャイルド] 名 孫

☑ descendant(s) [diséndənt(s) / ディセンダント〔ツ〕] 名 子孫
重要 ☑ period [píəriəd / ピアリアド] 名 時代
☑ programming [próugræmiŋ / プロウグラミング] 名 プログラミング

Drill POINT の文を練習しよう。1 Listen / 2 Repeat / 3 Say ♪

Ⓐ enough time
sleep more
（もっと眠る）

Ⓑ
read more novels
（もっと小説を読む）

Ⓒ
watch TV more
（もっとテレビを見る）

Ⓓ
study more
（もっと勉強する）

Ⓔ a computer
write e-mails
（Eメールを書く）

Ⓕ
learn programming
（プログラミングを学ぶ）

Ⓖ
get more information
（もっと情報を得る）

Ⓗ
talk with friends online
（オンラインで友だちと話す）

〈Repeatする英文〉

Ⓐ If I had enough time, I could sleep more.
（もし私に十分な時間があれば，もっと眠れるだろうに。）

Ⓑ If I had enough time, I could read more novels.
（もし私に十分な時間があれば，もっと小説を読めるだろうに。）

Ⓒ If I had enough time, I could watch TV more.
（もし私に十分な時間があれば，もっとテレビを見られるだろうに。）

Ⓓ If I had enough time, I could study more.
（もし私に十分な時間があれば，もっと勉強できるだろうに。）

Ⓔ If I had a computer, I could write e-mails.
（もし私にコンピューターがあれば，Eメールを書けるだろうに。）

Ⓕ If I had a computer, I could learn programming.
（もし私にコンピューターがあれば，プログラミングを学べるだろうに。）

Ⓖ If I had a computer, I could get more information.
（もし私にコンピューターがあれば，もっと情報を得られるだろうに。）

Ⓗ If I had a computer, I could talk with friends online.
（もし私にコンピューターがあれば，オンラインで友だちと話せるだろうに。）

・扉ページ（教科書p.87）

① What do you see in this picture?（写真の中に何がありますか。）

② Use your imagination and make a short story about the picture.
（想像力をはたらかせて，写真について短い物語を作ってみましょう。）

解答例 ① I see a car [a dog / (two) cats / a lot of books].
（車〔イヌ，（2匹の）ネコ，多くの本〕が見えます。）

② There was a man who loved to travel around in his car. Every time he visited a new place, he bought a new book. Soon, his car was full of books. He decided to start a "mobile library."（自分の車で旅をするのが大好きな男性がいました。彼は新しい場所を訪れるたびに，新しい本を買いました。すぐに彼の車は本でいっぱいになりました。彼は「移動可能な図書館」を始めることを決めました。）

GET Part 2 Imagine to Act

—● 仮定法「…であればいいのになあ」の表し方を覚えよう。

● 声を出して読んでみよう ♪

●ジンが卒業スピーチをしています。

> I cannot understand her の not 以外が省略されている。

❶ My cat, Becky, meows all the time. ❷ I can
ベキ　ミアウズ
└─ 同格 ─┘　　　　　　　　　　　いつも

usually understand her, but not when she is

> 後ろに接続詞that が省略されている。(that) she is complaining が think の目的語。

upset. ❸ I think she is complaining, but I don't
取り乱した，腹を立てた　　コンプレイニング

know for sure. ❹ I wish I could make a translator
確かに　　　　　　　　　　　　　トランスレイタ

app. ❺ Then she could tell me her feelings, and
アプ

> 〈tell＋A+B〉「AにBを伝える」の形。

we could communicate better.
コミューニケイト

> 副詞で，well（よく，うまく）の比較級。

POINT ♪

● 「…であればいいのになあ」（仮定法）

❶ **I wish I had wings.**（翼があればいいのになあ。）
アイ ウィシュ　ハド ウィングズ

❷ **I wish I could fly.**（飛べればいいのになあ。）
クド フライ

• 「…であればいいのになあ」と，現在の事実とは違うことや，実現の可能性が（ほとんど）ない願望を表すときにも仮定法を使い，〈**I wish ＋主語＋動詞の過去形**....〉の形で表します。
• 「…できればいいのになあ」は，canの過去形couldを用いて〈**I wish ＋主語＋could ＋動詞の原形**....〉の形で表します。

6

▼／ここが **ポイント!**

❹ I wish I could make a translator app.
- **仮定法**を用いた〈**I wish ＋主語＋ could ＋動詞の原形....**〉の文です。
- 「…できればいいのになあ」と，実現できない願望を表しています。

❺ Then she could tell me her feelings, and we could communicate better.
- 2つのcouldは「…することができた」ではなく，「…できるだろうに」という意味の**仮定法**のcouldです。
- Thenは「それなら」という意味で，❹の内容を受けています。つまり，「もし翻訳アプリを作ることができたら」という意味を表します。Thenの文の内容は，次のようになります。

  If I <u>could</u> make a translator app, she <u>could</u> tell me her feelings,
  　　canの過去形「…できたら」　　　　　　　　　canの過去形「…できるだろうに」

  and we <u>could</u> communicate better.
  　　　canの過去形「…できるだろうに」

  可能性が（ほとんど）ないことを「…できたら」と言うときは，このように〈if ...〉の中でcanの過去形couldを使います。

● **本文の意味をつかもう**

❶私のネコのベッキーはいつも鳴いています。❷たいてい彼女の言っていることを理解できますが，彼女が取り乱しているときはわかりません。❸彼女は文句を言っているのだと思いますが，正確にはわからないのです。❹翻訳アプリを作れればなあと思います。❺そうすれば彼女は感情を私に伝えることができて，私たちはもっとうまくコミュニケーションがとれるのになあ。

Q&A

Why does Jing want to make a translator app?
（ジンはなぜ翻訳アプリを作りたいと思っていますか。）

〔解答例〕 It is because her cat could tell her her feelings, and they could communicate better.
（そうすれば彼女のネコは感情を彼女に伝えることができて、彼女たちはもっとうまくコミュニケーションがとれるから。）

🎧 Listen ♪

木になった赤いリンゴ。でも，ねずみくんには木が高すぎて取れません。
ねずみくんは何と言っているでしょうか。

I wish _____ like a kangaroo.

I wish _____ like an elephant.

I wish _____ like a giraffe.

（カンガルーのように＿＿＿＿＿＿＿であればいいのになあ。）

（象のように＿＿＿＿＿＿＿＿であればいいのになあ。）

（キリンのように＿＿＿＿＿＿＿であればいいのになあ。）

🎤 Speak & ✏️ Write

(1) **Listen** を参考に，ねずみくんになったつもりで，①〜④の動物ができることを考えて言おう。

①	②	③	④
bird （鳥）	monkey （サル）	rhino （サイ）	sea lion （アシカ）

例 **I wish I could fly like a bird.** （鳥のように飛べたらなあ。）

Then I could take the apple. （そうすればリンゴをとれるのに。）

(2) (1)で話したことを書こう。

解答例 ② I wish I could climb up trees like a monkey. Then I could see the beautiful view. （サルのように木に登れたらなあ。そうすれば美しい景色を見れるのに。）

③ I wish I could run fast like a rhino. Then I could travel many places.
（サイのように速く走れたらなあ。そうすれば多くの場所を旅行できるのに。）

④ I wish I could swim like a sea lion. Then I could go across the sea.
（アシカのように泳げたらなあ。そうすれば海を渡れるのに。）

● **語句を確かめよう** (p.146)

- ☑ *all the time* いつも
- ☑ complain(ing)
  [kəmpléin(iŋ) / コンプレイン〔ニング〕]
  動 不平を言う；（痛みなどを）訴える
- ☑ *for sure* 確かに
- ☑ translator [trǽnsleitər / トランスレイタ]
  名 翻訳者，翻訳機

- ☑ communicate
  [kəmjúːnəkèit / コミューニケイト]
  動 （意思・考え・情報などを）伝達する，
  知らせる
- ☑ Becky [béki / ベキ] 名 ベッキー（名前）
- ☑ meow(s) [miáu(z) / ミアウ（ズ）]
  動 ニャーと鳴く
- ☑ app [ǽp / アプ] 名 アプリ

語句を確かめよう（p.148〜149）

☑ rhino [ráinou / ライノウ]
  名 サイ（rhinocerosの略）

☑ sea lion [síː làiən / スィー　ライオン]
  名 トド，アシカ

☑ New York [njùː jɔ́ːrk / ニューヨーク]
  名 ニューヨーク市（地名）

Drill POINT の文を練習しよう。1 Listen / 2 Repeat / 3 Say

❷ Ⓐ
go to space
（宇宙に行く）

Ⓑ
live in New York
（ニューヨークに住む）

Ⓒ
drive a car
（車を運転する）

Ⓓ
meet the Beatles
（ビートルズに会う）

Ⓔ
change the
weather
（天気を変える）

Ⓕ
go back to the
past
（過去に戻る）

Ⓖ
know my future
（未来を知る）

Ⓗ
speak many
languages
（たくさんの言語を話す）

〈Repeatする英文〉

Ⓐ I wish I could go to space.（宇宙に行けたらいいのになあ。）

Ⓑ I wish I could live in New York.（ニューヨークに住めたらいいのになあ。）

Ⓒ I wish I could drive a car.（車を運転できたらいいのになあ。）

Ⓓ I wish I could meet the Beatles.（ビートルズに会えたらいいのになあ。）

Ⓔ I wish I could change the weather.（天気を変えられたらいいのになあ。）

Ⓕ I wish I could go back to the past.（過去に戻れたらいいのになあ。）

Ⓖ I wish I could know my future.（未来を知れたらいいのになあ。）

Ⓗ I wish I could speak many languages.（たくさんの言語を話せたらいいのになあ。）

陸が発表した卒業スピーチの原稿が，学校のウェブサイトに掲載されています。

● 声を出して読んでみよう ♪

名詞用法の不定詞。

「もし…であれば〜だろうに」という意味の仮定法の文。〈If...〉に過去形の動詞，コンマに続いて助動詞の過去形を使って，実現の可能性が（ほとんど）ないことを言っている。

❺の文の内容を指す。

I以下の〈主語＋動詞...〉が直前のsomethingを説明している。have been thinkingは現在完了進行形。

❾のflyingを指す。

soは「そのように」と前に出てきた内容の代わりをする。ここでは❿のnot new or especially excitingを指す。

このbyは手段・方法を表し「…によって，…で」という意味。

「…できればいいのになあ」という意味の仮定法を使った表現。

❶ **How to Create New Ideas**

❷ December 20,

❸ 9:00 a.m.

1 ❹ My dream is to invent a time machine. ❺ If I had one, I would visit great inventors across the ages. 〔時代を超えて〕 〔インヴェンタズ〕

❻ It is something I have been thinking of for a long time. 〔…のことを考える〕 ❼ You might think I am a dreamer, but all new things start as dreams. ❽ I have learned from past 〔過去の〕 dreamers how to create something new for the future.

2 ❾ Today nobody thinks about flying. 〔ノウバディ〕 ❿ It is not new or especially exciting. ⓫ It was not always so. 〔いつも…とは限らない〕 ⓬ For centuries the dream of traveling by air interested 〔同格〕 inventors, like Leonardo da Vinci. ⓭ He thought, "I wish I could fly like a bird." ⓮ He and others studied birds. ⓯ They watched feathers in the wind. 〔フェザズ〕 ⓰ Gradually they learned some of the secrets of flight. 〔グラヂュアリ〕 〔…のいくつか〕 〔スィークレツ〕

● 語句を確かめよう (p.150) ♪

☑ inventor(s) [invéntər(z) / インヴェンタ(ズ)]
　名 発明家

重要 ☑ nobody [nóubàdi / ノウバディ] 代 だれも…ない

☑ feather(s) [féðər(z) / フェザ(ズ)] 名 羽

☑ gradually [grǽdʒuəli / グラヂュアリ] 副 しだいに

☑ secret(s) [síːkrət(s) / スィークレト〔ツ〕]
　名 秘密

☑ dreamer [dríːmər / ドリーマ]
　名 夢を見る人

☑ Leonardo da Vinci
　[lìːənáːrdou də víntʃi /
　リーオナードウ ダ ヴィンチ]
　名 レオナルド・ダ・ヴィンチ《名前》

6

● 声を出して読んでみよう (p.151) ♪

> 「(時期が) 早い, 初期の」という意味の形容詞earlyの最上級。

③ ⑰ The earliest aircraft were ridiculous. ⑱ One inventor tied an umbrella and wings to a chair. ⑲ Another

> 「別の人」という意味で, ⑱のone inventorと対になっている。another inventorということ。

made a duck-like machine. ⑳ People made fun of them. ㉑ However, the inventors used their imaginations in quite unexpected ways. ㉒ They led to the invention of the modern airplane. ㉓ You need a mind full of ideas in order to create something new. ㉔ This is the

> ㉓の文の内容を指す。

first thing I have learned.

> 19と03に分けて続む。0はoと発音することが多く, nineteen oh threeと続む。

④ ㉕ The Wright Brothers made the first successful flight in 1903. ㉖ Before this flight, they made a lot of experiments. ㉗ They tested their ideas over and over again. ㉘ Sometimes, their gliders broke into pieces.

> 〈as soon as＋主語＋動詞…〉で「…するとすぐ」。

㉙ Other times, the brothers found out that the wings did not work. ㉚ However, they never gave up. ㉛ As soon as they noticed a problem, they looked for a solution. ㉜ The brothers knew that they had to learn from the failure.

> ㉜のthe failureを指す。

㉝ They were not afraid of it. ㉞ They welcomed it.

● 語句を確かめよう (p.151) ♪

☐ aircraft [ɛ́ərkræft / エアクラフト] 名 航空機
☐ ridiculous [ridíkjələs / リディキュラス] 形 こっけいな
☐ *make fun of* ... …をからかう
☐ imagination(s) [imæ̀dʒənéiʃən(z) / イマヂネイション(ズ)] 名 想像力

☐ unexpected [ʌ̀nikspéktəd / アニクスペクテド] 形 思いがけない
☐ invention [invénʃən / インヴェンション] 名 発明
重要 ☐ modern [mádərn / マダン] 形 現代の
☐ *in order to* ... …するために

☐ successful [səksésfəl / サクセスフル]
形 成功した

☐ experiment(s) [ikspérəmənt(s) / イクスペリメント〔ツ〕] 名 実験

☐ glider(s) [gláidər(z) / グライダ(ズ)]
名 グライダー

☐ find out わかる

☐ *as soon as ...* …するとすぐ

☐ failure [féiljər / フェイリャ] 名 失敗

☐ duck-like [dʌ́k làik / ダク ライク]
形 アヒルのような

☐ Wright Brothers [ráit brʌ́ðərz / ライト ブラザズ] 名 ライト兄弟

● **声を出して読んでみよう** ♪

〈teach＋A＋B〉「A にBを教える」の形。

key to...「(成功などの)かぎ」。toは前置詞なので後ろにくる動詞は動名詞になる。

文の構造はA is better than B. で，Aにあたる意味上の主語to do something and failが長いために後ろに置き，代わりにItを最初に置いた形。Bにあたるのは to do nothing and learn nothing 。

I will leave with youがく主語＋動詞…〉の形で，前の the messageを説明している。leave the message with youで「あなたにメッセージを残す」という意味。

5 ㉟ The stories taught me two important things. ㊱ First, we should not hesitate to come up with new
（ヘズィテイト）
第一に … を考え出す
and original ideas. ㊲ Using our imagination is the key to starting off. ㊳ Second, I realized that we should
第二に
learn from failure. ㊴ It is better to do something and fail than to do nothing and learn nothing. ㊵ This is the message I will leave with you: have the courage to imagine and the courage to act in your personal and
（パーソナル）
public lives.

コロン (:) の後ろは ㊵のthe message の内容。

6 ㊶ Thank you for listening.
…してくれてありがとう

〈Thank you for＋動詞の-ing形〉「…してくれてありがとう」

㊷ Wakaba Junior High School

㊸ Kato Riku

● **語句を確かめよう** (p.152) ♪

☐ hesitate [hézətèit / ヘズィテイト]
動 ためらう

☐ *start off* 出発する

重要 ☐ personal [pə́ːrsənəl / パーソナル]
形 個人的な

152 one hundred and fifty-two

本文の意味をつかもう

❶「新しいアイデアを生み出す方法」
❷ 12 月 20 日
❸午前 9 時

1 ❹私の夢は，タイムマシーンを発明することです。❺もし私にタイムマシーンがあったら，時代を超えて偉大な発明家のもとを訪ねます。❻これは，長い間私が考え続けてきたことです。❼みなさんは私のことを夢見る人と思うかもしれませんが，新しいことはすべて夢として始まります。❽私は，未来のために新しいものを生み出す方法を，過去の夢見る人たちから学んできました。

2 ❾今日，誰も飛行することについて考えません。❿新しくもないし，特にわくわくさせるようなことでもありません。⓫いつもそうだったわけではありません。⓬何世紀もの間，飛行機で旅をするという夢は，レオナルド・ダ・ヴィンチのような発明家の興味を引きつけました。⓭「鳥のように飛べたらなあ」と彼は考えました。⓮彼やその他の人々は鳥を研究しました。⓯彼らは風の中での羽（の様子）を観察しました。⓰次第に，彼らは飛行に関する秘密をいくつか学びました。

3 ⓱初期の飛行機はこっけいなものでした。⓲ある発明家は，傘と翼をいすにくくり付けました。⓳別の発明家は，アヒルのような機械を作りました。⓴人々は彼らをからかったものです。㉑しかし，発明家たちは彼らの想像力をかなり思いがけない方法で用いました。㉒それらが現代の飛行機の発明をもたらしたのです。㉓何か新しいものを生み出すためにはアイデアにあふれる精神が必要です。㉔これが，私が学んだ 1 つ目のことです。

4 ㉕ライト兄弟は 1903 年に初めて飛行を成功させました。㉖この飛行の前に，彼らは多くの実験をしました。㉗彼らは，自分たちのアイデアを何度も繰り返し試しました。㉘時には，彼らのグライダーは粉々になりました。㉙またある時には，翼が動かないということがわかりました。㉚しかし，彼らは決してあきらめませんでした。㉛問題に気づくとすぐに，彼らは解決策を探しました。㉜ライト兄弟は，失敗から学ばなければならないということを知っていました。㉝彼らは失敗を恐れませんでした。㉞失敗を歓迎したのです。

5 ㉟これらの話は私に重要なことを 2 つ教えてくれました。㊱第一に私たちは，新しく独創的なアイデアを考え出すことをためらうべきではありません。㊲想像力を用いることが，出発するための手がかりとなります。㊳第二に，失敗から学ぶべきだと私は気づきました。㊴何もせず何も学ばないよりも，何かをして失敗する方が良いのです。㊵これは，私がみなさんに送るメッセージです。想像する勇気を持ってください。自分の生活，そして社会生活の中で行動する勇気を持ってください。

6 ㊶ご清聴ありがとうございました。

㊷わかば中学校
㊸加藤 陸

次の2つの名言を読んで，どんな場面で誰に向けて言われたものか考えよう。

① Opportunities don't often come along. So, when they do, you have to grab them. (Audrey Hepburn) チャンスはそう頻繁にやってこないわ。だから，やってきたときはつかまなくちゃいけないの。(オードリー・ヘプバーン)

② Genius is one percent inspiration and ninety-nine percent perspiration. (Thomas Edison) 天才とは1パーセントのひらめきと，99パーセントの努力である。(トーマス・エジソン)

〔解答例〕 ① In an interview. To the audience or her fans.

（インタビューで。観客か彼女のファンに向けて。）

② In an article of a magazine. To the readers.

（雑誌の記事で。読者に対して。）

〔grab つかむ　genius 天才　percent パーセント　inspiration ひらめき　perspiration 努力〕

STAGE 2 〔 **Read** 〕 スピーチ原稿の要点をとらえよう。

Guide 1

陸がスピーチで最も伝えたいことは何ですか。

〔解答例〕 have the courage to imagine and the courage to act in your personal and public lives (⓵)

（想像する勇気を持つこと。自分の生活，そして社会生活の中で行動する勇気を持つこと。）

Guide 2

(1) 偉人たちの話から陸が学んだ1つめのことに下線を引こう。

(2) 偉人たちの話から陸が学んだ2つめのことに波線を引こう。

〔解答例〕(1) You need a mind full of ideas in order to create something new. (㉓)

we should not hesitate to come up with new and original ideas (㊱)

Using our imagination is the key to starting off. (㊲)

（何か新しいものを生み出すためにはアイデアにあふれる精神が必要である。）

（私たちは，新しく独創的なアイデアを考え出すことをためらうべきではありません）

（想像力を用いることが，出発するための手がかりとなります。）

(2) ((they) had to learn from the failure) (㉜)

we should learn from failure (It is better to do something and fail than to do nothing and learn nothing.) (㊳(㊴))

（(彼らは)失敗から学ばなければならない）

（私たちは失敗から学ぶべきである。（何もせず何も学ばないよりも，何かをして失敗する方が良いのです。））

Goal スピーチ原稿の要点を表にまとめよう。

解答例

Messages （メッセージ）	1. Have the courage to imagine. 想像する勇気を持ってください。	2. Have the courage to act. 行動する勇気を持ってください。
Reasons （理由）	We should not hesitate to come up with new and original ideas. Using our imagination is the key to starting off. 私たちは，新しく独創的なアイデアを考え出すことをためらうべきではありません。想像力を用いることが，出発するための手がかりとなります。	We should learn from failure. It's better to do something and fail than to do nothing and learn nothing. 私たちは失敗から学ぶべきです。何もせず何も学ばないよりも，何かをして失敗する方がよいのです。
Examples （例）	Leonardo da Vinci and other great inventors レオナルド・ダ・ヴィンチやその他の偉大な発明家	the Wright Brothers ライト兄弟

STAGE 3 | **Think & Talk**

新しいアイデアを生み出すためにはどんなことが大切か，グループで話し合おう。

解答例 Get hints from great inventors or products.（偉大な発明家や商品からヒントを得る。）

Share your ideas with friends or someone you respect.

（自分のアイデアを友達や尊敬する人と共有する。）

Read books and gain knowledge.（本を読んで知識を得る。）

Tips for Reading

意見文を読むときは，書かれている主張，その理由や具体的なエピソードの関連を考え，読んだ内容を自分なりにまとめてみよう。

☑ Check

●陸が最も伝えたいことが書かれている部分に下線を引こう。

解答例

have the courage to imagine and the courage to act in your personal and public lives.（⑩）

英語の詩を書こう

世界中の中学生が参加する，「Wish Upon a Star Poetry Contest」に応募することになりました。
ものや動物など，何かになったつもりで，I wishを使って詩を書こう。

1. Follow the Steps 陸，花，ケイトが詩を書いています。どんなことを考えながら書いているか確認しよう。

Step ❶ 内容を考える

Step ❷ 文章を書く

みんなのひとりごと

What's a good main character?
・この3年間でよく使ったものにしよう。この消しゴム，もうすぐ使い終わりそうだから，その視点で書いてみよう。
・よく消しゴムを落とすから，その話を入れよう。

陸のアイデアマップ

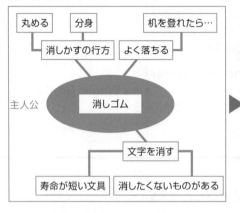

丸める ／ 分身 ／ 机を登れたら…
消しかすの行方 ／ よく落ちる
主人公 ／ 消しゴム
文字を消す
寿命が短い文具 ／ 消したくないものがある

I Am an Eraser

I wish I could talk.
Then I could tell him
that his answers are correct.
I wish I had arms and legs.
Then I could reach
the desk by myself,
when I am dropped
on the floor.
If I had a bigger body,
I would have a longer life.
Then I could be
with him longer.

「わたしは消しゴム」

話せたらいいのに。そしたら，答えが合っていると彼に伝えてあげられるのに。手と足があったらいいのに。そしたら，床に落ちたとき，自分で机にたどり着けるのに。もっと体が大きければ，もっと寿命が長いだろうに。そしたら，もっと長く彼と一緒にいられるのに。

How should I write?
・文の終わりの文字や音をそろえるとかっこよくなるって聞いたことがあるから，yで終わる単語を使ってみよう。
・詩の雰囲気に合ったタイトルにしたらいいかな。

花のアイデアマップ

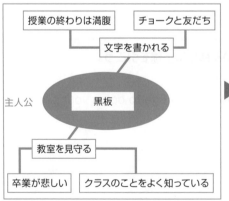

授業の終わりは満腹 ／ チョークと友だち
文字を書かれる
主人公 ／ 黒板
教室を見守る
卒業が悲しい ／ クラスのことをよく知っている

The Last Day

I am a blackboard.
The students face me
almost every day.
Some look serious,
some look sleepy.
But some are
crying today, because
it is our last day.
I feel sad, too.
I wish I could cry with
them.

「最後の日」

私は黒板。生徒はほとんど毎日，私と向かい合う。まじめそうな生徒もいれば，眠そうな生徒もいる。でも今日は泣いている人がいる，最後の日だから。私も悲しい。一緒に泣けたらいいのに。

How can I make it better?
· Where should I put a sentence starting with "I wish"?
· Hmm, maybe I shouldn't put my name in the poem. Then the readers can imagine the situation more freely.
· "I wish" から始まる文をどこに入れたらいいかな？
· うーん，私の名前を詩に入れない方がいいかもしれない。そうしたら読者は状況をもっと自由に想像できそう。

〔poem 詩　freely 自由に〕

ケイトのアイデアマップ

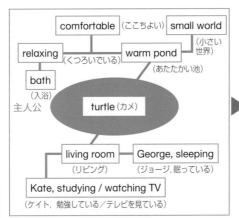

comfortable（ここちよい）
small world（小さい世界）
relaxing（くつろいでいる）
warm pond（あたたかい池）
bath（入浴）
主人公
turtle（カメ）
living room（リビング）
George, sleeping（ジョージ，眠っている）
Kate, studying / watching TV（ケイト，勉強している／テレビを見ている）

Wish Upon a Star Poetry Contest

Life As a Turtle

While she is
studying history,
I am dreaming.
While she is
watching TV,
I am taking a bath.
My life has
many wonderful moments.
I love this warm little
pond and box.
I wish I could be
here forever.

「カメとしての生活」

彼女が歴史の勉強をしている間，私は夢を見ている。彼女がテレビを見ている間，私はお風呂に入っている。私の生活にはすばらしい瞬間がたくさんある。このあたたかい小さな池と箱を愛している。ここに一生いられたらなあ。

2. Work in Class　クラスやグループで協力して書こう。

Step 1 　内容を考える

〔解答例〕

主人公
☑ 机
□ 廊下
□ ぞうきん

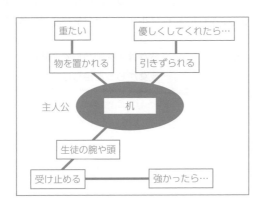

重たい
物を置かれる
優しくしてくれたら…
引きずられる
主人公　机
生徒の腕や頭
受け止める
強かったら…

Step ② 🖊 文章を書く

Wish Upon a Star Poetry Contest

解答例

I Am a Desk	私は机
A lot of textbooks and notebooks are on me.	たくさんの教科書とノートが私にのっている。
They are so heavy sometimes.	それらは時々とても重たい。
I wish I could be stronger.	私がもっと強かったらいいのに。
The student often rests her arms on me.	生徒はしばしば彼女の腕を私の上で休ませる。
She sleeps with her head down sometimes.	彼女は頭を下げて時々寝ちゃう。
I wish I could be softer.	私がもっと柔らかければいいのに。
Group activities or cleaning come down on me.	グループワークや掃除が私にやってくる。
She moves me and it hurts sometimes.	彼女は私を動かして，時々痛い。
I wish she could be kinder.	彼女がもっと優しければいいのに。

Wish Upon a Star Poetry Contest

3. Write by Yourself

あなた自身がものや動物などになったつもりで詩を書こう。

解答例

I Am a Bird	私は鳥
I am a bird.	私は鳥。
I love to talk.	話すのが大好き。
My classroom is like a zoo.	私のクラスは動物園のよう。
Some like to talk, some are quiet,	おしゃべりが好きな人，おとなしい人，
Some love sports, and some love music.	スポーツが大好きな人，音楽が大好きな人。
Different animals staying together.	さまざまな動物たちが一緒にいる。
Sometimes we fight,	時々けんかをする，
but we know helping each other is important.	けれどみんなおたがいに助け合うことが大切だと知っている。

Idea Box

【動物】

bird 鳥　cat ネコ　dog イヌ

【日用品・家具】

scissors ハサミ　textbook 教科書　bag カバン　towel タオル
shoes 靴　socks 靴下　desk 机　bed ベッド　chair いす
bicycle 自転車

【町】

traffic light 信号　tree 木　flower 花　river 川

語句を確かめよう（p.156〜157）

重要 ☑ **reach** [ríːtʃ / リーチ]
動 …に着く，達する

重要 ☑ **myself** [maisélf / マイセルフ]
代 私自身を〔に〕；〔主語の意味を強めて〕私自身で，自分で

☑ **blackboard** [blǽkbɔ̀ːrd / ブラクボード] 名 黒板

☑ **serious** [síəriəs / スィアリアス]
形 まじめな，真剣な

☑ **pond** [pánd / パンド] 名 池

☑ **forever** [fərévər / フォレヴァ] 副 永遠に

Take Action!

Listen 6

スピーチ

話し手が伝えたいことを聞き取る

バンクーバーで行われる国際環境イベントで，コスタリカの研究者が，
エコツーリズムについてスピーチをします。

Expressions

Central America
　中央アメリカ
rainforest　熱帯雨林
plantation　大農園
recover　再生する
I'm proud that ....
　…ということを誇りに
　思っている。

STAGE 1　Get Ready

1. 環境イベントでは，どんなスピーチが行われるか考えてみよう。
2. 右のExpressionsを参考に，スピーチで使われる表現を確認しよう。

STAGE 2　Listen

1st Listening

スピーチを聞いて，研究者が伝えたいことをメモにまとめよう。

	Theme （テーマ）	Eco-tourism in Costa Rica （コスタリカでのエコツーリズム）
	Problems （問題）	
	Solution （解決策）	

〔eco-tourism エコツーリズム　Costa Rica コスタリカ〕

2nd Listening　聞き取れなかった部分に注意しながら，もう一度聞いてみよう。

3rd Listening　巻末のAudio Scripts (p. 222) を見ながら音声を確認しよう。

STAGE 3　Think & Act

スピーチの内容を説明しよう。

BONUS STAGE

別のスピーチを聞いてみよう。スクリプトは巻末（p. 225）にあります。

● **語句を確かめよう** (p.160)

- ☑ central [séntrəl / セントラル] 形 中央の
- ☑ Central America [séntrəl əmérəkə /
　セントラル アメリカ] 名 中央アメリカ
- ☑ rainforest [réinfɔ̀:rəst / レインフォーレスト]
　名 熱帯雨林

- ☑ plantation [plæntéiʃən /
　プランテイション] 名 大農場
- ☑ recover [rikʌ́vər / リカヴァ]
　動 取りもどす，再生する
- ☑ proud [práud / プラウド]
　形 誇りを持っている

Take Action!

Talk 6

あなたはどう思う？
議論を進める　議論に参加する

Skit 花たちは，ブラウン先生にお世話になったお礼を，どうやって伝えるか話し合っています。

Hana

❶ What shall we do for Ms. Brown?

Mark

❷ I have an idea. ❸ How about singing a song?

❹ Nice idea. ❺ What do you think, Kate?

Kate

> 相手から意見を引き出すのによく使われる表現。

❻ I agree, but do we have time to prepare?
準備する

> 一度相手の意見を肯定してから，自分の意見を言える便利な表現。

❼ There's no class tomorrow afternoon, right? ❽ We have plenty of time.
たくさんの…

❾ Perfect! ❿ Let's do it.

花　　：❶ブラウン先生のために何をしたらいいかな。
マーク：❷私に考えがあるよ。❸歌を歌うのはどうかな？
花　　：❹いい考えね。❺ケイトはどう思う？
ケイト：❻賛成だけど，準備をする時間はあるかな？
マーク：❼明日の午後は授業がないよね？　❽時間はたくさんあるよ。
花　　：❾完璧だね！　❿そうしよう。

Expressions

議論を進める
What shall we do ...?　私たちは何をしたらいいかな…。
What do you think about it?　あなたはそれについてどう思いますか。
Anything else?　ほかにはありますか。
Do you have any ideas?　あなたは何か考えがありますか。

議論に参加する
I have an idea.　考えがあります。
How about ...?　…はどうですか。
I agree, but ....　賛成だけど…。
That's a good idea.　それは良い考えですね。

Work in Group

1. 上のスキットをグループで演じてみよう。
2. A・B・Cの役割を決め，「お世話になった先生への感謝の気持ちの伝え方」を話し合おう。

　A：司会者になって話し合いを始め，B・Cの二人に発言を促そう。

　B：あなたの意見を言ったり，相手の意見に賛成[反対]したりして，よりよい結論が出るよう話し合いを進めよう。

　C：相手の意見に賛成[反対]したり，あなたの意見を言ったりして，よりよい結論が出るよう話し合いを進めよう。

解答例 *A:* OK. Let's start talking. What should we do for our homeroom teacher, Mr. Sato?
B: I have a good idea. Why don't we write our messages on a blackboard?
C: That's a good idea, but I think we should do something else, too.
A: では，話し合いを始めましょう。私たちの担任の佐藤先生のために何をしたらいいでしょうか。
B: いい考えがあります。私たちのメッセージを黒板に書くのはどうですか。
C: それはいい考えですが，ほかのこともするべきだと思います。

+ GET Plus 2 もし私があなたなら

Dialog ジンが，お母さんの誕生日プレゼントについて，花と話しています。

「もし私があなたなら…するだろうに」と現実の事実と異なることは〈If I were you, I＋助動詞の過去形＋動詞 ....〉と表します。このように仮定を表すときは，主語がIでも動詞はwereを使うことが多いです。

I don't know what to do for my mother's birthday.

If I were you, I would cook her dinner.

ジン：お母さんの誕生日に何をしたらいいか，わからないんだ。
花：私があなただったら，夕食を作るかな。

Exercise 1 花になったつもりで，ジンにアドバイスをしよう。

〔解答例〕
① If I were you, I would give her some flowers.
（もし私があなたなら，彼女に花をあげます。）

② If I were you, I would write her a birthday card.
（もし私があなたなら，彼女に誕生日カードを書きます。）

③ If I were you, I would sing her a song.
（もし私があなたなら，彼女に歌を歌います。）

Exercise 2 Dialogを参考にペアで会話しよう。

次の □ から1つ選んで，次の日の授業に向けて相談したり，アドバイスをしたりしよう。

国語：何について話すか	社会：何について読むか
英語：何について書くか	理科：何について研究するか

Try Idea Box
【将来について】
go to university
　大学に行く
study abroad 留学する
【試験について】
review textbooks
　教科書の復習をする
practice on old exams
　過去問を練習する

〔解答例〕 国語：*A:* I don't know what to talk about in Japanese class.
（国語の授業で何を話したらよいかわかりません。）
B: If I were you, I would talk about my dream.
（もし私があなたなら，自分の夢について話します。）
社会：*A:* I don't know what to read in social studies class.
（社会の授業で何を読んだらよいかわかりません。）
B: If I were you, I would read about Dr. Martin Luther King, Jr.
（もし私があなたなら，マーチン・ルーサー・キング・ジュニア牧師について読みます。）

(Write) 上でアドバイスをした文を書こう。 〔解答例〕略

(Try) ペアで，相談したり，アドバイスをしたりして自由に話そう。 〔解答例〕略

Word Bank

いろいろな動作

give her some flowers
（彼女に花を
あげる）

sing her a song
（彼女に歌を歌う）

show her an album
（彼女にアルバムを
見せる）

make her a birthday cake
（彼女に誕生日ケーキ
を作る）

write him a birthday card
（彼に誕生日カード
を書く）

tell him the story
（彼にその話を
伝える）

buy him a drink
（彼に飲み物を
買う）

cook him lunch
（彼に昼食を
つくる）

環境

air pollution
（大気汚染）

sea level rise
（海水位の上昇）

clean energy
（きれいなエネルギー）

endangered animals
（絶滅寸前の動物たち）

社会

health
（健康）

gender equality
（性の平等）

peace
（平和）

human rights
（人権）

● **語句を確かめよう** (p.163)

☐ pollution [pəlúːʃən / ポルーション] 名 汚染

☐ gender [dʒéndər / ヂェンダ] 名 性，性別

☐ equality [ikwáləti / イクワリティ] 名 平等

☐ human [hjúːmən / ヒューマン] 名 形 人間(の)

☐ endangered [indéindʒərd / インデインヂャド]
　　形 絶滅寸前の

文法のまとめ❺

—● 仮定法を確認しよう。

仮定法

◆仮定法を使うと，現在の事実とは違うことや，可能性が（ほとんど）ないことについて，「もし…であれば〜だろうに」「…であればいいのになあ」といった内容を表現することができます。仮定法の文では，動詞や助動詞は過去形を使います。

| if | If I **had** wings, I **could** fly. | （もし私に翼があれば飛べるだろうに。）|

過去形　　　　　　　助動詞の過去形

| I wish | I wish I **had** wings. | （私に翼があればいいのになあ。）|

過去形

I wish I **could** fly.　　　　　　　　　（私が飛べたらいいのになあ。）

助動詞の過去形

| if I were you | If I **were** you, I **would** cook her dinner. |

主語に関係なく were
が使われることが多い　　　助動詞の過去形　　　（もし私があなたなら，彼女に夕食を作るだろうに。）

◆「もし…であれば〜だろうに」は，〈**If**＋主語＋動詞の過去形…, 主語＋助動詞の過去形＋動詞の原形〜.〉の形で表します。

If I **knew** Maki's phone number, I **could** call her now.

過去形　　　　　　　　　　　　　　助動詞の過去形

（もしマキの電話番号を知っていたら，今彼女に電話をすることができるのに。）

実際は電話番号を知らないので，電話をすることができないことを表しています。

●比べてみよう

① If I **had** time, I **would** go shopping. （もし時間があれば，買い物に行くだろうに。）

仮定法の文。

実際は時間がない，または時間ができる可能性がほとんどないことを表しています。

② If I **have** time, I **will** go shopping. （もし時間があれば，買い物に行きます。）

時間ができる可能性があることを表しています。

このように，可能性のあることについて，ifを使って「もし…ならば」と言うときは，〈if …〉の中の動詞は現在形になります。

◆「…であればいいのになあ」は〈I wish＋主語＋動詞の過去形….〉，「…できればいいのになあ」は〈I wish＋主語＋could＋動詞の原形….〉の形で表します。

I wish I **knew** her phone number. （彼女の電話番号を知っていればなあ。）

過去形

電話番号を知らないという現在の事実に反する願望を表しています。

I wish Jack **could** come to the party.（ジャックがパーティーに来られればいいのになあ。）
　　　　　助動詞の過去形

ジャックはパーティーに来ることができない，または来られる可能性がほとんどないことを表しています。

◆「もし私があなたなら…するだろう」と言うときも，現在の事実とは異なることを仮定しているので仮定法を使い，〈If I were you, I would＋動詞の原形….〉の形で表します。

If I were you, **I would** help her.（もし私があなたなら，彼女を助けるだろう。）
　　　過去形　　　　助動詞の過去形

仮定法の文では，主語に関係なくbe動詞はwereが使われることが多いですが，会話では，主語がIや3人称単数のときはwasを使うこともあります。

英語のしくみ

英語の発想

・主語

英語では，動作をする人（Iなど）をはっきり表すことが多いです。主語を言わないことが多い日本語との違いを確認しましょう。

▶鳥が3羽見えるよ。→　I see three birds.

▶ここはどこですか。→　Where am I?

▶風の音がする。→　I hear the wind.

・「…がある，…がいる」

英語のhaveは，日本語の「…がある，…がいる」を表現することがあります。

▶きのう地震がありました。→　We had an earthquake yesterday.

▶私には兄弟が2人います。→　I have two brothers.

・ものが主語になる場合

英語では生き物でない「もの」や「こと」を主語にして，生きているかのように表現することがあります。日本語にする場合，自然な表現になるように工夫が必要です。

▶ The book made me happy.
　→　その本が私を幸せにした。→　その本を読んで私は幸せになった。

▶ Snow killed the tree in my garden.
　→　雪が庭の木を殺した。→　雪で庭の木がだめになった。

| Drill 1　日本語の意味に合う仮定法の文になるように，（　）に適する語を入れましょう。

1. If I (　　) enough time, I (　　) read these books.
　（もし十分な時間があれば，これらの本を読めるのに。）

2. If I (　　) the truth, I (　　) tell you.（もし真実を知っていたら，あなたに話すだろうに。）

| Drill 2　日本語の意味に合うように，（　）に適する語を入れましょう。

1. I (　　) I (　　) speak French.（フランス語が話せればいいのになあ。）

2. I (　　) I (　　) my own room.（自分の部屋があればいいのになあ。）

| Drill 3　次の英文を日本語にしましょう。

If I were you, I would write him a letter.

Lesson 7

GET Part 1 For Our Future

——● 間接疑問「なぜ…なのか〜」の表し方を覚えよう。

● **声を出して読んでみよう**

●陸とケイトが中学校の思い出について話しています。

> How do[did] you like ...?は「…はどうですか〔でしたか〕」と感想をたずねる表現。

Riku : ❶ How did you like school in Japan?

Kate : ❷ To tell the truth, it was difficult at first.
実を言うと　フィギャ
❸ I couldn't figure out what people were
理解する
saying.

> ❶のschool in Japanに関する状況をばく然と指している。

Riku : ❹ You put a lot of effort into studying.
└─(時間・労力などを)…に費やした─┘　　スピーカ
❺ Now you're a good Japanese speaker.

> 直訳すると「上手な日本語の話者」だが、「日本語を話すのが上手」と訳すと自然。

Kate : ❻ Thanks. ❼ I have many wonderful
memories of our class.
思い出

Riku : ❽ We really had a great time together.
└──…な時を過ごした──┘

POINT ♪

● 「なぜ…なのか〜」(間接疑問〈動詞＋why ...〉)

> (ホ)ワイ イズ　　サド
> *Why is Miki sad?* (なぜ美紀は悲しいのですか。)
> アイ ドウント　ノウ
> **I don't know** why Miki is sad. (私は, 美紀がなぜ悲しいのかわかりません。)

・疑問文が別の文の一部になったものを**間接疑問**といいます。

・疑問詞 (whyなど) を使う疑問文は〈疑問詞＋be動詞／doなど＋主語〉の語順になりますが, 間接疑問では〈**疑問詞＋主語＋動詞**〉の語順になります。

疑問文　　　　　　　**Why is Miki** sad?　　　　　　　(美紀はなぜ悲しいのですか。)

間接疑問　I don't know **why Miki is** sad.　　(私は, 美紀がなぜ悲しいのかわかりません。)
　　　　　　　　　　　　疑問詞 主語 動詞　　knowの目的語が間接疑問

• 間接疑問では疑問詞のあとは肯定文と同じ語順になるので，一般動詞を使った文では**do**などは使いません。動詞の形は肯定文と同じになります。

間接疑問 I don't know where she **lives**. （私は彼女がどこに住んでいるか知りません。）
疑問文 Where **does** she **live**? （彼女はどこに住んでいますか。）
間接疑問 Do you know when he **came** to Japan? （あなたは彼がいつ日本に来たか知っていますか。）
疑問文 When **did** he **come** to Japan? （彼はいつ日本に来ましたか。）

ここが **ポイント!**

❸ I couldn't figure out what people were saying.
• what以下がfigure outの目的語となる**間接疑問**の文です。
• couldn't ... と過去のことを言っているので，間接疑問では過去進行形を使い，〈**疑問詞＋主語＋動詞**〉の語順になっています。

本文の意味をつかもう

陸： ❶日本の学校はどうだった？
ケイト：❷実を言えば，最初は難しかったよ。❸みんなが何を言っているのか，理解できなかった。
陸： ❹たくさんの努力を勉強に費やしたよね。❺今は，日本語を話すのがとても上手だよ。
ケイト：❻ありがとう。❼私たちのクラスのすばらしい思い出がいっぱいあるね。
陸： ❽本当にすてきな時間を一緒に過ごしたよね。

Q&A

How did Kate become a good Japanese speaker?
（ケイトはどのようにして日本語を話すのが上手になりましたか。）
〔解答〕She put a lot of effort into studying.
（彼女はたくさんの努力を勉強に費やしました。）

Listen

ジン，花，マーク，ディヌーが，この1年間のできごとについて発表しています。四人の話にあてはまるエピソードが載っているページを教科書から探そう。

① _____ページ ② _____ページ ③ _____ページ ④ _____ページ

💬 Talk & ✏️ Write

(1) 将来についてペアで話そう。

　　⑳ *A:* Can you imagine where you'll live in the future, Taku?
　　　　（タク，自分が将来どこに住むか想像できますか。）
　　　B: <u>I can't, but I want to live out of Japan.</u>
　　　　（できませんが，日本の外に住みたいです。）

　　⑳ *A:* Can you imagine what job you'll have in the future?
　　　　（将来，どんな仕事をしているか想像できますか。）
　　　B: <u>I can't, but I want to work for people in need.</u>
　　　　（できませんが，助けを必要としている人のために働きたいです。）

> **Word Bank**
>
> island 島　　　moon 月
> mountain 山
> work for a train company
> 　鉄道会社で働く
> research on ...
> 　…について研究する

(2) (1)で話したことをまとめて書こう。

　　⑳ I cannot imagine where I will live in the future, but I want to live out of Japan.
　　（将来自分がどこに住んでいるか想像できませんが，日本の外に住みたいです。）

解答例 (1) *A:* Can you imagine where you'll live in the future?
　　　　　（あなたは，あなたが将来どこに住むか想像できますか。）
　　　　B: Yes, I can. I want to stay in this town. I really love this town and I'll never leave it.
　　　　　（はい，できます。この町に住んでいたいです。この町が本当に大好きなので去ることはありません。）

　　　(2) I can imagine where I will live in the future. I will stay in this town because I really love it. I can imagine what job I will have then. I want to be a farmer and grow vegetables on my own farm.
　　　（将来自分がどこに住んでいるか想像できます。私はこの町が本当に大好きなのでこの町にいます。そのときの自分の仕事も想像できます。農場主になって自分の畑で野菜を育てたいです。）

● **語句を確かめよう** (p.166)

　☐ *to tell the truth*　実を言えば
　重要 ☐ figure [fígjər / フィギャ] 動 思う
　☐ *figure out*　解く，理解する

　☐ *put ... into ~*　…を~に費やす
　☐ speaker [spíːkər / スピーカ] 名 (母語)話者
　☐ *have a great time*　楽しい時を過ごす

● **語句を確かめよう** (p.168)

　☐ *in the future*　将来
　☐ *out of ...*　…から外側へ
　☐ *in need*　困って

　重要 ☐ company [kámpəni / カンパニ] 名 会社
　☐ research [risə́ːrtʃ / リサーチ]
　　　動 研究する

Drill POINTの文を練習しよう。1 Listen / 2 Repeat / 3 Say ♪

Ⓐ angry（怒っている）
Ⓑ tired（疲れている）
Ⓒ laugh（笑う）
Ⓓ cry（泣く）
Ⓔ make（作る）
Ⓕ study（勉強する）
Ⓖ think about（考える）
Ⓗ ask for（求める）

〈Repeatする英文〉

Ⓐ I don't know why Amy is angry. (エイミーがなぜ怒っているのかわかりません。)

Ⓑ I don't know why Amy is tired. (エイミーがなぜ疲れているのかわかりません。)

Ⓒ I don't know why Amy is laughing. (エイミーがなぜ笑っているのかわかりません。)

Ⓓ I don't know why Amy is crying. (エイミーがなぜ泣いているのかわかりません。)

Ⓔ I don't know what Koji is making. (耕司が何を作っているのかわかりません。)

Ⓕ I don't know what Koji is studying. (耕司が何を勉強しているのかわかりません。)

Ⓖ I don't know what Koji is thinking about. (耕司が何を考えているのかわかりません。)

Ⓗ I don't know what Koji is asking for. (耕司が何を求めているのかわかりません。)

・扉ページ（教科書p.103）

① What languages are the people using in these pictures?
（これらの写真の中ではどんな言語が使われていますか。）

② When will you use a foreign language in the future? （将来いつ外国語を使いますか。）

解答例 ① Probably English. (おそらく英語です。)
Maybe some other languages, such as Spanish, French and Japanese.
（多分，スペイン語，フランス語，日本語などの言語です。）

② When I travel abroad. (海外を旅行するときです。)
When I exchange messages, photos and videos with people overseas through SNS. (SNSを通して海外の人とメッセージ，写真，動画を交換するときです。)

GET Part 2 For Our Future

——● 〈help＋A＋動詞の原形〉の形を理解し，使おう。

● **声を出して読んでみよう** ♪

●ジンと花が中学校を卒業したあとのことについて話しています。

〈decide to＋動詞の原形〉は不定詞の名詞用法で「…することを決心する」。

Jing: ❶ I decided to study performing arts in America.

「では」と相手の言うことを確認している。

Hana: ❷ So you finally made a decision.
ディスィジョン
決断した

このsideは「(敵・味方の) 側」という意味で，on …'s side で「…の味方で」となる。

Jing: ❸ Yes. ❹ I'm ready to go. ❺ I want to thank
…する準備ができた

you. ❻ You always helped me deal with
ディール
…に対処する

problems in my life.

missは「…がいなくて寂しく思う」という意味。I'll miss you.は別れのあいさつをするときの決まり文句で，will を使って「これから寂しくなる」ということを表す。

Hana: ❼ I'll be on your side even when we're apart.
アパート
…する時でも

Jing: ❽ Thanks. ❾ I'll miss you.

Hana: ❿ Don't worry. ⓫ I'll keep in touch.
心配する　　　　　　　　連絡を取り合う

POINT ♪

● 「Aが…するのを手伝う」〈help ＋ A ＋動詞の原形〉

> ヘルプト　　ミー　　　　クク　　　ランチ
> **Miki helped me cook lunch.** （美紀は私が昼食を作るのを手伝ってくれました。）

- 「A（人）が…するのを手伝う」は〈**help ＋ A ＋動詞の原形**〉で表します。
- 「手伝う」のは文の主語である Miki ですが，「昼食を作る」（cook lunch）のは<u>目的語（A）である me</u> です。
- 〈help ＋ A ＋ to ＋動詞の原形〉と不定詞を使うこともあります。

  Miki helped me <u>to cook</u> lunch.

- 文の主語には人以外のものやことがらがくることもあります。この場合「（主語）は A が…する助けとなる〔…するのに役立つ〕」などと訳すと自然な表現になります。

  <u>This book</u> helped me understand the problem.

  （この本は私がその問題を理解する助けになりました。）

▼ **ここが ポイント！**

❻ You always helped me deal with problems in my life.

- 〈**help ＋ A ＋動詞の原形**〉「A が…するのを手伝う」の形です。
- deal が表す動作をするのは，目的語である me です。

● **本文の意味をつかもう**

ジン：❶アメリカで舞台芸術を学ぶことに決めたよ。
花　：❷そう，ついに決心したのね。
ジン：❸うん。❹行く準備はできているよ。❺花にはお礼を言いたいな。❻あなたは，私が人生の問題に
　　　対処するのをいつも助けてくれたから。
花　：❼離れても，ずっとあなたの味方だからね。
ジン：❽ありがとう。❾でもさみしくなるな。
花　：❿心配しないで。⓫連絡をとり続けるよ。

Q&A

What did Hana help Jing deal with? （花はジンが何に対処するのを助けましたか。）

【解答例】She helped Jing deal with the problems in her life.

　　　　（彼女はジンが彼女の人生における問題に対処するのを助けました。）

🎧 Listen 🎵

ディヌー，陸，ケイト，マークが，中学校生活で思い出に残ったできごとについて発表しています。四人の思い出についてメモを完成しよう。

	①	②	③	④
誰が				
何をしてくれた				

🎤 Speak & ✏️ Write

(1) 中学校生活の思い出について発表しよう。

　　例 – My best friend helped me think about my future seriously.

　　　（私の親友は私が将来について真剣に考えるのを手伝ってくれました。）

　　　– The school festival helped me decide to study art at university.

　　　（学校祭が大学で美術を勉強しようと決断するきっかけになりました。）

(2) (1)で話したことを書こう。

解答例 (1) The soccer club helped me understand the importance of team work.

　　　（サッカー部は私がチームワークの大切さを理解することを助けてくれました。）

　　　The speech contest helped me understand the power of words[speech].

　　　（スピーチコンテストは私がことばの力を理解することを助けてくれました。）

　　　The dance lesson helped me learn how to relax my body and mind.

　　　（ダンスのレッスンは私が体と心をリラックスさせる方法を学ぶのを助けてくれました。）

　　(2) 略

Word Bank

believe in myself　自分を信じる

decide my goal for the future　未来の目標を決める

make up with my friend　友だちと仲直りする

7

● **語句を確かめよう** (p.170)

☐ decision [disíʒən / ディ**スィ**ジョン] 名 決心

☐ *make a decision* 決断する

☐ *be ready to ...* …する準備ができた

重要 ☐ deal [díːl / **ディール**] 動 〔deal with ...〕…を (取り) 扱う：〔deal in ...〕(商品を) 扱う

☐ *deal with ...* …を(取り)扱う，…に対処する

☐ apart [əpáːrt / ア**パート**] 副 離れて

☐ *keep in touch* 連絡を取り合う

☐ performing arts [pərfɔ́ːrmiŋ àːrts / パ**フォー**ミング　**アー**ツ] 名 舞台芸術

● **語句を確かめよう** (p.172〜173)

☐ seriously [síəriəsli / **スィ**アリアスリ] 副 まじめに，本気で

☐ doghouse [dɔ́ːghàus / **ドーグ**ハウス] 名 犬小屋

Drill 1 Listen / 2 Repeat / 3 Say

Ⓐ
prepare dinner
（夕食を準備する）

Ⓑ
look for my wallet
（私の財布を探す）

Ⓒ
study science
（理科の勉強をする）

Ⓓ
water the flowers
（花に水をやる）

Ⓔ
build a doghouse
（犬小屋を建てる）

Ⓕ
clean the room
（部屋を片付ける）

Ⓖ
carry boxes
（箱を運ぶ）

Ⓗ
make cookies
（クッキーを作る）

〈Repeatする英文〉

Ⓐ Miki helped me prepare dinner. （美紀は夕食を準備するのを手伝ってくれました。）

Ⓑ Miki helped me look for my wallet. （美紀は私の財布を探すのを手伝ってくれました。）

Ⓒ Miki helped me study science. （美紀は私が理科の勉強をするのを手伝ってくれました。）

Ⓓ Miki helped me water the flowers. （美紀は花に水をやるのを手伝ってくれました。）

Ⓔ Miki helped me build a doghouse. （美紀は犬小屋を建てるのを手伝ってくれました。）

Ⓕ Miki helped me clean the room. （美紀は部屋を片付けるのを手伝ってくれました。）

Ⓖ Miki helped me carry boxes. （美紀は箱を運ぶのを手伝ってくれました。）

Ⓗ Miki helped me make cookies. （美紀はクッキーを作るのを手伝ってくれました。）

わかば市の広報誌に，外国語を使って仕事をする人たちの特集記事が掲載されています。

● 声を出して読んでみよう

❶ Learning a Foreign Language　　❷ Doctor

> 主格の関係代名詞。that以下が直前のplacesを説明し，「…がある場所」という意味になる。

> have been to ...「…へ行ったことがある」。経験用法の現在完了形の表現。

> 目的を表す副詞用法の不定詞。

> 〈help＋A＋動詞の原形〉「Aが…するのを手伝う」の形。

> that以下はhave learnedの目的語。「…ということを学んだ」という意味。

> このwithは「…をもって」と様態を表す。

1 ❸ I work as a doctor in Japan. ❹ Every summer I work for four weeks in a non-governmental organization (NGO). ❺ I go to places that have serious health problems. ❻ I have been to many countries around the world.

2 ❼ The NGO's team members are from different countries, and we speak different languages. ❽ We use English to communicate within the team and with local doctors. ❾ Our team helps the local doctors learn medical treatments. ❿ They help us learn the patients' needs. ⓫ Sometimes we cannot understand each other well. ⓬ I have learned that I need to explain things clearly and sensitively.

3 ⓭ Language is one of the necessary tools for communication and understanding. ⓮ We must use it with care and attention.

● 語句を確かめよう （p.174）

- ☐ organization [ɔ̀:rgənəzéiʃən / オーガニゼイション] 名 組織
- 重要 ☐ within [wiðín / ウィズィン] 前 …の中で
- ☐ medical [médikəl / メディカル] 形 医療の
- ☐ treatment(s) [trí:tmənt(s) / トリートメント〔ツ〕] 名 治療
- ☐ patient(s) [péiʃənt(s) / ペイシェント〔ツ〕] 名 患者
- 重要 ☐ clearly [klíərli / クリアリ] 副 明確に
- ☐ communication [kəmjù:nəkéiʃən / コミューニケイション] 名 意思の疎通
- ☐ understanding [ʌ̀ndərstǽndiŋ / アンダスタンディング] 名 理解
- ☐ attention [əténʃən / アテンション] 名 注意
- ☐ non-governmental [nàn gʌ̀vərnméntl / ナン ガヴァンメンタル] 形 民間の
- ☐ NGO [én dʒí: óu / エンヂーオウ] 名 非政府組織
- ☐ sensitively [sénsətivli / センスィティヴリ] 副 敏感に

● 声を出して読んでみよう ♪

⑮ **Researcher**

4 ⑯I am a computer scientist, and I belong to a
research team in California. ⑰We study artificial
intelligence (AI). ⑱One thing about language
is clear from my experience: when you need a
language, you will learn it.

5 ⑲I did not study English very hard in high
school. ⑳I found science and math were more
important and interesting. ㉑However, when
I was a university student, I realized that I
needed foreign language skills. ㉒Now, as an AI
researcher, I refer to articles in Chinese and
listen to reports in German. ㉓In addition, I write
papers and give presentations in English.

6 ㉔Now I realize that learning languages is
important even for a scientist. ㉕I need good
language skills to reach my goals. ㉖With clear
goals in mind, you can learn English and other
languages.

about language
は前のOne thing
を修飾する語句で、
One thing about
languageが主語。

コロン(:)の後ろで、
前のOne thing
about language
の内容を詳しく述
べている。

foundの後ろには
thatが省略されて
いる。find that ...は
「(経験などによっ
て)…ということが
わかる〔思う〕」とい
う意味。

比較級。⑲にある
Englishと比較し
ている。

後ろのfor a scientist
を修飾し、「科学者
にとっても」という
意味になる。

目的を表す副詞用
法の不定詞。

● 語句を確かめよう (p.175) ♪

☑ artificial [àːrtəfíʃəl / アーティフィシャル] 重要 形 人工の

☑ intelligence [intélədʒəns / インテリヂェンス] 名 知能

☑ researcher [risáːrtʃər / リサーチャ] 名 研究者

☑ refer [rifə́ːr / リファー] 動 参照する
☑ refer to ... …を参照する
☑ German [dʒə́ːrmən / ヂャーマン] 名 ドイツ語
☑ California [kæləfɔ́ːrnjə / キャリフォーニャ] 名 カリフォルニア《地名》
☑ AI [eiái / エイアイ] 名 人工知能

㉗ *Ryokan* Owner

⑦ ㉘I own a *ryokan*, a Japanese-style inn. ㉙When Wakaba City appeared in a popular anime, foreign tourists started coming. ㉚I made English brochures for them.

⑧ ㉛My inn was popular at first, but gradually fewer foreigners came. ㉜I didn't know why. ㉝I used English to interview my foreign guests. ㉞Their responses helped me see the matter more clearly.

コンマ (,) の前のa *ryokan* がどのようなものであるかを説明する語句。

〈start＋動名詞〉「…し始める」の形。

㉙の foreign tourists を指す。

fewer は few の比較級。「より少ない外国人が来た」→「来る外国人が少なくなった」などと訳すとよい。

㉛の文の後半の内容の理由を指している。間接疑問 why gradually fewer foreigners came の why のあとが省略されていると考えられる。

〈help＋A＋動詞の原形〉「Aが…するのを手伝う」の形。Their responses が主語なので,「…する助けとなった,…するのに役立った」などと訳すとよい。

目的を表す副詞用法の不定詞。

● 語句を確かめよう (p.176〜177)

- ☐ inn [ín / イン] 名 宿屋
- ☐ appear(ed) [əpíər(d) / アピア(ド)] 動 出る
- ☐ brochure(s) [brouʃúər(z) / ブロウシュア(ズ)] 名 小冊子
- ☐ foreigner(s) [fɔ́:rənər(z) / フォーリナ(ズ)] 名 外国人
- ☐ interview [íntərvjù: / インタヴュー] 動 インタビューをする
- 重要 ☐ response(s) [rispáns(əz) / リスパンス(ィズ)] 名 返答
- 重要 ☐ customer(s) [kʌ́stəmər(z) / カスタマ(ズ)] 名 客

- ☐ satisfied [sǽtəsfàid / サティスファイド] 形 満足した
- ☐ *not only ...* …だけでなく
- ☐ *than ever before* これまでより
- ☐ broaden [brɔ́:dn / ブロードン] 動 広げる
- ☐ washing [wáʃiŋ / ワシング] 名 洗濯
- ☐ washing machine [wáʃiŋ məʃì:n / ワシング マシーン] 名 洗濯機
- ☐ Wi-Fi [wái fái / ワイ ファイ] 名 ワイファイ

● 声を出して読んでみよう ♪

> choiceは「選択の権利，選択の機会」という意味なので，「料理を自由に選びたがった」ということ。

⑨ ㉟My foreign guests made several suggestions. 提案をした

㊱Some wanted a choice of dishes for dinner and breakfast. ㊲Some wanted a washing machine ワシング マシーン and free Wi-Fi. ㊳All these ideas were new to me. 目新しい

> ㊱や㊲の文で述べているような，外国人の客の要望を指す。

㊴I made some changes, and they worked. 変更を加えた ㊵My customers were more satisfied than before. カスタマズ サティスファイド ㊶Not only that, more foreign guests came than ever before. …だけ でなく

> theyは前のsome changesを指し，workは「うまくいく」という意味。

⑩ ㊷Language is a way to discover new ideas. …する方法 ㊸A foreign language can broaden your mind. ブロードン

> than beforeは「以前より」と以前と現在を比べているだけなのに対し，㊶のthan ever beforeは「これまでより，これまでになく」という意味を表す。

Doctor

Researcher

Ryokan Owner

本文の意味をつかもう

❶「外国語を学ぶこと」

❷医師

1 ❸私は日本で医師として働いています。❹毎年夏には，4週間，非政府組織（NGO）で働いています。❺深刻な健康問題を抱えている場所に行きます。❻これまで，世界中の多くの国々に行きました。

2 ❼NGOのチームのメンバーは様々な国から来ていて，私たちは異なる言語を話します。❽チーム内で，また地域の医師たちとコミュニケーションをとるのに英語を使います。❾私たちのチームは，その地域の医師たちが医療を学ぶのを手伝います。❿彼らは，私たちが患者に必要なものを知るのを助けてくれます。⓫時々，お互いをうまく理解できないときもあります。⓬私は，物事を明確に，そして気を配って説明する必要があることを学びました。

3 ⓭ことばは意思の疎通や理解のために必要な道具の1つです。⓮配慮と注意をもって，ことばを使わなければなりません。

⓯研究者

4 ⓰私はコンピューター・サイエンスの科学者で，カリフォルニアの研究チームに所属しています。⓱私たちは人工知能（AI）を研究しています。⓲私の経験から，ことばについて1つはっきりしていることがあります。（それは，）ことばが必要なときに，人はことばを学ぶということです。

5 ⓳私は高校ではあまり熱心に英語を勉強しませんでした。⓴理科や数学の方がより重要で，おもしろかったのです。㉑しかし，大学生のとき，自分には外国語の能力が必要であるとわかりました。㉒現在は，AI研究者として，中国語の記事を参照したり，ドイツ語で報告を聞いたりします。㉓さらに，英語で論文を書いたり発表を行ったりします。

6 ㉔現在は，言語を学ぶことは，科学者にとってさえも重要だと理解しています。㉕自分の目標を達成するために，優れた言語能力が必要なのです。㉖心に明確な目標があれば，英語や他の言語も学ぶことができます。

㉗旅館経営者

7 ㉘私は，日本式の宿屋である「旅館」を所有しています。㉙わかば市が人気アニメに登場したとき，外国人観光客が来はじめました。㉚（そこで）彼らのために英語の小冊子を作りました。

8 ㉛当初，私の旅館は人気がありましたが，徐々に来る外国人が少なくなってしまいました。㉜私は，なぜなのかわかりませんでした。㉝（そこで）英語を使って外国人の宿泊客にインタビューをしました。㉞彼らの回答は，私が問題をより明確に理解する助けとなりました。

9 ㉟外国人の宿泊客はいくつか提案をしてくれました。㊱夕食や朝食について料理を自由に選びたがる人がいました。㊲洗濯機や無料Wi-Fiを望む人もいました。㊳このようなすべてのアイデアは私にとって目新しいものでした。㊴私はいくつか変更を加え，それらはうまくいきました。㊵お客様は以前よりも満足してくれました。㊶それだけでなく，これまでになく多くの外国人のお客様が来てくれるようになったのです。

10 ㊷ことばは新しいアイデアを発見するための一つの方法です。㊸外国語は視野を広げることができるのです。

STAGE 1 (**Get Ready**) 記事を読む前に確認しよう。

(1) 外国語を使う職業にどんなものがあるか考えよう。

解答例 外交官，国際的なプロスポーツ選手，海外展開している企業などの職員，パイロットやキャビンアテンダント，研究者，海外でも働く医師，外国語の教師など

(2) 外国語を学んだら何ができるようになるか話し合おう。

解答例 海外旅行に行ったとき，現地の人と話ができる，より幅広く深い体験ができる。
自分が作ったものを海外との取引に出すことができる。
海外に友人を作ることができる。

STAGE 2 (**Read**) 記事の要点をとらえよう。

3つの記事から読み取ったことを1つの文章にまとめよう。

Opening	People use languages for different purposes.
Body	In the article, the doctor says that
	The researcher says that
	The *ryokan* owner says that
Closing	In this way, learning a foreign language can be meaningful to us in many ways.

〔purpose 目的　meaningful 意味のある〕

Opening （始めのことば）	People use languages for different purposes. （人々はいろいろな目的のために言語を使います。）
Body （内容）	In the article, the doctor says that she uses English to communicate within the team and with the local doctors. For her, language is a tool for communication and understanding. （記事の中で，医師はチーム内で，また地域の医師たちとコミュニケーションをとるのに英語を使うと言っています。彼女にとって，ことばは意思の疎通や理解のために必要な道具です。） The researcher says that she refers to articles in Chinese, listens to reports in German, writes papers and gives presentations in English. She also says that with clear goals in mind, you can learn languages. （研究者は中国語の記事を参照したり，ドイツ語で報告を聞いたり，英語で論文を書いたり発表を行ったりすると言っています。さらに彼女は，心に明確な目標があれば，言語を学ぶことができると言っています。） The *ryokan* owner says that he uses English to interview his foreign guests. For him, language is a way to discover new ideas. （旅館経営者は外国人の宿泊客にインタビューをするために英語を使うと言っています。彼にとって，ことばは，新しいアイデアを発見するための一つの方法です。）
Closing （終わりのことば）	In this way, learning a foreign language can be meaningful to us in many ways. （このように，外国語を学ぶことは，様々な点で私たちにとって有意義なものになります。）

STAGE 3 | Think & Talk

あなたは将来どんなときに外国語を使うと思いますか。話し合おう。

解答例 I think I'll use English when I go abroad.
（海外に行くときに英語を使うと思います。）
I think I'll use English when we welcome international students.
（外国人留学生を歓迎するときに英語を使うと思います。）
I think I'll use Chinese when I work at a convenience store and have to talk with a Chinese customer.
（コンビニで働いて，中国人のお客様と話さなければならないときに中国語を使うと思います。）
I think I'll use German when I have to work with companies of foreign countries.
（海外の企業と一緒に働かなくてはいけないときにドイツ語を使うと思います。）
I think I'll use French when I do some research or a project with researchers from other countries.
（海外の研究者と一緒に研究をしたりプロジェクトをするときにフランス語を使うと思います。）

Tips for Reading

関連のある複数の文章を読むときは，自分なりに内容を整理しよう。

☑ Check

●記事を書いた３人が最も伝えたいことが書かれている部分に下線を引こう。

解答例
〈Doctor〉 Language is one of the necessary tools for communication and understanding. We must use it with care and attention. (⓭⓮)（ことばは意思の疎通や理解のために必要な道具の１つです。配慮と注意をもって，ことばを使わなければなりません。）

〈Researcher〉 With clear goals in mind, you can learn English and other languages. (㉓)（心に明確な目標があれば，英語や他の言語も学ぶことができます。）

〈*Ryokan* Owner〉 Language is a way to discover new ideas. A foreign language can broaden your mind. (㊷㊸)（ことばは新しいアイデアを発見するための一つの方法です。外国語は視野を広げることができるのです。）

USE Speak スピーチ

20歳の自分にビデオメッセージを作ろう

中学校の卒業記念に，20歳の自分にあてたビデオメッセージを作ることになりました。3年間を振り返りながら，未来の自分に向けてスピーチしよう。

Check 設定を確認しよう。

（何のために）卒業記念のビデオメッセージを作るために

（何について）

（何をする）

1. Watch 花のスピーチ動画を見よう。 ▶

(1) 発表するときに，花がどんな工夫をしているか考えよう。

(2) 発表のあとにどんな質問が出たか確認しよう。

解答例 略

2. Read & Think 花のスピーチ原稿と，花が書き加えたメモを見て，どんな工夫をしているか考えよう。

Opening（始めのことば） ●あいさつ	未来の自分に話しかけるように Hi, Hana! / You and I are the same person, / but five years will separate us. / I can't imagine / how my life will be / in the future. /
Body（内容） ●伝えたいメッセージ ●質問	What do you remember the most / about your school life? / For me now, / the best thing about school / is spending time with my friends. / We share our fun stories / and talk about our worries. / I can't imagine myself / without these friends. / Do you still keep in touch with them? / I hope you do. トーンを変える →　　　　　笑顔で
Closing（終わりのことば） ●ひとこと	I hope this video reminds you / of the great times we had / in Wakaba Junior High School! / See you in five years! / 手をふりながら

Opening ●あいさつ	こんにちは，花！あなたと私は同じ人だけど，5年間という年月が私たちを分けているね。 私には，将来自分の人生がどうなっているのか想像もつかない。
Body ●伝えたいメッセージ ●質問	学校生活について，一番よく覚えていることって何かな？ 今の私にとって，学校で最高なことは友だちと時間を過ごすこと。 おもしろい話を共有したり，心配事について話し合ったりするんだ。 このような友だちがいない自分なんて想像できないな。 今でも友だちと連絡を取り合っている？そうだといいな。
Closing ●ひとこと	このビデオを見て，わかば中学校で過ごしたすばらしい時間を思い出してくれるといいな！5年後に会おうね。

解答例　・顔の表情や行うジェスチャーをメモしている。
　　　　・イントネーションで気をつけるところに印をつけている。
　　　　・ポーズを置くところに／を入れている。
　　　　・どのような感じで話すべきかを書き入れている。

3. Write & Speak 原稿を書いて発表しよう。

Step ① 内容を考える

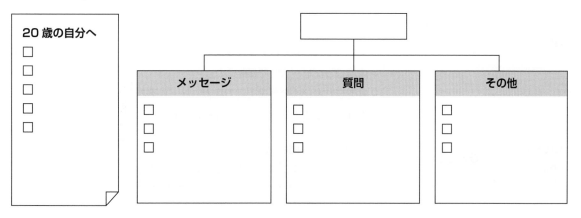

20 歳の自分へ
☐
☐
☐
☐
☐

メッセージ	質問	その他
☐ ☐ ☐	☐ ☐ ☐	☐ ☐ ☐

解答例

20 歳の自分へ
- □ ラグビーを続けている？
- □ 夢を持ち続けている？
- □ あきらめないで頑張ろう。

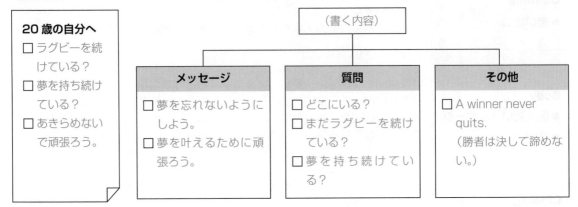

（書く内容）

メッセージ	質問	その他
□ 夢を忘れないようにしよう。 □ 夢を叶えるために頑張ろう。	□ どこにいる？ □ まだラグビーを続けている？ □ 夢を持ち続けている？	□ A winner never quits. （勝者は決して諦めない。）

Step ❷ 考えを整理する

解答例

Opening (始めのことば)	あいさつ	Hi. I hope you are doing great! やあ。私はあなたが元気にしていることを望みます。
Body (内容)	伝えたいメッセージ，質問	– Are you still playing rugby? – won the championship in the J.H.S. rugby tournament – remember the dream, become a doctor in developing countries and help people there – You can do it! "A winner never quits." – まだラグビーを続けていますか。 – 中学校ラグビー大会で優勝した – 夢を忘れない，発展途上国で医者になってそこの人々を助ける – 君ならできる。「勝者は決して諦めない」
Closing (終わりのことば)	ひとこと	I hope this video will encourage you. – 私はこのビデオが君を励ますことを望みます。

Step ③ 🖊 文章を書く

(1) あなたが 20 歳の自分に伝えたいメッセージを書こう。

(2) 花のスピーチ原稿(p.182)に書かれたメモを参考に，あなたの原稿に発表用のメモを書こう。

解答例
Hi, Ken! I hope you are doing great!

I'm taking this video in 20××. I think you are a university student now. Are you still playing rugby? I hope you are. I'm sure you already know, but we won the championship in the J.H.S. rugby tournament!

When you were a junior high school student, your dream was to become a doctor in developing countries and help people there. Do you still have that dream? You need to study various things to be a doctor, but you can do it! When you are down, remember your favorite words: "A winner never quits."

I hope this video will encourage you. Never, never quit and make your dream come true.
Ken

やあ，健！元気にしていたらいいな。

私はこの動画を 20××年に撮っているよ。今はもう大学生だね。ラグビーを続けている？そうだと良いな。もうすでに知っていると思うけど，私たちは中学校ラグビー大会で優勝したよ。

君が中学生だった時，君の夢は発展途上の国々で医者になって，そこで人々を助けることだった。その夢をまだ持っている？医者になるために様々なことを勉強する必要があるけれど，君はできるよ。落ち込んだら，お気に入りのことばを思い出して。「勝者は決して諦めない」。

このビデオが君を勇気づけるといいな。決して，決して諦めなければ夢はかなうよ。

健

Step ④ 🎤 発表する

(1) 発表の練習をしよう。読みづらいところがあれば，メモを修正したり書き加えたりしよう。

(2) 発表のあとにどんな質問が出るか考え，その答えを用意しよう。

(3) クラスやグループで発表しよう。発表が終わったら，質問したり，感想を言ったりしよう。

解答例 (1)(2)(3) 略

Idea Box

【質問】
Are you good at ...? あなたは…が得意ですか。
Can you ...? …ができますか。
Do you still like ...? 今でも…が好きですか。
Will I be in ...? 私は…にいますか。

【できごと】
go to university 大学に行く　　study abroad 留学する
get a job 職を得る　　work for ... …に勤めている
get married 結婚する　　live by myself ひとりで暮らす

【ひとこと】
I can't wait to see myself in five years. 5 年後の自分を見るのが待ちきれない。
See you soon. 近いうちに会いましょう。

● 語句を確かめよう（p.182）

☑ separate [sépərèit / セパレイト] 🔲 隔てる　　☑ *See you.* じゃあまた

GET Plus 3 教室の飾りつけをしてもらいたいです

Dialog ブラウン先生の送別会の準備をしているケイトと陸が話しています。

「A（人など）に…してもらいたい」というときは，〈want＋A＋to＋動詞の原形〉で表します。wantのかわりにtellを入れると「A（人など）に…するように言う」，askを入れると「A（人など）に…するように頼む」という意味になります。

 ▶  Riku, what do you want me to do next? ▶  I **want** you **to** decorate the room.

ケイト：陸，次は何をしてほしい？

陸：教室の飾りつけをしてほしいな。

Exercise 1 陸になったつもりで，ケイトにしてもらいたいことを伝えよう。

❶ ❷  ❸

[解答例] ① I want you to bring some food.
（私はあなたにいくらか食べ物を持ってきてほしいです。）

② I want you to take a picture.
（私はあなたに写真をとってほしいです。）

③ I want you to put the dishes on the table.
（私はあなたにテーブルの上にお皿を置いてほしいです。）

Exercise 2 Dialogを参考にペアで会話しよう。

p.187のWord Bankから動作を1つ選んで，送別会でしてもらいたいことを伝えたり，応じたりしよう。

[解答例] A: What do you want me to do at the farewell party?
（あなたはお別れ会で私に何をしてほしいですか。）

B: I want you to make a speech. （私はあなたにスピーチをしてほしいです。）

A: What do you want me to do at the farewell party?
（あなたはお別れ会で私に何をしてほしいですか。）

B: I want you to sing at the party. （私はパーティであなたに歌を歌ってほしいです。）

Write 上でしてもらいたいことを伝えた文を書こう。 [解答例] 略

Try ペアで，してもらいたいことを伝えたり，応じたりして，自由に話そう。 [解答例] 略

● **語句を確かめよう**（p.186）

☑ decorate [dékərèit / デコレイト] 動 （場所などを）〔…で〕飾る，装飾する

✚ Word Bank

いろいろな動作

plan a party
（パーティーを計画
する）

write an
invitation card
（招待状を書く）

buy some drinks
（いくらか飲み物を
買う）

bring some food
（いくらか食べ物を
持ってくる）

decorate the
room
（部屋を飾る）

put dishes
on the table
（テーブルに皿を置く）

welcome the
guest
（客を歓迎する）

sing at the party
（パーティーで歌を
歌う）

do magic tricks
（手品をする）

take a picture
（写真をとる）

make a speech
（スピーチをする）

clear the table
（テーブルをかたづける）

GET Plus 3

いろいろな場面で want + A + to ... を使ってみよう。

例1　*Kate:* Do you **want** me **to** get more drinks?（あなたは私にもっと飲み物をとってきてほしいですか。）
　　　Riku: That's OK. I'll get the drinks. **I'd like** you **to** change the music.
　　　　　（それは大丈夫です。私が飲み物をとってきます。私はあなたに音楽をかえていただきたいです。）
　　　Kate: All right.（わかりました。）

例2　*Riku:* The party is over. **I'd like** you **to** help us clean up.
　　　　　（パーティが終わりました。私はあなたに私たちがそうじをするのを手伝っていただきたいです。）
　　　Mark: Sure. What do you **want** me **to** do first?
　　　　　（もちろんです。あなたは私に最初に何をしてほしいですか。）
　　　Riku: First, I **want** you **to** get a trash bag.
　　　　　（はじめに，私はあなたにゴミ袋をとってきてほしいです。）

● would like + A + to ... はていねいに指示したり，希望を伝えたりするときに使う。

● **語句を確かめよう**（p.187）　

☐ invitation [ìnvətéiʃən / インヴィテイション] 名 招待

文法のまとめ ❻

──● 間接疑問（whyなど）を確認しよう。

間接疑問（whyなど）

◆疑問詞（why, where, whoなど）を使う疑問文がほかの文の中に入り，目的語などになることがあります。これが間接疑問と呼ばれる形です。

主語	動詞	目的語
I	don't know	why Miki is sad. （私はなぜ美紀が悲しいのか知りません。）

疑問詞＋主語＋動詞 ←── Why is Miki sad?（美紀がなぜ悲しいのか。）

◆間接疑問と，ふつうの疑問文の語順を比べてみましょう。

間接疑問では，疑問詞のあとは〈**主語＋動詞**〉と，肯定文と同じ語順になります。

Where did he go yesterday?（彼はきのうどこへ行ったのですか。）

Do you know where he went yesterday?（あなたは彼がきのうどこへ行ったのか知っていますか。）
疑問詞　主語　動詞

Who is that girl?（あの女の子はだれですか。）

Please tell me who that girl is.（あの女の子がだれなのか私に教えてください。）
疑問詞　　主語　　動詞

help＋A＋動詞の原形

◆「A（人）が…するのを手伝う」と言うときは，〈**help＋A＋動詞の原形**〉で表します。

主語	動詞	A（人）	動詞の原形
Miki	**helped**	**me**	**cook** lunch. （美紀は私が昼食を作るのを手伝いました。）

└── この動作をするのはAであるme

◆後ろに来る動詞（cook）の意味上の主語はA（me）になります。

◆〈help＋A＋to＋動詞の原形〉と不定詞を使うこともあります。

Miki helped me to cook lunch.

want＋A＋to ...

◆「A（人など）に…してもらいたい」と言うときは，〈**want＋A＋to＋動詞の原形**〉で表します。

主語	動詞	A（人など）	to＋動詞の原形
I	**want**	you	**to** decorate the room. （私はあなたに部屋を飾ってほしいです。）

└── この動作をするのはAであるyou

◆不定詞の意味上の主語はA（you）になります。

◆〈**動詞＋A＋to＋動詞の原形**〉の形をとる動詞には，wantやhelpのほかに次のようなものがあります。

- 〈**tell＋A＋to＋動詞の原形**〉「Aに…するように言う」
  I will **tell** him **to** come here.（私は彼にここに来るように言います。）
- 〈**ask＋A＋to＋動詞の原形**〉「Aに…するように頼む」
  She **asked** Ann **to** open the door.（彼女はアンにドアを開けるように頼みました。）

7

英語のしくみ

いろいろな「主語＋動詞…」の文

英語の文の「主語＋動詞」の後ろに続く文の要素や修飾語句を確認しましょう。

(1) 主語 ＋ 動詞

　　 Mr. Brown | sings well . （ブラウン先生は上手に歌います。）

　　 Mr. Brown | walks fast . （ブラウン先生は速く歩きます。）

(2) 主語 ＋ 動詞 ＋ 前置詞＋…
　　　　　　　　　　　　どこに？／いつ？

　　 Mr. Brown | is | in the classroom . （ブラウン先生は教室にいます。）

　　 Mr. Brown | stays | at school . （ブラウン先生は学校にとどまります。）

(3) 主語 ＋ 動詞 ＋ 補語（名詞／形容詞）　　この文の形の補語は主語を説明しています。
　　　　　　　　　　　何？／どんな？

　　 Mr. Brown | is | a teacher . （ブラウン先生は教師です。）

　　 Mr. Brown | looks | happy . （ブラウン先生は幸せそうに見えます。）

(4) 主語 ＋ 動詞 ＋ 目的語（名詞）
　　　　　　　　　　　何を［に］？

　　 Mr. Brown | plays | the guitar . （ブラウン先生はギターをひきます。）

(5) 主語 ＋ 動詞 ＋ 目的語（名詞） ＋ 前置詞＋…
　　　　　　　　　　　何を［に］？　　　どこに？／いつ？

　　 Mr. Brown | puts | the map | on the wall . （ブラウン先生は壁にその地図を貼ります。）

(6) 主語 ＋ 動詞 ＋ 目的語（名詞） ＋ 目的語（名詞）
　　　　　　　　　　　だれ［何］に？　　　何を？

　　 Mr. Brown | teaches | us | an English song . （ブラウン先生は私たちに英語の歌を教えます。）

(7) 主語 ＋ 動詞 ＋ 目的語（名詞） ＋ 補語（名詞／形容詞）　　この文の形の補語は目的語を説明しています。
　　　　　　　　　　　だれ［何］を？　　　何？／どんな？

　　 Mr. Brown | calls | me | Tom . （ブラウン先生は私をトムと呼びます。）

　　 Mr. Brown | makes | us | happy . （ブラウン先生は私たちを幸せにします。）

Drill 1　　日本語の意味に合うように，次の文の下線部を正しく書き直しましょう。

1. Do you know why is she crying? （彼女がなぜ泣いているのかわかりますか。）

2. Tell me where did you meet the man. （どこでその男性に会ったのか私に教えてください。）

Drill 2　　次の英文を日本語にしましょう。

1. Peter helped his father wash the car.

2. Can you help me write a letter in English?

Drill 3　　日本語の意味に合うように，（　　）に適する語を入れましょう。

1. I (　　) you (　　) go and buy some eggs. （私はあなたに卵を買いに行ってもらいたいです。）

2. He (　　) his father (　　) come home early.
　　（彼はお父さんに早く家に帰ってきてほしがっていました。）

Project 3　ディスカッションをしよう

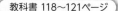
教科書 118〜121ページ

中学校の隣にわかば市が所有する空き地があります。その空き地の活用について，市民から寄せられた意見を読んで，どんな施設を作ったらよいか話し合おう。

Check 設定を確認しよう。

（何のために）　空き地にどんな施設を作るとよいか決めるために

（何をする）　＿＿＿＿＿＿＿＿＿＿＿＿＿＿＿＿＿＿＿＿＿＿＿＿＿

---

1. Read わかば市のウェブサイトに掲載された市民の意見を読もう。

Service / Facility	Education	Visiting	Health	Help

HOME >>Survey>>　　　　　　　　　　　　　　　　　　　　　　　　Japanese | English

001 Big Park / Playground

It is important for children to run around and play outside. However, you cannot use balls in many parks. Playground equipment has been removed from some parks. Where and how can children play outside? We should make a big park and a playground. Then children can play freely.

002 Hospital

We need a hospital. We have to go to Midori City to get the latest medical treatment. In addition, these days, you cannot stay in the hospital for a long time. You have to go to the doctor a few times a week. This is becoming a serious problem as the number of elderly people increases.

003 Nursery School

The lack of nursery schools is a big problem in many parts of Japan. Wakaba City is not an exception. Even though the number of children is decreasing, we do not have enough nursery schools and teachers to handle all the babies and children who need care. If this continues, young people will leave our city.

004 Movie Theater

Our city needs something fun. We need something that people can do together. A movie theater is the answer. I can stream a film and watch it at home. This is different from watching a film at a movie theater. At a movie theater, I am part of an audience. I can experience the film with others. At a theater, the city truly comes together.

語句を確かめよう（p.190）

- ☐ equipment [ikwípmənt / イクウィプメント]
  名 備品，用具
- ☐ remove(d) [rimúːv(d) / リムーヴ（ド）]
  動 取り除く，取り外す
- ☐ freely [fríːli / フリーリ] 副 自由に
- ☐ *these days* 最近
- ☐ elderly [éldərli / エルダリ] 形 年配の
- ☐ nursery [nə́ːrsəri / ナーサリ] 名 託児所
- ☐ nursery school [nə́ːrsəri skùːl / ナーサリ スクール] 名 保育園
- ☐ exception [iksépʃən / イクセプション]
  名 例外
- 重要 ☐ handle [hǽndl / ハンドル]
  動 扱う，処理する
- ☐ stream [stríːm / ストリーム]
  動 流す；ストリーミングする
- ☐ *be different from ...* …と違っている
- ☐ audience [ɔ́ːdiəns / オーディエンス]
  名 聴衆，観客
- ☐ *come together* 集まる

サービス／施設	教育	観光	健康	ヘルプ

ホーム≫アンケート≫　　　　　　　　　　　　　　　　　　　　　日本語｜英語

001　大きな公園・運動場	002　病院
子どもたちにとって，外で走り回ったり遊んだりすることは重要です。しかし，多くの公園ではボールを使うことはできません。遊具が取り除かれてしまっている公園もあります。子どもはどこで，またどうやって外で遊ぶことができるのでしょうか。私たちは，大きな公園や運動場を作るべきだと思います。そうしたら，子どもたちは自由に遊ぶことができます。	私たちには病院が必要です。私たちは最新の医療を受けるために，みどり市に行かなくてはなりません。加えて，最近は長い期間，病院に入院することができません。1週間に2～3回，医師のところに行かなくてはなりません。このことは，高齢者の数が増えるにつれて，深刻な問題になりつつあります。
003　保育園	004　映画館
日本の多くの場所で，保育園の不足が大きな問題になっています。わかば市も例外ではありません。子どもの数が減ってはいますが，世話を必要としている赤ちゃんや子どもたちすべてを扱う保育園や保育士の数は十分ではありません。このようなことが続けば，若い人々は私たちの市を離れていくでしょう。	私たちの市には，何か楽しいことが必要です。私たちには，人々が一緒にできる何かが必要です。映画館こそがその答えです。私は家で，映画をストリーミングして見ることができます。しかし，これは映画館で映画を見ることとは違います。映画館では，私は観客のひとりです。私はほかの観客と一緒に映画を体験することができます。映画館において，市は本当の意味で一体となるのです。

(1)　ウェブサイトに掲載された市民の意見(p.190)を読んで，投稿した人がどんな施設が必要だと思っているか考えよう。

(2)　ペアやグループで市民の意見を整理しよう。

Ideas	Strong Points	Weak Points
Big Park / Playground	・外でたくさん遊びたい子どもたちが喜ぶ ・子どもたちの健康によい	・新しい公園を作らなくても，今ある公園を子どもたちが利用しやすいようにルールを作ればよい

解答例

Ideas (アイデア)	Strong Points (長所)	Weak Points (短所)
大きな公園・運動場	・外でたくさん遊びたい子どもたちが喜ぶ ・子どもたちの健康によい	・新しい公園を作らなくても，今ある公園を子どもたちが利用しやすいようにルールを作ればよい
病院	・最新医療を受けるために，みどり市の病院まで行かなくてもよい ・最近，入院期間は限られており，週2～3回医師のところに行かなくてはならないので，わかば市に病院があるのはよい。	・最新の医療施設のある病院を作るとなると，それなりの設備費や維持費がかかる。市の財政を圧迫しないか。 ・病院を作らなくても，みどり市の病院までのシャトルバスを導入するなど，ほかの解決策があるのではないか。
保育園	・日本の多くの場所で保育園が足りない。わかば市も例外ではない。子どもの数は減っていても，なお保育園や保育士は足りていない。	・保育園を作るにしては土地が広すぎるのではないか。何か併設の施設にしないと土地が余りそう。
映画館	・映画館など，人々が一緒に楽しめる施設が必要である。 ・人々が集い，一体となって楽しめることで，市は本当の意味で一体となる。	・映画館は日中に訪れる人も多く，土曜日は特に人が多い。中学校の横に作ると，特に土曜日の授業中は来館者の声などが気になるかもしれない。

2. Listen 陸たちのグループが空き地にどんな施設を作ったらよいかディスカッションをしています。聞いてみよう。

	Idea (アイデア)	Reasons (理由)
Riku (陸)		
Hana (花)		
Kate (ケイト)		
Dinu (ディヌー)		

3. Think Big Park / Playground, Hospital, Nursery School, Movie Theater のどれに賛成ですか。2. Listen で出た意見をふまえて、あなたの考えを整理しよう。

Idea	Big Park / Playground ・ Hospital ・ Nursery School ・ Movie Theater ・ Others
Reasons	

解答例

Idea (アイデア)	Big Park / Playground ・ Hospital ・ Nursery School ・ Movie Theater ・ Others
	(大きな公園) (運動場) (病院) (保育園) (映画館) (その他)
Reasons (理由)	As Kate says, the number of people in Wakaba City is increasing, both elderly and young. Particularly for elderly people, it is hard to go to hospital if it is located in another city. We need a hospital in our city. (ケイトが言うように、わかば市の人口は若者も高齢者も増えています。特に高齢者にとっては、病院が別の市にあると行くのが難しいです。私たちの市内に病院が必要です。)

4. Discuss 空き地にどんな施設を作るとよいか，グループで話し合おう。

解答例

A: I think we should build a nursery school.
B: Why do you think so?
A: There are many people who want to use it. Also, I heard that there are many people on the waiting list.
B: I see.
A: 私は幼稚園を建てるべきだと思います。
B: どうしてそう思いますか。
A: 多くの人がそれを使いたがっています。また，順番待ちのリストに多くの人が載っていると聞きました。
B: なるほど。

TRY　Discuss あなたの住んでいる地域に置き換えて，ディスカッションしよう。

1　あなたが住んでいる地域にはどんな課題があるか考えてみよう。

●あなたの身の回りにどんな人がいるかな。

解答例

・A person who uses a walking stick　（杖を使う人）
・A person with a baby stroller　（ベビーカーを押す人）
・Small children　（幼い子どもたち）
・A person in a wheelchair　（車いすの人）
・A sick person　（病気の人）

●どんな施設があるといいかな。

| shopping mall （ショッピングモール） | swimming pool （プール） | library （図書館） | hot spring （温泉） | amusement park （遊園地） | parking lot （駐車場） | station （駅） |

② ディスカッションの流れを確認しよう。

● 参加者全員が役割を意識して，ディスカッションを進めよう。

Role		Idea Box
Lead a discussion （花） （話し合いを先導する） 全員が発言するように話者を指名する。 **POINT** ・静かになったら誰かを指名する。 ・感想や質問が出ない時は，自分の感想を言う。		What do you think, Riku? 　陸，あなたはどう思いますか。 Who has a different opinion? 　違う意見の人はいますか。 Why do you think so? 　どうしてそう思いますか。
Say an opinion （陸） （意見を言う） 自分の意見について話す。 **POINT** ・ゆっくり，はっきりと話す。 ・聞き手が理解しているか気を配る。		In my opinion,　私の意見では， I think we need a new hospital. 　新しい病院が必要だと思います。 We should make a big park. 　私たちは大きな公園を作るべきです。
Make comments （ケイト，ディヌー） （感想を言う） 意見を言った人に質問したり，感想を言ったりする。 **POINT** ・意見の中で気になったことはメモする。 ・自分の意見と比べながら聞く。		I think so, too.　そう思います。 That's a great [wonderful] idea. 　それはすばらしいアイデアです。 It's perfect for .... 　…にぴったりです。 I like the idea, but .... 　そのアイデアは好きですが，…。

STAGE 1
ディスカッションを始める

◎ディスカッションを始めよう。

> Shall we start?
> [Let's start.]

始めます。

STAGE 2
意見を言う

Step 1 Speakerに意見を聞こう。

> Riku, could you tell us your idea first?

Step 2 自分の意見をシェアしよう。

> I think we should make a big park. Children need a place to ....

Step 3 あいづちをうとう。

> Ah, I see.

> Uh-huh.

陸，まずあなたの考えを教えてくれませんか。

大きな公園を作るべきだと思います。子ども達には…する場所が必要です。

ああ，なるほど。／うん，うん。

STAGE 3
質問する・感想を言う

Step 1 感想や質問があるか，ほかの参加者にたずねよう。

> Kate, do you have any questions for Riku?

> Dinu, what do you think about Riku's idea?

Step 2 出た意見について質問したり，感想を言ったりしよう。

> How many parks do we need?

> I like your idea. But I think parks aren't the only solution.

Step 3 質問に答えたり，感想にあいづちをうったりしよう。

> I think we need at least two.

> That's true. Maybe we can use our school instead.

ケイト，陸に何か質問はありますか。　ディヌー，陸の考えについてどう思いますか。

公園はいくつ必要ですか。　あなたの考えが気に入っています。ただ，公園が唯一の解決策ではないと思います。

少なくとも2つ必要だと思います。　たしかにそうですね。もしかしたら代わりに学校を使ってもいいかもしれません。

STAGE 4
ディスカッションを終える

◎多数決をとって，グループの意見をまとめよう。

> Let's take a vote. Who is for Riku's idea?
>
> Our group chose "big park". That's it. Thank you for sharing your ideas.

多数決を採りましょう。
陸の考えに賛成の人はいますか？

私たちのグループは「大きな公園」を選びました。
以上です。
意見を出してくれてありがとうございました。

合計

/100

1 次の英語は日本語に，日本語は英語になおしなさい。(各2点)

(1) reach （　　　　　　　） (2) customer （　　　　　　　）

(3) modern （　　　　　　　） (4) だれも…ない ＿＿＿＿＿＿＿

(5) 会社 ＿＿＿＿＿＿＿ (6) 想像する ＿＿＿＿＿＿＿

2 意味が通るように，（　　）内から適切な語を選んで○で囲みなさい。(各3点)

(1) Let's keep (in, of, on) touch.

(2) I don't know (as, from, for) sure why he asked me about that.

(3) She wants to help people (with, for, in) need.

(4) What do you want to be (in, at, on) the future.

(5) I'll call you as (fast, soon, quickly) as I arrive at the station.

(6) To (teach, tell, give) the truth, we have known each other for a long time.

3 日本語に合うように，＿＿＿に適切な語を書きなさい。(両方正解で各4点)

(1) 彼は私が机を運ぶのを手伝ってくれました。

He helped ＿＿＿＿＿＿＿ ＿＿＿＿＿＿＿ the desks.

(2) もっと時間があったらいいのになあ。

I ＿＿＿＿＿＿＿ I ＿＿＿＿＿＿＿ more time.

(3) あなたはこれが何か知っていますか。

Do you know what ＿＿＿＿＿＿＿ ＿＿＿＿＿＿＿?

(4) もしお金がたくさんあれば，世界中を旅することができるのに。

If I ＿＿＿＿＿＿＿ much money, I ＿＿＿＿＿＿＿ travel around the world.

(5) 母は私にその本を読むように言いました。

My mother ＿＿＿＿＿＿＿ me ＿＿＿＿＿＿＿ read the book.

4 日本語に合うように，（　　）内の語（句）や符号を並べかえなさい。ただし，文頭に来る語は，大文字になおして書くこと。(各4点)

(1) 彼らがなぜそこへ行ったのか私に教えなさい。

(they / me / why / there / went / tell).

＿＿＿＿＿＿＿＿＿＿＿＿＿＿＿＿＿＿＿＿＿＿＿＿＿＿＿.

(2) 彼女はあなたに信用してもらいたいのです。(to / her / wants / trust / you / she).

＿＿＿＿＿＿＿＿＿＿＿＿＿＿＿＿＿＿＿＿＿＿＿＿＿＿＿.

(3) 宇宙へ行ければいいのになあ。(could / to / go / wish / space / I / I).

＿＿＿＿＿＿＿＿＿＿＿＿＿＿＿＿＿＿＿＿＿＿＿＿＿＿＿.

(4) 私たちは彼に英語の歌を歌うように頼みました。

We (sing / him / an English song / to / asked).

We ＿＿＿＿＿＿＿＿＿＿＿＿＿＿＿＿＿＿＿＿＿＿＿＿＿.

(5)　もし私があなたなら，彼女にほんとうのことを言うでしょう。

If I (tell / you / would / her / were / I / the truth / ,).

If I _____ .

5 次の英文を読んで，あとの問いに答えなさい。

My dream is to invent a time machine.　①If I (　　　　) one, I (　　　　) visit great inventors across the ages.　It is something I have been thinking of for a long time.　You might think I am a dreamer, but all new things start as dreams.　I have learned from past dreamers how to create something new for the future.

Today nobody thinks about flying.　It is not new or especially exciting.　It was not always ②so.　For centuries the dream of traveling by air interested inventors, like Leonardo da Vinci.　He thought, "③I (fly / wish / I / a bird / could / like)."　He and others studied birds.　They watched feathers in the wind.　Gradually they learned some of the secrets of flight.

The earliest aircraft were ridiculous.　One inventor tied an umbrella and wings to a chair.　Another made a duck-like machine.　People made fun of them.　However, the inventors used their imaginations in quite unexpected ways.　They led to the invention of the modern airplane.　You need a mind full of ideas (　④　) order to create something new.　This is the first thing I have learned.

(1)　下線部①が「もしタイムマシーンがあったら，私は時代を超えて偉大な発明家を訪ねるだろう。」という意味になるように，(　　)に入れる適切な語を書きなさい。(両方正解で3点)

If I _____ one, I _____ visit great inventors across the ages.

(2)　下線部②が表す内容を日本語で答えなさい。(4点)

_____

(3)　下線部③の(　　)内の語(句)を，正しい英文になるように並べかえなさい。(3点)

I _____ .

(4)　(　④　)に入れるのに適切な英語1語を書きなさい。(2点)　_____

6 あなた自身が友達や家族のだれかにしてもらいたいと思っていることを，その理由も含めて，2文以上の英文で書きなさい。(18点)

_____

_____

_____

_____

A Present for You

アメリカのある小さな町に，若い夫婦が住んでいました。生活は貧しかったものの，ふたりは小さな幸せをかみしめながら暮らしていました。クリスマスを前に，妻のデラは浮かない顔で窓の外を見つめていました。

● 声を出して読んでみよう

❶ A Present for You

❷ One dollar and eighty-seven cents. ❸ That was all. ❹ Della counted the money again. ❺ One dollar and eighty-seven cents.

❻ The next day was Christmas. ❼ Della wanted to buy a present for her husband, Jim, but they were poor. ❽ One dollar and eighty-seven cents was not enough.

❾ She stood by the window and looked out. ❿ It was snowing. ⓫ She saw a large gray cat that had large gray eyes. ⓬ It was walking slowly on a gray fence in the gray yard. ⓭ Everything looked gray.

⓮ "I'll have to sell something," she said to herself. ⓯ "But is there anything to sell?"

⓰ Della went up to the mirror and stood before it. ⓱ She looked at herself in the mirror. ⓲ She thought that she looked exhausted. ⓳ She looked at her long, shiny hair. ⓴ "I know Jim loves it, but it's all I have," she thought.

cent「セント」は貨幣の単位で，100セントが1ドル。

❷の金額を指す。

主語のOne dollar and eighty-seven centsという金額を1つのまとまりとして考えているので，単数扱いになっている。

〈look＋形容詞〉で「…に見える」。「何もかもが灰色に見えた」ということで，デラの暗い気持ちを表している。

〈There is ....〉の疑問文。to sellは前のanythingを修飾する形容詞用法の不定詞。

I haveが〈主語＋動詞〉の形で前の代名詞allを説明している。「それは私が持っているすべてのもの」→「私にはそれしかない」ということ。

READING FOR FUN 2

● 声を出して読んでみよう ♪

主格の関係代名詞
で，that以下が前
のa shopを説明し
ている。

❶ Della went to a shop that dealt in hair goods. ❷ It
デルト   (商品)を扱った   ゲツ
was only a few blocks away from her apartment.
アパートメント

❸ In the shop, she saw a large woman who had cold
冷淡な
eyes.

主格の関係代名詞
で，who以下が前
のa large woman
を説明している。

❹ "Will you buy my hair?" she asked the woman.

〈let＋A＋動詞の原
形〉「Aに…させる」
を使った命令文。
「私に…させて」と
いう意味。

❺ "I buy hair," said the woman in a low voice.
…してくれませんか

❻ "Take your hat off. ❼ Let me look at it." ❽ Della
低い声で
took off her hat.

❾ "Twenty dollars," said the woman.
20 (の)

❿ "OK," Della accepted her offer.
アクセプテド

目的を表す副詞用
法の不定詞。「見つ
けるために」

⓫ Della took the money and hunted all over town
ハンテド
to find Jim's present. ⓬ She found it at last. ⓭ She
…じゅうで
bought a gold watch chain. ⓮ It was twenty-one
金(色)(の)   くさり   ついに
dollars.

〈show＋A＋B〉「A
にBを見せる」の形。

⓯ "Jim's gold watch will look nice on this chain,"
she thought.

〈give＋A＋B〉「A
にBをあげる」の形。

⓰ When Jim married Della, he showed her a gold
マリド
watch. ⓱ "My father gave me this watch," he said.

The gold watchを
指す。

⓲ The gold watch was his only treasure, but he
ただ一つの
did not have a chain for it.

⓳ It grew dark, and soon Jim came back. ⓴ He was
ダーク
knocking the snow off his shabby coat, but suddenly
ナキング   シャビ
└─〜から …をたたき落としていた─┘
he stopped.
止めた

● 声を出して読んでみよう ♪

❶ "Jim!" cried Della. ❷ "Don't look at me that way.
❸ I had my hair cut off and sold it because . . . .
❹ It's Christmas, Jim. ❺ Let's be happy. ❻ I've got
a nice present for you."

❼ "I've got a nice present for you, too." ❽ Jim slowly
took out a small wrapped box and put it on the table.
❾ Della opened it and saw a set of combs with
jewels on them.

❿ "Oh, Jim!" cried Della. ⓫ Tears ran down her
face.

⓬ They were both silent for a while. ⓭ At last Della
looked up, smiled, and said, "My hair grows very
fast." ⓮ She took out the watch chain that was
shining beautifully. ⓯ She showed it to him and
said, "You like it, don't you? ⓰ You'll have to look
at the time a hundred times a day now."

⓱ "Della, my dear wife," said Jim. ⓲ "I sold my
watch to buy your combs."

⓳ He sat down on a chair and smiled at her.

[左側の注釈欄]

in that way「そんなふうに」のinが省略された形。

〈have＋A＋動詞の過去分詞〉で「Aを…してもらう」という意味になる。

主格の関係代名詞で, that以下が前のthe watch chainを説明している。

〈肯定文, don't＋主語?〉は「…ですよね」と同意を求めたり, 確認したりする表現。

[本文中のルビ・注釈]

took out 取り出す
a set of ひとそろいの
combs コウムズ
with …の付いている
jewels ヂューエルズ
Tears ティアズ
ran down …を流れ落ちた
silent サイレント
for a while しばらくの間
smiled スマイルド
looked up 見上げた
shining シャイニング
beautifully ビューティフリ
dear いとしい
wife ワイフ
sat down すわった
smiled at …にほほえんだ

READING FOR FUN 2

● 語句を確かめよう（p.200〜202）

□ cent(s) [sént(s) / セント〔ツ〕] 名 セント

重要 □ money [mʌ́ni / マニ] 名 お金

□ Christmas [krísməs / クリスマス]
名 クリスマス

重要 □ husband [hʌ́zbənd / ハズバンド] 名 夫

□ gray [gréi / グレイ] 名 形 灰色（の）

□ fence [féns / フェンス] 名 へい

□ yard [jáːrd / ヤード] 名 庭

□ Della [délə / デラ] 名 デラ《名前》

□ Jim [dʒím / ジム] 名 ジム《名前》

□ *say to oneself* ひとりごとを言う

□ *go up to …* …のところまで行く

□ exhausted [igzɔ́ːstəd / イグゾーステド]
形 疲れ果てた

□ shiny [ʃáini / シャイニ] 形 輝く

重要 □ dealt [délt / デルト]
動 deal（扱う）の過去形

□ goods [gúdz / グヅ] 名 商品

□ apartment [əpáːrtmənt / アパートメント]
名 アパート

□ *take off* 外す

重要 □ accept(ed) [əksépt(əd) / アクセプト〔テド〕]
動 受け入れる

□ hunt(ed) [hʌ́nt(əd) / ハント〔テド〕]
動 探す

重要 □ marry, married [mǽri(d) / マリ（ド）]
動 結婚する

□ dark [dáːrk / ダーク] 形 暗い

□ *come back* 帰る

重要 □ knock(ing) [nák(iŋ) / ナク〔キング〕]
動 たたく

□ *knock … off* 〜 〜から…を払い落とす

□ shabby [ʃǽbi / シャビ] 形 着古した

□ *cut off* 切る

□ *take out* 取り出す

□ *a set of …* ひとそろいの…

□ comb(s) [kóum(z) / コウム（ズ）]
名 髪飾り

□ jewel(s) [dʒúːəl(z) / ヂューエル（ズ）]
名 宝石

□ tear(s) [tíər(z) / ティア（ズ）] 涙

□ silent [sáilənt / サイレント] 形 沈黙した

□ *for a while* しばらく

□ smile(d) [smáil(d) / スマイル（ド）]
動 ほほえむ

□ shine, shining [ʃáin(iŋ) / シャイン〔ニング〕]
動 輝く

□ beautifully [bjúːtəfəli / ビューティフリ]
副 美しく

重要 □ wife [wáif / ワイフ] 名 妻

● 本文の意味をつかもう

(教科書 p.122〜123, 本書 p.200)

❶あなたへの贈り物

❷1ドルと 87 セント。❸それが全てでした。❹デラはお金をもう一度数えました。❺1ドルと 87 セント。
❻次の日はクリスマスでした。❼デラは夫のジムにプレゼントを買いたいと思っていましたが，彼らは貧し
かったのです。❽1ドルと 87 セントでは十分ではありませんでした。

❾彼女は窓際に立ち，外を眺めました。❿雪が降っていました。⓫大きな灰色の目をした大きな灰色のネコ
が目に入りました。⓬そのネコは，灰色の庭の灰色のへいの上をゆっくりと歩いていました。⓭すべてのこと
が灰色に見えました。

⓮「何かを売らなくちゃいけないわ」と彼女はひとりごとを言いました。⓯「でも，売るものはあるのか
しら。」

⓰デラは鏡のところまで行き，その前に立ちました。⓱彼女は，鏡の中の自分自身を見ました。⓲自分が疲
れ果てているように思いました。⓳彼女は自分の長く，輝く髪を見つめました。⓴「ジムがこの髪を大好きだっ
てことはわかっているけど，私にはこれしかない」と彼女は考えました。

（教科書 p.123〜124, 本書 p.201）
❶デラは髪に関係する商品を扱っている店に行きました。❷そこは彼女のアパートから数ブロックしか離れていませんでした。❸その店に，冷淡な目をした大柄の女性がいるのが目に入りました。
❹「私の髪を買ってくれませんか」と彼女はその女性にたのみました。
❺「髪は買うわ」とその女性は低い声で言いました。❻「帽子をとって。❼髪を見せて。」❽デラは帽子をとりました。
❾「20ドルよ」とその女性は言いました。
❿「それでいいです」とデラはその値段を受け入れました。
⓫デラはお金を受け取り，ジムへの贈り物を見つけるために町中を探しました。⓬彼女はついにそれを見つけました。⓭金時計のくさりを買ったのです。⓮21ドルでした。
⓯「ジムの金時計は，このくさりをつけるとすばらしく見えるわ」と彼女は考えました。
⓰ジムがデラと結婚したとき，彼は彼女に金時計を見せてくれました。⓱「父がこの時計をくれたんだ」と彼は言いました。⓲その金時計は，彼にとってのたった一つの宝物でしたが，時計用のくさりがありませんでした。
⓳暗くなり，間もなくジムが帰ってきました。⓴彼は着古したコートから雪を払い落としていましたが，突然止めました。

（教科書 p.124〜125, 本書 p.202）
❶「ジム！」とデラは叫びました。❷「そんなふうに私を見ないで。❸髪は切って売ったの。だって…。❹クリスマスなのよ，ジム。❺幸せな気分でいましょうよ。❻あなたにすてきな贈り物を手に入れたの。」
❼「ぼくも君にすばらしい贈り物を手に入れたんだ。」❽ジムは小さな，（紙で）包装された箱をゆっくりと取り出し，テーブルの上に置きました。
❾デラはそれを開け，宝石のついた，ひとそろいの髪飾りを見つけました。
❿「まあ，ジム！」とデラは叫びました。⓫涙が彼女の頬を伝って流れ落ちました。
⓬二人ともしばらくの間沈黙していました。⓭ついにデラは顔を上げ，ほほえんで，「私の髪はとても速く伸びるの。」と言いました。⓮彼女は美しく輝いている時計のくさりを取り出しました。⓯彼女は彼にそれを見せ，言いました。「気に入ってくれるでしょう？⓰これからは1日に百回も時刻を確認しなくちゃいけないわね。」
⓱「デラ，いとしい妻よ」とジムは言いました。⓲「君の髪飾りを買うために，あの時計は売ったんだ。」
⓳彼はいすに座り，彼女にほほえみました。

Read and Think

1. 下の英文を，この話のストーリーの順に並べ替えよう。
   (a) Della bought a present for Jim.　(b) Della looked at herself in the mirror.
   (c) Jim gave a present to Della.　(d) Della sold her hair.
   (e) Della counted the money.　(f) Della gave a present to Jim.
   (g) Jim came home.

   解答 (e) → (b) → (d) → (a) → (g) → (c) → (f)

2. 最後の場面で，デラとジムはそれぞれどのような気持ちだったと思いますか。

   解答例 デラ：「自分が大切にしている時計を手放すまで，私へのプレゼントを買ってくれたのね。そんなに私のことを考えてくれていたのね。」
   ジム：「お互い相手のことを思って，自分にとって一番大切なものを売って，贈り物を買ったんだな。」

3. もしあなたがデラなら，どのようにしてジムへのプレゼントを用意しますか。

   解答例 ・ジムが好きな料理を作る。・相手に対する感謝の手紙を書く。
   ・少しでも余分に働いてお金を作り，プレゼントを買う。

Learning from Nature

教科書 126〜129ページ

私たちは，自然界の生き物を研究し，そこからヒントを得て，便利な生活を手に入れてきました。身近な例として「面ファスナー」と「新幹線」があります。それらはどんな仕組みをヒントに作られたのでしょうか。

● 声を出して読んでみよう ♪

READING FOR FUN 3

❶ **Learning from Nature**
自然

❷ Have you ever thought of flying like a bird?

❸ Many people have, including Leonardo da Vinci.
オブザーヴド　…を含めて　ケアフリ

❹ He observed birds very carefully and made designs for flying machines that mimicked the
ミミクト
actions of birds' wings. ❺ His designs did not
work, but they inspired others. ❻ His designs
うまくいく　インスタンスィズ　ほかの人
were also early instances of getting ideas from
nature and using the ideas to create new products
アカデミク
and technologies. ❼ This academic field is called
分野
バイオウミメティクス　　　　　　　クラリファイ
biomimetics. ❽ The following examples will clarify
メソツ
the methods and uses of biomimetics.
用途

❾ Look around you. ❿ One of you might be using a
フク　アンド　ループ　ファスナズ
biomimetic product — the hook-and-loop fasteners
on your wallet, shoes, or bag.
スウィス
⓫ The idea for these fasteners came to a Swiss
…の心に浮かんだ
engineer. ⓬ He took a walk through some woods
散歩をした
with his dog. ⓭ Burs were sticking to his clothing
ファー　…にくっついていた
and the dog's fur. ⓮ It was difficult to remove the
クロウスリ
burs. ⓯ He looked at one more closely. ⓰ There
フクス
were hundreds of small hooks on it.
何百の

Side notes (left column):

後ろに❷の問いにある thought of flying like a bird が省略されている。

designs以下が made の目的語。that は主格の関係代名詞で，that以下が前の flying machines「航空機」を説明している。

His designsを指す。

〈might+be動詞+動詞の-ing形〉で「〜しているかもしれない」の意味。

ダッシュ（—）の後ろで，前の a biomimetic product を具体的に述べている。

〈It is ... to 〜.〉「〜することは…だ」の過去の文。It は to remove以下の内容を表す。

a burを指す。

❶ The hooks easily caught onto loops of clothing, animal fur, and other things. ❷ By closely observing nature, the engineer got the idea for a new product that you can use easily.

❸ You may know another biomimetic success: the Shinkansen. ❹ Before the 1990s, the Shinkansen had a problem with the air resistance in tunnels. ❺ Trains entered the narrow tunnels at high speed. ❻ This created air pressure inside the tunnel. ❼ When the train rushed out of the tunnel, it pushed the air ahead of it. ❽ The sudden change in pressure resulted in a loud noise which annoyed people almost half-a-kilometer away. ❾ The train company made a team to solve the problem. ❿ The team decided to slow down the trains before they went into the tunnels. ⓫ This reduced the noise, but it increased the time.

⓬ Then an engineer on the team said to himself, "We can do better than this. ⓭ Is there a way to manage sudden changes in pressure?" ⓮ He found an idea in the design of a bird, the kingfisher.

● 声を出して読んでみよう ♪

主格の関係代名詞で，that以下が前のa train designを説明している。

❶ This bird has a long, pointy beak. ❷ Because of the beak's shape, the bird can dive smoothly into water without much of a splash or noise.

❸ にある，トンネルの中の空気圧が減ったことを指す。

❸ Engineers tested a train design that imitated the kingfisher's beak. ❹ It worked. ❺ The design reduced air pressure in the tunnel. ❻ This lowered

trains made が〈主語＋動詞〉の形で 前 のthe noiseを説明している。

the noise trains made . ❼ In addition, trains could go faster and save energy due to the new design.

〈動詞の -ing形 …〉の形で「…している ～」と前のpeopleを説明している。

❽ This biomimetic design produced good results for travelers, people living nearby , and the company.

継続用法の現在完了形。

❾ As all living things have evolved, they developed specific adaptations to their environments. ❿ Burs

目的を表す副詞用法の不定詞。「広げるために」

stick to people and animals to spread the plant's

継続用法の現在完了形。

seeds. ⓫ With its long beak, a kingfisher can dive smoothly into water and catch fish. ⓬ These and

コロン(：)のあとは，in many waysの内容を具体的に説明している。

other ideas from nature have inspired humans in many ways : in engineering, in design, in art,

〈help＋A＋動詞の原形〉「A が …する のを手伝う〔…する助けとなる〕」の形。

and in life. ⓭ The wisdom of nature broadens our mind and helps us improve our lives.

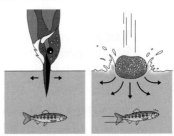

☐ observe(d) [əbzə́:rv(d) / オブ**ザ**ーヴ(ド)] 動 観察する

☐ carefully [kéərfəli / **ケ**アフリ] 副 注意深く

☐ instance(s) [ínstəns(əz) / **イ**ンスタンス(ィズ)] 名 実例

☐ academic [ækədémik / アカ**デ**ミク] 形 学問の

☐ clarify [klǽrəfài / ク**ラ**リファイ] 動 明らかにする

重要 ☐ method(s) [méθəd(z) / **メ**ソド〔ツ〕] 名 方法

☐ mimic(ked) [mímik(t) / **ミ**ミク(ト)] 動 まねする

☐ biomimetics [bàioumimétiks / バイオウミ**メ**ティクス] 名 生体模倣技術

☐ biomimetic [bàioumimétik / バイオウミ**メ**ティク] 形 生体模倣技術を使った

☐ hook-and-loop fastener(s) [húk ənd lú:p fǽsnər(z) / **フ**ク アンド **ルー**プ **ファ**スナ(ズ)] 名 面ファスナー

☐ Swiss [swís / ス**ウィ**ス] 形 スイス人の

☐ *take a walk* 散歩をする

☐ fur [fə́:r / **ファ**ー] 名 毛

☐ closely [klóusli / ク**ロ**ウスリ] 副 接近して

☐ hook(s) [húk(s) / **フ**ク(ス)] 名 かぎ

☐ onto [ɔ́ntu: / **オ**ントゥー] 前 …の上に

☐ loop(s) [lú:p(s) / **ルー**プ(ス)] 名 輪

☐ resistance [rizístəns / リ**ズィ**スタンス] 名 抵抗

☐ enter(ed) [éntər(d) / **エ**ンタ(ド)] 動 入る

☐ speed [spí:d / ス**ピー**ド] 名 速度

重要 ☐ pressure [préʃər / プ**レ**シャ] 名 圧力

重要 ☐ ahead [əhéd / ア**ヘ**ド] 副 前へ

☐ sudden [sʌ́dn / **サ**ドン] 形 急な

☐ *result in ...* …という結果になる

☐ noise [nɔ́iz / **ノ**イズ] 名 騒音

☐ annoy(ed) [ənɔ́i(d) / ア**ノ**イ(ド)] 動 いらいらさせる

☐ *slow down* 速度を落とす

☐ bur(s) [bə́:r(z) / **バ**ー(ズ)] 名 イガ

☐ clothing [klóuðiŋ / ク**ロ**ウズィング] 名 衣服

☐ half-a-kilometer [hǽf ə kilámətər / **ハ**フ ア キ**ラ**ミタ] 名 形 半キロメートル(の)

重要 ☐ himself [himsélf / ヒム**セ**ルフ] 代 彼自身に

重要 ☐ manage [mǽnidʒ / **マ**ニヂ] 動 何とかうまく…する

☐ beak [bí:k / **ビー**ク] 名 くちばし

☐ dive [dáiv / **ダ**イヴ] 動 飛び込む

☐ smoothly [smú:ðli / ス**ムー**ズリ] 副 なめらかに

☐ splash [splǽʃ / スプ**ラ**シュ] 名 水しぶき

☐ imitate(d) [ímətèit(əd) / **イ**ミテイト〔テド〕] 動 まねる

☐ lower(ed) [lóuər(d) / **ロ**ウア(ド)] 動 減らす

重要 ☐ due [djú: / **デュ**ー] 形 [due to...]…が原因で，…のためで〔に〕

☐ *due to ...* …のために

重要 ☐ produce(d) [prədjú:s(t) / プロ**デュー**ス(ト)] 動 もたらす

☐ traveler(s) [trǽvlər(z) / ト**ラ**ヴラ(ズ)] 名 旅行者

☐ nearby [nìərbái / ニア**バ**イ] 副 近くに

☐ kingfisher [kíŋfiʃər / **キ**ングフィシャ] 名 カワセミ

☐ pointy [pɔ́inti / **ポ**インティ] 形 先のとがった

☐ evolve(d) [iválv(d) / イ**ヴァ**ルヴ(ド)] 動 進化する

☐ develop(ed) [divéləp(t) / ディ**ヴェ**ロプ(ト)] 動 発達させる

重要 ☐ specific [spəsífik / スペ**スィ**フィク] 形 特定の

☐ adaptation(s) [ædæptéiʃən(z) / アダプ**テ**イション(ズ)] 名 適応

☐ seed(s) [sí:d(z) / ス**イー**ド〔ツ〕] 名 種

☐ engineering [èndʒəníəriŋ / エンヂ**ニ**アリング] 名 工学

☐ wisdom [wízdəm / **ウィ**ズダム] 名 知恵

● 本文の意味をつかもう

（教科書 p.126 ～ 127，本書 p.205）

❶「自然から学ぶ」

　❷鳥のように（空を）飛ぶことを考えたことがありますか。❸レオナルド・ダ・ヴィンチをはじめ，多くの人がそのことを考えたことがあります。❹彼はとても注意深く鳥を観察して，鳥の翼の動きをまねした空飛ぶ機械の設計図を作りました。❺彼の設計図はうまくいきませんでしたが，ほかの人々を刺激しました。❻彼の設計図はまた，自然からアイデアを得て，新しい製品や科学技術を作り出すためにそれを使った初期の実例です。❼このような学術分野は「生体模倣技術」と呼ばれています。❽以下の例で，生体模倣技術の方法や用途が明らかになるでしょう。

　❾身の回りを眺めてみましょう。❿みなさんの中には，生体模倣技術を用いた製品を使っている人がいるかもしれません—それは財布やくつ，かばんについている面ファスナーです。

　⓫このファスナーのアイデアは，あるスイス人のエンジニアの心に浮かびました。⓬彼はイヌと一緒に，いくつかの森を通って散歩しました。⓭イガが服やイヌの毛にくっついていました。⓮そのイガを取り除くのは困難でした。⓯彼はイガを一つ，さらに接近して見てみました。⓰イガには，何百もの小さなかぎがついていました。

（教科書 p.127 ～ 128，本書 p.206）

❶そのかぎが，服や動物の毛，その他のものの輪に容易にひっかかっていたのです。❷接近して自然を観察することで，そのエンジニアは，簡単に使える新しい製品のアイデアを得ていたのです。

　❸みなさんは，生体模倣技術の別の成功例を知っているかもしれません。それは新幹線です。❹ 1990年代よりも前，新幹線はトンネル内の空気抵抗に関する問題を抱えていました。❺列車は高速で狭いトンネルに入っていました。❻これがトンネル内部に空気圧を生み出しました。❼列車がトンネルから勢いよく出るときは，列車の先にある空気を押しました。❽圧力の突然の変化は，約半キロ離れたところにいる人々をもいらいらさせるような，大きな騒音という結果になりました。❾鉄道会社は，この問題を解決するためにチームを作りました。❿そのチームは，列車がトンネルに入る前に速度を落とすことを決めました。⓫このことにより，騒音は減少しましたが，所要時間は増えました。

　⓬その後，チームの一員であるエンジニアが，「これよりももっとうまくできるはずだ。⓭空気圧の突然の変化をどうにかする方法はないだろうか」とひとり言を言いました。⓮彼はカワセミという鳥のデザインにアイデアを見つけました。

（教科書 p.128 ～ 129，本書 p.207）

❶この鳥は長くて先のとがったくちばしを持っています。❷そのくちばしの形のおかげで，カワセミはたいした水しぶきや騒音もなくなめらかに水中に飛び込むことができます。

　❸エンジニアたちは，カワセミのくちばしをまねた列車の設計を試しました。❹それはうまくいきました。❺その設計は，トンネルの中での空気圧を減少させました。❻このことにより，列車が引き起こす騒音は減ったのです。❼さらに，この新しい設計のおかげで，列車はより速く走行できるようになり，エネルギーを節約することもできました。❽生体模倣技術の設計は，旅行者や近くに住む人々，そして鉄道会社にとってよい結果をもたらしたのです。

　❾すべての生物は進化しながら，環境に対してある特定の適応性を発達させました。❿イガは，その植物の種子を広げるために人や動物にくっつきます。⓫カワセミは，その長いくちばしがあるので水中になめらかに飛び込み，魚を捕らえることができます。⓬自然から得たこれらのアイデア，そしてそのほかのアイデアは，多くの方法で人間を奮い立たせてきました。工学やデザイン，芸術，生活においてです。⓭自然界の知恵は私たちの精神の幅を広げ，私たちの生活をよりよくすることに役立っています。

Read and Think

1. 下に示す内容は，どのページで述べられていますか。ページ番号を書き入れよう。

（教科書 p.127，本書 p.205～206）面ファスナーの誕生

（教科書 p.128，本書 p.207）改良された新幹線の車両

（教科書 p.127，本書 p.206）1990 年以前の新幹線

（教科書 p.126，本書 p.205）バイオミメティクスとは

2. バイオミメティクスの説明をまとめてみよう。

(1) レオナルド・ダ・ヴィンチは鳥を観察して何を作りましたか。

(2) 面ファスナーはどのようにして誕生しましたか。

(3) 1990 年代までに新幹線が抱えていた問題は何ですか。

(4) 新幹線の車両を改良するとき，何を参考にしましたか。

(5) 自然界の知恵は私たちの生活にどのように役立っていますか。

解答例

(1) 鳥の翼の動きをまねした空飛ぶ機械の設計図。（p.205 ❹）

(2) あるエンジニアが森を散歩していたときに，イガが服やイヌの毛にくっついているのに気づき，それを接近して観察することでヒントを得た。（p.205 ⓯⓰，p.206 ❶❷）

(3) トンネルに入ったときの空気圧の変化が原因で，ひどい騒音が発生すること。（p.206 ❽）

(4) カワセミのくちばし。（p.206 ⓮）

(5) 私たちの精神の幅を広げ，私たちの生活をよりよくすること。（p.207 ⓭）

3. 自分たちの身の回りにあるバイオミメティクスの例を探してみよう。

解答例

・痛くない注射針は，蚊の口がヒントになっている。

・飛行機の翼や靴のクッションに用いられるハニカム構造（正六角形の重なった構造）は，ミツバチの巣の断面（頑丈なだけではなく，音や衝撃を吸収し，断熱にも優れた構造）を応用したものである。

A Vulture and a Child

1993 年，ハゲワシと少女を写した 1 枚の写真が，世界に大きな衝撃を与えました。
この写真をあなたはどのように考えますか。

※本文は 1997 年に書かれたもので，当時の状況に基づいて記述されている。

● **声を出して読んでみよう**

❶ **A Vulture and a Child**
ヴァルチャ

| ここでは「…を持っている，…のある」という意味。

❷ Sudan is a large country in northeast Africa.
スーダン　　　　　　　　　　　　　　　　　　　　ノースイースト　　アフリカ

| ここでは「国民」という意味。

❸ It is a country with great promise. ❹ It also has great problems.
プラミス
大きな将来の見込み

| 〈want＋A＋to …〉「Aに…してもらいたい」の形。

❺ For many years, the people of Sudan have suffered from war and hunger.
ハンガ　　　　　　　　　　　　　　　　　　　　　　　　…で苦しんだ
❻ Kevin Carter went there to work as a photographer.
カータ　　　　　　　　　　　　　　　　フォタグラファ
❼ He wanted the world to see the problems of Sudan.

| why以下はknewの目的語となる間接疑問。

❽ One day Carter saw a child on the ground. ❾ He knew why the child was there.

| ❸のThe photoを指す。

❿ She was so hungry that she could not move.
とても…なので
⓫ Suddenly, a vulture appeared and approached the girl.
アピアド　　　アプロウチト

| winの過去形。ここでは「…を獲得する」の意味。

⓬ He took a photo.
フォウトウ
⓭ The photo appeared in newspapers all over the world.

| 「…（の理由）で」と原因・理由を表す。

⓮ He won a Pulitzer Prize for it.
ピューリツァ　プライズ

● **語句を確かめよう** (p.211)

- ☑ vulture [vʌ́ltʃər / ヴァルチャ] 名 ハゲワシ
- ☑ Sudan [suːdǽn / スーダン] 名 スーダン
- ☑ northeast [nɔ̀rθíːst / ノースイースト] 名 北東
- ☑ Africa [ǽfrikə / アフリカ] 名 アフリカ
- ☑ promise [práməs / プラミス] 名 将来の見込み
- ☑ *suffer from ...* …に苦しむ
- ☑ hunger [hʌ́ŋgər / ハンガ] 名 飢え
- ☑ Carter [kɑ́ːtər / カータ] 名 カーター《姓》

- ☑ photographer [fətágrəfər / フォタグラファ] 名 写真家
- ☑ approach [əpróutʃ / アプロウチ] 動 近づく
- ☑ photo [fóutou / フォウトウ] 名 写真
- ☑ Pulitzer Prize [pjúːlitsər práiz / ピューリツァ プライズ] 名 ピューリッツァー賞《報道・文学・音楽の各部門ですぐれた社会的功績をあげた作品に与えられる賞》

❶ At first, this seemed like a good thing. **❷** The photograph shocked people around the world.

❸ They were suddenly aware of the problems that the people of Sudan faced. **❹** The world could help them. **❺** The people of Sudan could help themselves.

❻ Many hungry people got the food they needed. **❼** In this view, the photograph and the photographer did their jobs. **❽** Many lives were saved.

❾ There was another view. **❿** Many people agreed that the photograph was certainly shocking. **⓫** The photographer's actions also shocked them. **⓬** The child was weak. **⓭** She was dying. **⓮** She was in need.

⓯ However, the photographer took a photograph instead of helping her right away. **⓰** They thought that this was wrong because we should always help people in need.

⓱ Mr. Carter had to make a tough decision between doing his work and helping the child. **⓲** He chose to take the photograph. **⓳** What do you think of his decision? **⓴** What would you do?

フォウトグラフ
…に気がついた
直面していた
ゼムセルヴズ
なすべき仕事をした
別の見方
サートンリ
シャキング
ローング
タフ
選んだ

❷のpeople around the worldを指す。

目的格の関係代名詞で，that以下が前のthe problemsを説明している。

〈主語＋動詞〉がthe foodを後ろから説明する形。

dieの-ing形。was dyingで「死にかけていた」という意味。

〈instead of＋動名詞〉で「…する代わりに」という意味。

〈a decision between A and B〉で「AかBかの選択」の意味。

「あなたならどうしますか」とたずねる表現で，仮定法の文。

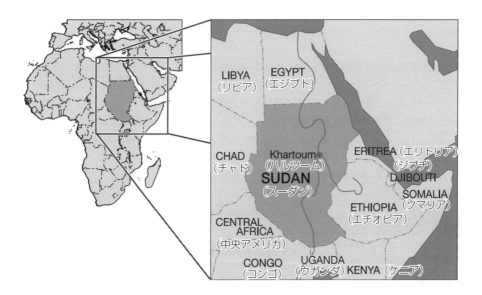

Further Reading 1

● **語句を確かめよう**（p.212）

- ☐ photograph [fóutəgræf / フォウトグラフ]
  名 写真
- ☐ *be aware of ...* …に気づく
- ☐ themselves [ðəmsélvz / ゼムセルヴズ]
  代 彼（彼女）ら自身
- ☐ certainly [sə́ːrtənli / サートンリ]
  副 もちろん

- ☐ shocking [ʃákiŋ / シャキング] 名 衝撃的な
- ☐ *right away* すぐに
- ☐ wrong [rɔ́ːŋ / ローング]
  形 誤っている
- ☐ tough [tʌ́f / タフ] 形 難しい

本文の意味をつかもう

(教科書付録 5，本書 p.211)

❶「ハゲワシと子ども」

❷スーダンはアフリカ北東部の大きな国です。❸大きな将来の見込みがある国です。❹それは大きな問題も抱えています。

❺長年にわたって，スーダンの国民は戦争と飢えに苦しんできました。❻ケビン・カーターは写真家として仕事をするために，その地に行きました。❼彼は世界の人々にスーダンの問題を見てほしかったのです。

❽ある日，カーターは地上に子どもを見かけました。❾なぜその子がそこにいるか，彼にはわかりました。❿彼女はあまりに空腹で動けなかったのです。⓫突然ハゲワシが現れ，少女に近づきました。⓬彼は写真を撮りました。⓭その写真は世界中の新聞に掲載されました。⓮彼はそれによりピューリッツァー賞を獲得しました。

(教科書付録 6，本書 p.212)

❶初めは，これは良いことのように見受けられました。❷この写真は世界中の人々に衝撃を与えました。❸人々は，スーダンの人たちが直面している問題に突然気づいたのです。❹世界中の人々が彼らを援助できるようになりました。❺スーダンの人たちも自分たち自身を救えるようになりました。❻多くの飢えた人々が，必要な食料を手に入れることができました。❼このような見方をすれば，この写真と写真家はなすべき仕事をしたということになります。❽多くの命が救われたのです。

❾別の見方もあります。❿多くの人々が，この写真はもちろん衝撃的であると同意しました。⓫写真家の行動もまた衝撃を与えました。⓬その子どもは弱っていました。⓭彼女は死にかけていました。⓮助けを必要としていたのです。⓯それなのに，写真家は，すぐに彼女を助ける代わりに，写真を撮ったのです。⓰私たちは，どんなときでも，困っている人々を助けるべきであるため，人々は，このことは間違っていると考えました。

⓱カーターさんは，自分の仕事をするか，子どもを助けるか，難しい決断をしなければなりませんでした。⓲彼は写真を撮るほうを選びました。⓳あなたは彼の決断をどう思いますか。⓴あなたならどうしますか。

A Moment of Peace

第 1 次世界大戦（1914 〜 1918）において，イギリスはドイツと激しい戦闘をくり広げていました。そのさなかに信じられないできごとが起きました。

これはそれを体験したひとりの兵士が母親に送った手紙です。

● **声を出して読んでみよう**

❶ A Moment of Peace

❷ Dear Mother,

❸ I hope you have received my letters, but you know what the post and censors are like. ❹ Did you get my Christmas greetings before the twenty-fifth?

❺ Christmas here in the trenches was amazing. ❻ You may not believe what happened, but the following story is true, a true Christmas story.

❼ On the morning of Christmas Day, George and I were on guard duty in the front-line trench. ❽ It is an unpleasant job made worse by the cries of the sick and wounded. ❾ That morning, however, there was silence. ❿ We wondered why. ⓫ Was it the calm before an attack?

⓬ Then we heard singing from the German trenches. ⓭ I could not understand the words, but I recognized the melody. ⓮ It was a Christmas song that we often sang together. ⓯ The voices grew louder as they got to the end. ⓰ It was a very strange moment. ⓱ We stayed on guard. ⓲ In fact, the tensions rose. ⓳ After a moment of silence, the singing began again.

hopeの後ろに接続詞thatが省略されている。hope that ...で「…であることを望む，…であればいいと思う」。

what以下はWhat are the post and censors like?という疑問文が，間接疑問となっている。

believeの目的語になる間接疑問。疑問詞が主語になっている疑問文である。

madeは動詞の過去分詞が後ろから前の名詞を修飾する形で，前のan unpleasant jobを説明している。

〈the＋形容詞〉で「…な人々」という意味。

calmもattackも名詞で「攻撃の前の静けさ」。

目的格の関係代名詞で，前の a Christmas songを説明している。

「…するにつれて」という意味の接続詞。

男性同士の親しみ
をこめた呼びかけ
の表現。

「…だが」という意
味の接続詞。

このoneは修飾語
を伴って「(…な)
人」という意味の
代名詞で，複数の
場合はonesにな
る。動詞の-ing形
のsingingが後ろ
からonesを説明し
ている。

lead a songで
「(歌うときに)音頭
を取る」，〈数詞＋
more〉で「さらに…
の」という意味。

〈hold＋A＋B〉で「A
をB(の状態)に保つ」
という意味になる。

「何も持っていない
手」ということ。武
器を持っていないこ
とを表している。

〈no＋動詞の-ing
形〉で「…してはい
けない」と反対や禁
止を表す。

❶ When they started the third song, George sang along with them. ❷ He smiled, "Join in, old boy." ❸ I hesitated, but I finally found my voice. ❹ Though the words were different, I knew the tune. ❺ We heard the sweet melody and words across the damaged land between their trenches and ours.

❻ During a pause, George and I started to sing the fourth song. ❼ At first, George and I were the only ones singing, but soon the rest of our unit joined in. ❽ The Germans softly clapped their hands in time to the music. ❾ We led two more songs.

❿ Suddenly, and quite unexpectedly, a German soldier popped his head above the mounds of earth. ⓫ We held our rifles ready for battle. ⓬ He slowly rose and waved his empty hands above his head. ⓭ "My friends," he shouted. ⓮ "Today is Christmas. ⓯ No shooting. ⓰ Friends." ⓱ George put down his rifle, pulled away from me, and stood up. ⓲ "Yes. ⓳ Peace today. ⓴ Peace for Christmas."

● 声を出して読んでみよう ♪

英国の兵士とドイツ
の兵士を指す。❺
❻のWeも同様。

breakの過去分詞
brokenが「～され
た…」と後ろのtrees
を修飾している。

❸のThe Germans
のドイツ軍に対し
て，このWeは英国
の兵士を指す。

some …, others
〜「…する人もいれ
ば，〜する人もいる」

set「（太陽・月が）
沈む」の過去形。set
は原形・過去形・過
去分詞が同じ形。

過去や未来のある
時点を基準にして
「次の…」と言う場
合はtheを付ける。

聖書の一節。キリ
ストの誕生が告げ
られる場面におけ
る，「地の上では，
御心にかなう人々
に平和があるよう
に」という意味の部
分。

Your loving … は
手紙の結びで使わ
れ，「あなたを愛す
る…，あなたの忠実
な…」という意味。

❶ We gathered in the land between our trenches.
❷ Broken trees and shell craters surrounded us.
❸ The Germans brought some wine, bread, and cheese. ❹ We brought sausages and mince pies.
❺ We ate together. ❻ We talked about our families and friends. ❼ Some played cards. ❽ Others played football.

 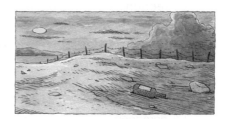

❾ As the sun set, we sang one more song. ❿ Then slowly, regretfully, we returned to our opposing trenches. ⓫ The next day, the war resumed. ⓬ We were enemies again, but for a moment, there was "peace on earth, good will to men."

⓭ Your loving son,
⓮ Basil

- ☑ censor [sénsər / センサ]
  名 (出版物などの) 検閲当局
- ☑ greeting [grí:tiŋ / グリーティング]
  名 あいさつ
- ☑ trench [tréntʃ / トレンチ] 名 ざんごう
- ☑ George [dʒɔ́:rdʒ / ヂョーヂ]
  名 ジョージ (名前)
- ☑ guard [gá:rd / ガード] 名 見張り
- ☑ duty [djú:ti / デューティ] 名 職務
- ☑ *the front-line* (戦闘などの) 最前線
- ☑ unpleasant [ʌnplézənt / アンプレズント]
  形 いやな
- ☑ cry [krái / クライ] 名 叫び (声)
- ☑ *the wounded* 負傷した人々
- ☑ silence [sáiləns / サイレンス] 名 静けさ
- ☑ singing [síŋiŋ / スィンギング] 名 歌声
- ☑ recognize [rékɡənàiz / レコグナイズ]
  動 わかる
- ☑ tension [ténʃən / テンション] 名 緊張
- ☑ *find one's voice*
  (やっとの思いで) 声を出す
- ☑ tune [tjú:n / テューン] 名 曲
- ☑ damaged [dǽmidʒd / ダミヂド]
  形 損害を受けた
- ☑ pause [pɔ́:z / ポーズ] 名 小休止
- ☑ unit [jú:nət / ユーニト] 名 部門
- ☑ softly [sɔ́:ftli / ソーフトリ] 副 静かに
- ☑ clap [klǽp / クラプ] 動 (手を) たたく

- ☑ unexpectedly [ʌnikspéktədli /
  アニクスペクテドリ] 副 思いがけなく
- ☑ soldier [sóuldʒər / ソウルヂャ] 名 兵士
- ☑ *mounds of earth* 土の山
- ☑ rifle [ráifl / ライフル] 名 ライフル銃
- ☑ battle [bǽtl / バトル] 名 戦闘
- ☑ wave [wéiv / ウェイヴ] 動 手を振る
- ☑ shell crater [ʃél kréitər / シェル クレイ
  タ] 名 砲弾でできた地面の穴
- ☑ surround [səráund / サラウンド]
  動 囲む
- ☑ wine [wáin / ワイン] 名 ワイン
- ☑ sausage [sɔ́:sidʒ / ソースィヂ]
  名 ソーセージ
- ☑ mince pie [míns pài / ミンス パイ]
  名 ミンスパイ 《クリスマス用のお菓子》
- ☑ sun [sʌ́n / サン] 名 太陽
- ☑ regretfully [rigrétfəli / リグレトフリ]
  副 残念そうに
- ☑ opposing [əpóuziŋ / オポウズィング]
  形 敵対する
- ☑ resume [rizjú:m / リズ (ュ)ーム]
  動 再び始まる
- ☑ enemy [énəmi / エネミ] 名 敵
- ☑ will [wíl / ウィル] 名 意志
- ☑ loving [lʌ́viŋ / ラヴィング] 形 愛する
- ☑ Basil [bǽzəl / バズィル] 名 バジル 《名前》

● **本文の意味をつかもう**

（教科書付録 7，本書 p.215）

❶「一瞬の平和」

❷お母さんへ

　❸私の手紙が届いていればいいのですが，郵便と検閲当局がどのようであるかはご存じの通りです。❹25 日より前に私のクリスマスカードは届いたでしょうか。

　❺ここ，ざんごうでのクリスマスは驚くべきものでした。❻ここで起きたことは信じられないかもしれませんが，これから書くことはほんとうにあったできごと，ほんとうのクリスマス・ストーリーなのです。

　❼クリスマスの朝，ジョージと私はざんごうの最前線で見張りの職務についていました。❽病気の人や負傷した人々の叫び声が，さらにこの仕事をつらいものにします。❾その日の朝はしかし，静けさがありました。❿私たちは，なぜだろうと不思議に思いました。⓫攻撃の前の静けさなのだろうか。

　⓬すると，ドイツ軍側のざんごうから歌声が聞こえてきました。⓭ことばはわかりませんでしたが，メロディーはわかりました。⓮私たちもよく一緒に歌っていたクリスマスの歌です。⓯歌の終わりに近づくにつれ，声は大きくなっていきました。⓰それはとても不思議なひとときでした。⓱私たちは見張りを続けました。⓲実際，緊張感も高まりました。⓳わずかな間の静けさがあった後，また歌声が始まりました。

（教科書付録 8 ～9，本書 p.216）

　❶3 曲目の歌が始まったとき，ジョージが彼らといっしょに歌いました。❷「お前も歌おう」と彼はほほえみました。❸私はためらいましたが，なんとか声を出しました。❹ことばは違いましたが，曲は知っていました。❺私たちは，ドイツ軍と自分たちのざんごうの間の損害を受けた土地をはさんで，美しいメロディーとことばを聞いたのでした。

　❻（歌の）小休止の間，ジョージと私は 4 曲目を歌い始めました。❼最初は，ジョージと私だけが歌っていたのですが，すぐに他の仲間も参加しました。❽ドイツ軍は音楽に合わせて静かに手を叩きました。❾私たちは，それからさらに 2 曲歌ったのでした。

　❿突然，そしてあまりに思いがけなく，一人のドイツ兵が土の山からひょっこり頭を出しました。⓫私たちは戦闘に備えてライフル銃をかまえました。⓬彼は何も持っていない両手をゆっくりとあげて，頭の上で振りました。⓭「友よ」彼は大声で言いました。⓮「今日はクリスマスだ。⓯撃つのはやめよう。⓰友だちだ。」⓱ジョージはライフル銃を下に置き，私から身を離して立ち上がりました。⓲「そうだ。⓳今日は平和にいこう。⓴クリスマスに平和を。」

（教科書付録 9 ～10，本書 p.217）

　❶私たちはざんごうの間の地に集まりました。❷破壊された木や，砲弾でできた地面の穴が私たちを囲んでいました。❸ドイツ兵たちはワインやパン，チーズを持ってきました。❹私たちもソーセージやミンスパイを持っていきました。❺私たちはいっしょに食べました。❻私たちの家族や友だちについて話をしました。❼トランプをする者がいました。❽サッカーをする者もいました。

　❾太陽が沈むころ，私たちはもう一曲歌いました。❿それからゆっくりと，残念そうに，私たちはそれぞれ敵対するざんごうへと戻っていったのです。⓫翌日には，戦争が再び始まりました。⓬私たちはまた敵となったのですが，ほんのひとときだけ，そこには「地に平和，人に安きあれ」が存在したのです。

⓭（愛するあなたの息子）

⓮バジルより

Listen ❶ 避難訓練のアナウンス ♪ … p. 26

Teacher:

Attention please. This is a fire drill. I repeat, this is only a drill. Please listen to my instructions.

There is a fire in the science room. I repeat, there is a fire in the science room. Everyone on the west side of the building, exit from the building immediately.

Everyone in rooms A to C, the music room, and the office, exit to the soccer field.

Students and teachers in room D, the art room, the theater, and the gym, exit to the parking lot.

I repeat. Students and teachers in rooms A to C, the music room, and the office, exit to the soccer field. If you are in room D, the art room, the theater, and the gym, exit to the parking lot.

Please do not run. Leave your bags and books on your desks. Do not take anything with you. Do not push others as you leave the building. Do not go back to the classroom until you hear the "all clear", and your teacher gives you permission. Teachers, take attendance once outside.

〔attention 注意　repeat くり返す　until …まで
permission 許可　attendance 出席〕

先生：

注意してください。これは火災避難訓練です。繰り返します、これは単なる訓練です。私の指示を聞いてください。

理科室で火事です。繰り返します、理科室で火事です。建物の西側にいる皆さんはすぐに建物から退出してください。

A教室からC教室、音楽室、そして事務室にいる皆さん、サッカー場に避難してください。

D教室、美術室、映写室、体育館にいる生徒達と先生達は駐車場に退出してください。

繰り返します。A教室からC教室、音楽室、そして事務室にいる生徒達と先生達は、サッカー場に避難してください。もし、D教室、美術室、映写室、体育館にいたら駐車場に退出してください。

走らないでください。自分のかばんと本を机に残していって下さい。何も持って行かないでください。建物を去るときは他の人を押さないでください。「全解除」が聞こえて先生が許可を出すまで教室には戻らないでください。先生方、外で点呼をとってください。

Listen ❷ 旅行の行き先の相談 ♪ …… p. 46

Father: Where should we go for our vacation this summer?

Maria: I think we should stay in town and explore Vancouver. Let's go to the Vancouver Aquarium. They have a lot of amazing fish. I want to see the penguins, too. Plus, we have a really great natural history museum.

Matt: Maria, we went to the aquarium last year. And not another museum, please. Let's go somewhere new and different.

Father: So, what do you suggest, Matt?

Matt: I want to go to Alice Lake. My friend went camping there last year. They did all sorts of fun activities like hiking, fishing, and cycling. Plus, a bear walked through their camp. It sounds exciting!

Maria: Exciting!? But I heard Alice Lake is really crowded. What do you think, Dad?

Father: As for me, I'd like to go to Victoria. We could drive around and maybe do some whale-watching. It'd be great. Natsumi, what do you think?

〔Maria マリア〈名前〉　sorts 種類〕

父：今年の夏休みに私たちはどこに行くべきかな。

マリア：私たちは町に残ってバンクーバーを探検すべきだと思う。バンクーバー水族館に行こうよ。水族館にはたくさんの素晴らしい魚がいるよ。私はペンギンも見たいな。あと、本当に素晴らしい自然史博物館もあるよ。

マット：マリア、私たちは水族館に去年行ったよ。また水族館に行くのはやめようよ。新しく違った場所に行こうよ。

父：では、マットはどこを提案するかい？

マット：僕はアリスレイクに行きたいな。僕の友だちが去年そこへキャンプに行ったよ。彼らはハイキング、釣り、サイクリングなどあらゆる楽しい活動をしたんだ。それに、1頭のクマが彼らのキャンプを横切ったんだ。とてもおもしろそうだよ。

マリア：おもしろい！？でも、私はアリスレイクはとても混んでいると聞いたわ。お父さん、どう思う？

父：私としては、ビクトリアに行きたいな。私たちはドライブをしてホエールウォッチングができるかもしれないよ。きっと素晴らしいよ。夏海、どう思う？

Listen ❸ ボイスメッセージ ♪ ………… p. 76

Olivia:

Hi, honey. This is Grandma. How have you been? Oh, I have to tell you. I went to Crown

Gardens last Friday. I saw some beautiful cherry blossoms there, and they reminded me of you. Wait, why did I call you? Oh yeah, about your last e-mail.

Your first question was about my favorite color. Hmm, let me see. Recently I've been using my yellow purse. Today my hat is green, my watch is yellow, and my scarf is blue. What color do you think I like? Yellow? Nope! My favorite color is green! Ha, I got you!

Anyway, I think there was another question. What was it? Oh, yes, that's right. About my favorite food. Hmm, I eat pizza a lot, but that's just because my friend is working at a pizza restaurant. She always gives me a discount. Ha! Let me see, I guess I like chicken soup the best. It goes with any dish and is healthy. I make it almost every day!

〔honey あなた《呼びかけ》 grandma おばあちゃん〕

オリビア：

こんにちは。おばあちゃんです。お元気ですか。あ、伝えることがあるわ。私はこの前の金曜日にクラウンガーデンに行ったの。私はそこで美しい桜の花をみて、あなたを思い出したのよ。ちょっと待って、私はなぜあなたに電話したんだっけ。ああそう、あなたのこの前のＥメールについてだわ。

あなたの最初の質問は私のお気に入りの色についてね。うーん、少し待って。最近私は黄色いお財布を使っているの。今日、私の帽子は緑で、私の腕時計は黄色、そしてスカーフは青だったわ。私はどの色が好きだと思う？黄色？いいえ。私のお気に入りの色は緑よ。あなたを引っかけたわ！

とにかく、もう一つ質問があったと思うわ。それは何だったかしら。ええ、そう、そうよ。私のお気に入りの食べ物だわ。うーん、私はピザをたくさん食べるけど、それはただ私の友だちがピザのレストランで働いているからなの。彼女はいつも私に割引をしてくれるのよ。さあ。ええと、私はチキンスープが一番好きだと思うわ。それはどんな料理にでも合うし、健康的だからね。私はそれをほとんど毎日つくるのよ！

Listen ❹ ラジオニュース 🎵 ………… p. 100

Newscaster:

Good morning from Crown News.

Dr. Molly Green made a great discovery! She is a science teacher in an elementary school in Vancouver, and she does research for Crown University. She is researching biology with a focus on birds.

Last weekend, Dr. Green went to the old forests in the mountains near Vancouver to watch birds. When she was walking through the woods, she saw a small bird. She didn't know this kind of bird. She took several pictures and later showed them to her research team. They searched for more information about the bird, but couldn't find any. Their research led them to an amazing conclusion: it was a new species. They're going to name it Phantasia.

Congratulations to everyone involved in the project.

〔Vancouver バンクーバー research 研究、研究する led to ... …に至らせた congratulations おめでとう〕

ニュースキャスター：

おはようございます、クラウンニュースです。

モリー・グリーン博士がすばらしい発見をしました！彼女はバンクーバーの小学校の理科の先生で、クラウン大学で研究を行っています。鳥に焦点を当てて生物学を研究しています。

先週末、グリーン博士はバンクーバー近郊の山の古い森に、鳥の観察へ行きました。森を歩いていたとき、小さな鳥を見つけました。彼女はこの種類の鳥を知りませんでした。写真を数枚撮り、あとでそれらを自分の研究チームに見せました。彼らはその鳥について、さらなる情報を求めて調査しましたが、何も見つけられませんでした。彼らの研究は驚くべき結論に至りました。それは新種の鳥だったのです。彼らはその鳥を「ファンタジア」と名付ける予定です。

このプロジェクトに関わったみなさん、おめでとうございます。

Listen ❺ 落とし物の問い合わせ 🎵 … p. 128

Tourist: Excuse me. My son lost his baseball cap.

Staff: We have lots of baseball caps here. Can you describe it, please?

Tourist: Yeah, it's a kid-sized cap. It's blue and yellow. It has a white letter "B" on the front.

Staff: Is it a Crown Blues cap?

Tourist: Yes, that's right! Do you have it?

Staff: Actually, we have several Blues caps. When and where did your son lose it?

Tourist: Uh, let's see. At about four thirty, he took it off before we got on the roller coaster. Maybe he lost it there. Wait a minute. He put it on again after the ride. Then he took it off when we went to the bathroom. I think he left it there.

Staff: I see.

Tourist: Oh, I just remembered. Five of the players signed the cap. You can see their autographs written on it. That's why it's his favorite cap.

Staff: Yes! Somebody just brought us a cap like that.

旅行客：すみません。息子が野球帽をなくしてしまいました。

スタッフ：ここにはたくさんの野球帽があります。特徴を教えていただけますか。

旅行客：ああ，子どもサイズの帽子です。青と黄色の。正面に白い「B」の文字があります。

スタッフ：クラウン・ブルーズの帽子でしょうか。

旅行客：はい，そうです！　ありますか。

スタッフ：実は，ブルーズの帽子もいくつかありまして。息子さんは，いつどこでそれをなくされたんですか。

旅行客：ああ，ええっと，4時半ごろですね。ジェットコースターに乗る前に帽子を取ったんです。たぶん，そこでなくしたんだと思います。ちょっと待ってください。乗った後にまたかぶったな。その後トイレに行った時に取ったんだ。彼はそこに置き忘れたと思います。

スタッフ：なるほど。

旅行客：ああ，今思い出しました。5人の選手がその帽子にサインをしてくれました。帽子に書かれたサインが見えるはずです。それで息子のお気に入りの帽子なんです。

スタッフ：ああ！　ちょうど誰かがそういう帽子を持ってきたところでした。

Listen ⑥　スピーチ 🎵 .... p. 160

Speaker:

Hi, I'm Maria from Costa Rica. Today, I'm going to tell you about eco-tourism in Costa Rica. Eco-tourism is tourism with a twist. Instead of just going and seeing things, eco-tourism helps protect nature. In Costa Rica, it is now the standard for tourism.

Costa Rica is a small country in Central America. Many kinds of animals and plants live there. In fact, it has more diversity than many other places on earth. It also has beautiful forests, wetlands, and beaches.

In the 1950s, many of the rainforests were cut down. People started plantations to grow things like bananas and coffee. The natural riches of our country were being destroyed. Then in the 1980s, people took action. We decided to turn to eco-tourism to recover and protect nature. For example, we built bridges so people can walk through the trees above the forest floor. This protects the trees, the animals, and the ground, too.

I'm very proud that I'm from Costa Rica. Protect nature—it is good for us.

〔twist 工夫　standard 基準　tourism 旅行　wetland 湿地帯〕

発表者：

こんにちは，コスタリカから来ました，マリアと申します。今日は，コスタリカでのエコツーリズムについてお話しさせていただきます。エコツーリズムとは，ひと工夫加えた観光事業です。ただ行って何かを見て回るのではなく，エコツーリズムは自然を保護する手助けをします。コスタリカでは現在，観光事業の基準となっています。

コスタリカは中央アメリカの小さな国です。たくさんの動植物がそこに生息しています。実際，地球上の他の多くの地域よりも多様性が豊かな場所です。そこには美しい森林や湿地帯，海岸もあります。

1950年代に，熱帯雨林の多くが切り倒されました。人々はバナナやコーヒーなどを栽培する大農園を始めたのです。私たちの国の豊かな自然が破壊されていました。そうして1980年代に，人々は行動を起こしました。エコツーリズムに転換し，自然を取り戻して保護することに決めたのです。例えば，人々が森の地面の上を歩いて木々を通り抜けられるように，橋を建てました。これによって，木々や動物，そして地面も守られます。

私は，コスタリカ出身であることを非常に誇りに思っています。自然を守る。それは私たちのためになることです。

BONUS STAGE スクリプト

Listen ❶　避難訓練のアナウンス … p. 26

Teacher:

Attention please. This is a fire drill. I repeat, this is only a drill. Please listen to my instructions.

There is a fire in the music room. I repeat, there is a fire in the music room. Everyone, exit from the building immediately.

Students and teachers in rooms B and C, exit to the soccer field. Everyone in rooms B and C, exit to the soccer field.

Students and teachers in room A, the science room, and the office, exit to the parking lot. I repeat, everyone in room A, the science room, and the office, exit to the parking lot.

Everyone in room D and the art room, exit to the gym or theater. I repeat, everyone in room D and the art room, exit to the gym or theater.

Please do not run. Leave your bags and books on your desks. Do not take anything with you. Do not push others as you leave the building. Do not go back to the classroom until you hear the "all clear", and your teacher gives you permission. Teachers, take attendance once in position.

先生：

注意してください。これは避難訓練です。繰り返します，これは単なる訓練です。私の指示を聞いてください。

音楽室で火事です。繰り返します，音楽室で火事です。皆さんはすぐに建物から退出してください。

B教室とC教室にいる生徒と先生はサッカー場に避難してください。B教室とC教室にいる皆さんは全員サッカー場に避難してください。

A教室，理科室，そして事務室にいる生徒と先生は駐車場に避難してください。繰り返します，A教室，理科室，そして事務室にいる皆さん，駐車場に避難してください。

D教室と美術室にいる皆さんは，体育館か映写室に退出してください。繰り返します，D教室と美術室にいる皆さんは，体育館か映写室に退出してください。

走らないでください。自分のかばんと本を机に残していって下さい。何も持って行かないでください。建物を去るときは他の人を押さないでください。「全解除」が聞こえて先生が許可を出すまで教室には戻らないでください。

先生方，位置に着いたら点呼をとってください。

Listen ❷　旅行の行き先の相談 … p. 46

Father: Where should we go on the weekend?

Maria: Let's go to Crown Zoo. There are a lot of cute animals like capybaras. I'm a big fan of June, the famous capybara. Plus, I heard there are special evening events this month. I want to go to one of them.

Matt: Sorry, I already went there with my friends two weeks ago. Let's do something exciting.

Father: What do you suggest, Matt?

Matt: I want to go to Crown Land. There is a new roller coaster! It's the tallest and fastest one in the city. I want to ride it.

Maria: That sounds like fun, too. But I heard tickets are very expensive. What do you think, Dad?

Father: How about Crown Camp Site? We can do a barbecue for lunch. It's getting warm, so we can sleep in the tent. We haven't gone camping in a while, so I'm sure it'll be fun. Natsumi, what do you think?

父：この週末に私たちはどこに行くべきかな。

マリア：クラウン動物園に行こうよ。カピバラなどたくさんの可愛い動物がいるよ。私は有名なカピバラのジューンの大ファンなの。それに，今月は特別な夕方の行事があるって聞いたよ。そのうちの一つに行きたいな。

マット：ごめん，僕は2週間前に友達ともう行ったんだ。なにかわくわくするようなことをしようよ。

父：では，マットは何を提案するかい？

マット：僕はクラウンランドに行きたいな。新しいジェットコースターがあるんだ！この市の中でいちばん高くて速いんだ。それに乗りたいな。

マリア：それも面白そうね。でも，チケットがとても高いって聞いたよ。お父さん，どう思う？

父：クラウンキャンプ場はどうかな。みんなでお昼にバーベキューができるよ。暖かくなってきたからテントで眠れる。しばらくキャンプに行っていないから，きっと楽しいよ。夏海，どう思う？

Listen ❸　ボイスメッセージ … p. 76

Olivia:

Hi, honey. This is Grandma. How have you been? Oh, did you hear about Emily? Emily from the Crown Evening News. She is moving to Seattle! How amazing! She is going to open a cat cafe there. We should visit her someday. Anyway... oh, yes, I have to answer your questions.

BONUS STAGE

Your first question was about my favorite snacks. Well, I always have cookies with me. They are my favorite snack. I especially like chocolate chip cookies. I bake them every weekend.

I think there was another question. Hmmm. Oh, yes, that's right. About my favorite animal. Let me see... well, I have a new dog, Chocolate. She is lovely! I can't believe it's been only two months since she came to my house. I feel like we've been together for a much longer time. Oh, I used to have a cat, too. He was a smart one. But above all, I guess my favorite animals are horses. That hasn't changed since I was a child.

オリビア：

こんにちは。おばあちゃんです。お元気ですか。ねえ，エミリーについて聞いたかしら。クラウン・イヴニング・ニュースのエミリーよ。彼女がシアトルに引っ越してくるの。なんて素晴らしいの！彼女はネコカフェを開店するつもりなの。いつか彼女のお店に行くべきね。とにかく…えっと，そう，あなたの質問に答えないとね。

あなたの最初の質問は私のお気に入りのおやつについてね。ええと，私はいつもクッキーを持ち歩いているわ。それらは私のお気に入りのおやつよ。チョコレートチップのクッキーが特に好き。毎週末焼いているの。

もう一つ別の質問があったと思うわ。うーん。ええ，そう，そうよ。私のお気に入りの動物だわ。そうね…ええと，チョコレートっていう新しい犬を飼っているの。彼女はかわいいわ。彼女が私の家に来てからまだ2か月しかたっていないなんて信じられない。私たちはもっと長い時間一緒にいるような気がするわ。そうそう，私はかつてネコを飼っていたこともあるのよ。彼は賢いネコだったわ。でも，私が何よりも大好きな動物は馬よ。それは子どもの頃から変わらないわ。

Listen❹ ラジオニュース ♪ p. 100

Newscaster:

Good evening from Crown Evening News.

In his daily life, John Green is just a man who likes nature, but yesterday he became a hero!

John was paddling his kayak near Lions Bay. He thought he was alone, but then he heard a strange noise. He paddled around a bend and saw a baby seal on the beach tangled in a rope. John brought his kayak to shore. He slowly approached the seal and cut off the rope. The seal quickly went into the water. Then it swam away.

The seal's rescue was recorded by a tourist, and the video was put on the internet. The video has been watched more than ten thousand times.

Congratulations to our new hero, John Green.

ニュースキャスター：

クラウン・イーブニング・ニュースからこんばんは。

普段の生活では，ジョン・グリーンさんは自然が好きな一般男性ですが，昨日彼は英雄になりました！

ジョンはライオンズ湾でカヤックを漕いでいました。彼は自分一人だと思っていましたが，やがて奇妙な音を聞きました。彼は曲がり角の周りを漕いでいき，浜でロープに絡まったアザラシの赤ちゃんを見つけました。彼は浜にカヤックを着けました。彼はアザラシにゆっくりと近づいてロープを切りました。アザラシはすぐに水に入りました。そして，遠くに泳いでいきました。

このアザラシの救出は観光客によって録画され，その動画はインターネットに上げられました。その動画は１万回以上見られました。

私たちの新たな英雄，ジョン・グリーンさん，おめでとうございます。

Listen❺ 落とし物の問い合わせ ♪ p. 128

Tourist: Excuse me. I lost my towel.

Staff: We have several towels. Can you describe it, please?

Tourist: Yeah, it's a red towel with a bright yellow stripe. I think it says "Reds" or maybe "Reds Pride" on it.

Staff: How big is it?

Tourist: It's not so big, but it's long. It's about the length of my arm. Or, actually, a little longer.

Staff: Hmm, we have several red towels like that. When and where did you lose yours?

Tourist: Uh, let's see. I had it around my neck the whole time. But I sat on a bench to eat lunch, so I took it off and put it in my bag. Oh wait, I didn't put it in my bag. I think I left it on the bench.

Staff: On a bench near the cafe?

Tourist: Yes, that's right. Oh, I just remembered. I wrote my name on the corner. It says 'Mark'.

Staff: Just a moment. Let me check...

旅行客：すみません。タオルをなくしてしまいました。

スタッフ：ここには何枚かのタオルがあります。特徴を教えていただけますか。

旅行客：ええ，明るい黄色のストライプが入っている赤い
　　　　タオルです。「Reds」か，もしかしたら「Reds Pride」
　　　　が書かれていたと思います。
スタッフ：どのくらいの大きさでしょうか。
旅行客：それほど大きくないですが，長いです。私の腕
　　　　の長さくらいです。いや，実際もう少し長いです。
スタッフ：うーん，そのような赤いタオルはいくつかあ
　　　　ります。あなたは，いつどこでなくされたんですか。
旅行客：ああ，ええっと。私はずっとそれを首にかけて
　　　　いました。でも，昼食を食べるのにベンチに座ったので，
　　　　首から外してかばんに入れました。あ，ちょっと待って，
　　　　かばんには入れていません。ベンチに置き忘れたと思
　　　　います。
スタッフ：カフェの近くのベンチの上ですか。
旅行客：ええ，そうです。あ，今思い出しました。端に
　　　　自分の名前を書きました。「マーク」とあります。
スタッフ：ちょっと待ってください。確認します…

Listen ⑥ スピーチ 🎵 .... p. 160

Speaker:

Hi, I'm Jiro from Kyoto, Japan. I'm going to tell you about how to travel respectfully and get along with local people.

Of course, you know Kyoto is famous for its many beautiful shrines and temples. Thousands of tourists from all over the world come here every day. We are happy to have so many visitors, but they can sometimes cause problems. I would like you to remember three things when you come to Kyoto.

For example, if you want to take a photo of a maiko, please ask for permission first. They are usually happy to pose for you, however, they might be busy working.

There are many delicious food stands near Kiyomizu Temple. After you eat, please take your trash with you. Some tourists throw wrappers and napkins on the ground. This makes our city dirty and less beautiful.

Please do not write or mark on anything. Some visitors draw graffiti on signs, walls, or trees. Not only is it messy, but it costs a lot of money to clean and ruins the view.

Anywhere you go, you should respect the place and the people who live there. Think about how you want tourists to treat your hometown.

発表者：
　こんにちは，日本の京都から来ました，ジロウと申します。今日は，どうやって旅行中に敬意を払い，地元の人々とうまくやっていくかについてお話しさせていただきます。
　もちろん，京都は多くの美しい神社や寺で有名だということはご存知ですね。毎日世界中から多くの観光客がここに来ます。それだけたくさんの訪問者をお迎えするのは嬉しいですが，彼らは時々問題を起こします。私は皆さんに京都にくるときに3つのことを覚えていてほしいです。
　例えば，もし舞子の写真を撮りたかったら，初めに許可をとってください。彼女たちはたいていは喜んでポーズをとってくれますが，仕事で忙しいかもしれません。
　清水寺の近くには多くのおいしい屋台があります。食べ終わったらゴミは持って行ってください。包み紙やナプキンを路面に捨てる観光客がいます。これは私たちの市を汚し，美しさを損ないます。
　どんなものにも書いたり印をつけたりしないでください。標識，壁，木に落書きをする訪問者がいます。それは，汚ないだけでなく掃除にたくさんのお金がかかり，景観を台なしにします。
　どこに行ってもその場所とそこに住む人を尊重すべきです。観光客が自分の故郷をどのように扱ってほしいかを考えてください。

文法のまとめ Drill の解答

文法のまとめ❶ (p. 28〜29)

Drill 1　1．have been　　2．Has, been

Drill 2　1．3日間雪が降り続いています。
　　　　2．あなたはどのくらい長く彼女を待っていますか。

Drill 3　1．I have been looking for my watch since this morning.
　　　　2．They have been talking about the movie for two hours.

文法のまとめ❷ (p. 48〜49)

Drill 1　1．is sung　　2．were taken

Drill 2　1．この本は多くの若者に読まれています。
　　　　2．そのパーティーはいつ開催されましたか。

Drill 3　1．This novel was written by Dazai Osamu.
　　　　2．A lot of tea is drunk in China.

文法のまとめ❸ (p. 80〜81)

Drill 1　1．The boy playing the guitar is my friend.
　　　　2．This is a movie directed by a Japanese actor.

Drill 2　1．私の母はイタリア製のかばんをほしがっています。
　　　　2．窓のそばに立っている男性はだれですか。

Drill 3　1．to pass　　2．to hear

文法のまとめ❹ (p. 130〜131)

Drill 1　1．Mr. Smith is a teacher who [that] came from the U.S.A. last year.
　　　　2．This is a song that [which] is very popular in Japan.

Drill 2　1．This is the computer that [which] I bought yesterday.
　　　　2．That is the man that we saw in the park.

Drill 3　1．I like　　2．you took

文法のまとめ❺ (p. 164〜165)

Drill 1　1．had, could　　2．knew, would

Drill 2　1．wish, could　　2．wish, had

Drill 3　もし私があなただったら，彼に手紙を書くだろうに。

文法のまとめ❻ (p. 188〜189)

Drill 1　1．(Do you know) why she is crying(?)
　　　　2．(Tell me) where you met the man(.)

Drill 2　1．ピーターは彼の父親が車を洗うのを手伝いました。
　　　　2．私が英語で手紙を書くのを手伝ってもらえませんか。

Drill 3　1．want, to　　2．wanted, to

定期テスト対策の解答

定期テスト対策 1（Lesson 1~2）(p.56~57)

1 (1) 信頼する　(2) 提案　(3) 押す　(4) building　(5) arm　(6) close　(各2点)

2 (1) give up　(2) waiting for　(3) a little　(4) decided to　(各3点)

3 (1) has been　(2) Has, been / has　(3) How long　(4) is taught　(各5点)

4 (1) The door is always locked (.)　(各5点)
　(2) I've been thinking about the issue since (last night.)
　(3) Where was this picture taken (?)
　(4) Has she been doing volunteer work for (a long time?)

5 (1) インドでは多くの言語が話されているということ。　(4点)
　(2) for　(2点)
　(3) (English) was not spoken (in India until the British came.)　(3点)
　(4) India was ruled by them (from the 1600s to the mid-1900s.)　(5点)
　(5) (a) ×　(b) ○　(c) ×　(各2点)

6 (1) 例・I have[I've] been learning Chinese for two years.　(各8点)
　　　　　（私は2年間ずっと中国語を学んでいます。）
　　　・I have[I've] been playing tennis since I was eight.
　　　　　（私は8歳のときからずっとテニスをしています。）
　(2) 例・Our school festival is held every May.（私たちの文化祭は毎年5月に行われます。）
　　　・Our school festival is held in October every year.
　　　　　（私たちの文化祭は毎年10月に行われます。）

〈解説〉

3 (1) since ...「…以来（ずっと）」が続くので，現在完了進行形〈have[has] been＋動詞の-ing形〉の文にする。
　(3) 「どれくらい長く」とたずねる文にする。
　(4) 目的語を主語にして書きかえるので，受け身形〈be動詞＋動詞の過去分詞〉の文にする。
4 (1) 受け身形の文で，alwaysなど頻度を表す副詞はbe動詞のあとに置く。
5 (1) ことわざの意味と，前後の内容から考える。
　(5) (a) 本文3-4行目参照。22はインドの公用語の数で，ほかに250以上の言語が話されているとある。
　　　(c) 最後の行に「英語は全国で使われている」とある。
6 (1) ずっと続けていることとその期間は，現在完了進行形とfor ... やsince ...を使って表す。
　(2) Our school festivalを主語にして，「行われる」と受け身形を使って表す。

定期テスト対策 2（Lesson 3~5）(p.140~141)

1 (1) 今夜（は） (2) 受け取る (3) それぞれ（の） (4) public (各2点)
(5) especially (6) effort

2 (1) free to (2) get off (3) At least (4) able to (各3点)

3 (1) living (2) I took (3) made in (4) that[which] has (各5点)

4 (1) I have a friend who comes from (Australia.) (各5点)
(2) The person I want to meet is (Kei.)
(3) I'm glad to see you (.)
(4) This is the pen that I found under (your chair.)

5 (1) who[that] (4点)
(2) (One of the reasons for this success is) the adjustments that were made for (viewers overseas.) (4点)
(3) 文字通りに英語に訳すこと。 (5点)
(4) 英語のタイトルを，ストーリー全体に関わるものに変えたこと。 (4点)
(5) With (3点)

6 (1) 例・I want to live in a house that[which] has a large garden. (各8点)
（私は広い庭がある家に住みたいです。）
・I want to live in a house that[which] is located near the sea.
（私は海の近くにある家に住みたいです。）
(2) 例・I respect people who[that] are kind to everyone.
（私はだれにでも親切な人を尊敬します。）
・I respect a person who[that] can speak many languages.
（私は何か国語も話せる人を尊敬します。）

〈解説〉

2 (4) be able to ...「…できる」は助動詞canとほぼ同じ意味。willとともに使って未来のことを表すこともできる。

3 (1)・(3) 関係代名詞の文から，動詞の-ing形・過去分詞を使った後置修飾の文への書きかえ。(1)は「…している」と動詞の-ing形，(3)は「…された」と動詞の過去分詞を使った形にする。
(2) 空欄の数から〈主語＋動詞〉が前の名詞picturesを説明する形を使う。
(4) 関係代名詞を使って1つの文にする。前の名詞がものなのでthatかwhichを使う。この関係代名詞は主格であり，has以降treesまでひとかたまりでa parkを説明している。

4 (3) 「…してうれしい」は〈be glad to + ...〉で表す。

5 (3) 直前の文で述べられている内容を指す。
(4) 直前の文の後半の内容を指す。

6 関係代名詞を用いて「家」や「人」を説明する形にする。

定期テスト対策 3（Lesson 6~7） (p.198~199)

1 (1) …に着く　(2) （店の）客　(3) 現代の　(4) nobody　(5) company　　　　　　　　（各2点）
(6) imagine

2 (1) in　(2) for　(3) in　(4) in　(5) soon　(6) tell　　　　　　　　　　　　　　　（各3点）

3 (1) me carry　(2) wish, had　(3) this is　(4) had, could　　　　　　　　　　　　　（各4点）
(5) told, to

4 (1) Tell me why they went there (.)　　　　　　　　　　　　　　　　　　　　　　（各4点）
(2) She wants you to trust her (.)
(3) I wish I could go to space (.)
(4) (We) asked him to sing an English song (.)
(5) (If I) were you, I would tell her the truth (.)

5 (1) had, would　　　　　　　　　　　　　　　　　　　　　　　　　　（両方正解で3点）
(2) 目新しくもなく，特にわくわくさせるようなものでもない。　　　　　　　　　　（4点）
(3) (I) wish I could fly like a bird (.)　　　　　　　　　　　　　　　　　　　　　（3点）
(4) in　　　　　　　　　　　　　　　　　　　　　　　　　　　　　　　　　　　（2点）

6 (1) ⑩ ・I want Yuta to teach me math. I'm not good at math, so I have to study it hard.（私はユ
ウタに数学を教えてもらいたいです。私は数学が得意ではないので，いっしょうけんめい勉強
しなければなりません。）　　　　　　　　　　　　　　　　　　　　　　　　　（18点）
・I want Misaki to join our basketball team. She plays it very well. We need her to make
our team strong.
（私はミサキに私たちのバスケットボールチームに入ってもらいたいです。彼女はバスケットボー
ルがとても上手です。チームを強くするために私たちには彼女が必要です。）
・I want my father to stop eating too much food. It isn't good for his health.（私は父に食
べすぎるのをやめてもらいたいです。それは健康によくありません。）

〈解説〉

2 (5) as soon as ... は「…するとすぐ」という意味で接続詞のはたらきをする。

3 (1) 〈help＋A＋動詞の原形〉「Aが…するのを手伝う」の形を使う。
(2)・(4) 現在の事実とは違うことや，可能性がほとんどないことについて言っているので仮定法を使う。
仮定法の文では動詞や助動詞は過去形を使う。
(3) 「これが何か」を間接疑問で表す。間接疑問では，疑問詞のあとは肯定文の語順になる。
(5) 〈tell＋A＋to＋動詞の原形〉「Aに…するように言う」の形を使う。

4 (2)・(4) それぞれ，〈want＋A＋to＋動詞の原形〉「Aに…してもらいたい」，〈ask＋A＋to＋動詞の原
形〉「Aに…するように頼む」の形を使う。
(5) 仮定法の文では，主語に関係なくbe動詞はwereが使われることが多い。

5 (2) 直前の文のnot以下を指す。
(4) in order to ... で「…するために」の意味。

6 「Aに…してもらいたい」は〈want＋A＋to＋動詞の原形〉で表す。

Role-Play Sheet ロールプレイシート

Take Action! Talk 2 (p.47)

A あなたとBは，地域の子ども会の遠足の行き先を検討しています。
はじめにBに意見を聞き，理由や情報を引き出しながら，二人でもっともよいと思う行き先を決めましょう。

●**Field Trip**（遠足）
We can choose from the following spots:
（次の場所から選ぶことができます）

Manga Library
（漫画図書館）

Green Park
（グリーンパーク）

Blue Beach
（ブルービーチ）

理由や説明を求める
Why?（どうして？）
What are your reasons?
（あなたの理由は何ですか。）
Please tell me more.
（私にもっと説明してください。）

Idea Box
How long does it take?
（どの位（時間が）かかりますか。）
How much does it cost?
（いくらかかりますか。）

Take Action! Talk 4 (p.101)

A あなたは，日本を観光中の海外からの旅行者です。駅で目的地までの経路がわからず困っています。Bは，この地域の住民です。Ⓐ Ⓑ から1つ選び，Bに話しかけ，目的地までの経路を教えてもらいましょう。

Ⓐ**Crown Land**
（クラウンランド）

Ⓑ**Wakaba Zoo**
（わかば動物園）

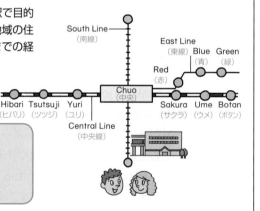

South Line（南線）
East Line（東線）
Blue（青） Green（緑）
Red（赤）
Chuo（中央）
Hibari Tsutsuji Yuri
（ヒバリ）（ツツジ）（ユリ）
Sakura Ume Botan
（サクラ）（ウメ）（ボタン）
Central Line（中央線）

道順をたずねる
Which train should I take?（私はどの電車に乗るべきですか。）
Could you tell me how to get to ... ?
（私に…への行き方を教えていただけませんか。）

Take Action! Talk 5 (p.129)

A あなたは，サンドイッチ店の店員です。Bは，その店に来た客です。
Bに話しかけて，正確に注文を受けましょう。最後にドリンクをおすすめしましょう。

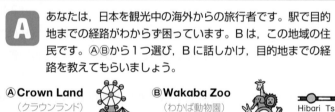

Meat and Fish	Vegetables	Others	Drinks +100 yen
·bacon ·chicken ·salmon ·shrimp	·avocado ·tomato ·onion ·lettuce	·egg ·cheese ·mushrooms ·beans	·orange juice ·tea ·coffee
肉と魚 ・ベーコン ・とり肉 ・サーモン ・エビ	野菜 ・アボカド ・トマト ・タマネギ ・レタス	その他 ・卵 ・チーズ ・マッシュルーム ・豆	＋100円 ドリンク ・オレンジジュース ・お茶 ・コーヒー

食事を勧める
What would you like ... ?
（…は何にいたしますか。）
Would you like ... ?
（…はいかがですか。）

Idea Box
How about ... ?
（…はどうですか。）
It's only 100 yen.
（たった100円です。）

B あなたとＡは，地域の子ども会の遠足の行き先を検討しています。ガイドブックで調べた下の情報をもとに，行きたい場所を１つ決めて提案し，二人でもっともよいと思う行き先を決めましょう。

●**Manga Library**
· It has over 10,000 Japanese comics.
· You can read foreign comics.
Place
· It is next to Central Station.
Fee
· It is 1,000 yen for one student.

●**Green Park**
· It has beautiful views.
· It has no restaurants nearby.
Place
· It is 30 minutes from Central Station on foot.
Fee
· It is free.

●**Blue Beach**
· You can meet dolphins.
· It is always crowded.
Place
· It is 10 minutes from Central Station by bus.
Fee
· It is free.

根拠を示して説明する
... says 〜 . (…には〜と書いてあります。)
According to ... , (…によれば)
It shows .... (それは…と表しています。)

Idea Box
How about ... ? (…はどうですか。)

●漫画図書館
· 10,000 冊以上の日本の漫画を所有しています。
· 外国の漫画を読むことができます。
場所 · 中央駅の隣です。
料金 · 生徒１人は 1,000 円です。

●グリーンパーク
· 美しい景色があります。
· 近くにレストランはありません。
場所 · 中央駅から歩いて30分です。
料金 · 無料です。

●ブルービーチ
· イルカに会うことができます。
· いつも混んでいます。
場所 · 中央駅からバスで10分です。
料金 · 無料です。

B あなたは，路線図のある地域に住んでいます。
Ａは，この地域を観光中の海外からの旅行者です。
Ａに話しかけられたら，適切に応答しましょう。

交通経路を説明する
take ... Line (…線に乗ってください)
change to ... Line (…線に乗り換えてください)
get off at ... station (…駅で降りてください)

Idea Box
Let me see. (ええと。)
First, (まず)　　Then, (そして)

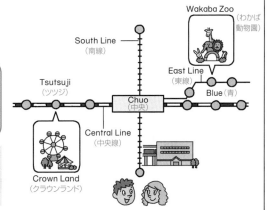

South Line (南線)
Wakaba Zoo (わかば動物園)
Tsutsuji (ツツジ)
East Line (東線)
Blue (青)
Chuo (中央)
Central Line (中央線)
Crown Land (クラウンランド)

B あなたは，サンドイッチ店に来た客です。Ａは，その店の店員です。
Ａに話しかけられたら，メニューを見て好みのサンドイッチを注文しましょう。

Meat and Fish	Vegetables	Others	Drinks +100 yen
· bacon	· avocado	· egg	· orange juice
· chicken	· tomato	· cheese	· tea
· salmon	· onion	· mushrooms	· coffee
· shrimp	· lettuce	· beans	

承諾する
Yes, please. (はい，お願いします。)
I'd like to. (そうします。)
断る
No, thank you. (いいえ，結構です。)

Idea Box
... slice of 〜 (…切れの〜)
a bit (少し)
much (たくさん)

肉と魚	野菜	その他	＋100 円
· ベーコン	· アボカド	· 卵	ドリンク
· とり肉	· トマト	· チーズ	· オレンジジュース
· サーモン	· タマネギ	· マッシュルーム	· お茶
· エビ	· レタス	· 豆	· コーヒー

【編集協力】株式会社カルチャー・プロ

出典
"Zorba's Promise"
©1996 by Luis Sepulveda
used by permission of Literarische Agentur Mertin
through Japan UNI Agency, Inc., Tokyo.

"I Have a Dream"
p.120 スピーチ：©1963 Dr. Martin Luther King, Jr.
©renewed 1991 Coretta Scott King.

"Imagine to Act"
p.148 さし絵：『りんごが食べたいねずみくん』,
© なかよしよしを・上野紀子. ポプラ社.

15 ｜ 三省堂 ｜ 英語 903 ｜ NEW CROWN English Series 3

三省堂 ニュークラウン 完全準拠　教科書ガイド

—— 3 ——

編　者　　三　省　堂　編　修　所

発　行　者　　株式会社　三　省　堂
　　　　　　　代表者　瀧　本　多　加　志
印　刷　者　　三省堂印刷株式会社
発　行　所　　株式会社　三　省　堂
〒 102-8371 東京都千代田区麹町五丁目 7 番地 2
電話　(03) 3230-9411
https://www.sanseido.co.jp/
©Sanseido Co., Ltd. 2021
Printed in Japan

〈03 中英ガイド 3〉④